변질된 기독교

변질된 기독교

1판 1쇄 인쇄　2020년 1월 25일
1판 1쇄 발행　2020년 1월 30일

지은이　　김서택
발행인　　한동인
펴낸곳　　(주)씨뿌리는사람
등록번호　제2006-4호
주　　소　경기도 이천시 경충대로 2096-4
　　　　　　(서울사무소) T. 741-5181, 4　F. 744-1634

책값은 뒤표지에 있습니다.
ISBN 978-89-90342-51-5

Web　www.kclp.co.kr

"천국은 마치 사람이 자기 밭에 갖다 심은 겨자씨 한 알 같으니
이는 모든 씨보다 작은 것이로되 자란 후에는 나물보다 커서 나무가 되매
공중의 새들이 와서 그 가지에 깃들이느니라"(마 13:31-32)

공급처　기독교문사 도매부　T. 741-5181~3　F. 762-2234

변질된 기독교

김서택

씨뿌리는사람

이 세상에서 가장 신선하고 새 생명이 넘치는 것은 기독교이고 복음입니다. 우리나라의 기독교는 나라가 일제에 망했을 때나 어려운 위기를 닥칠 때마다 일어서게 하는 큰 힘이었습니다.

그러나 어느 순간부터 이 땅의 기독교는 사람들의 지탄의 대상이 되고 있고, 많은 사람은 교회를 외면하고 있습니다. 그러나 사실은 아직도 아름다운 교회가 많이 있고 순수한 성도들이 많이 있습니다. 단지 그동안 복음의 핵심이 흐려진 것만은 사실입니다. 이것은 초대 교회 당시에도 있었습니다. 갈라디아 지방은 현재 터키지역에 속하는데 지금 우리나라처럼 기독교인들이 많았습니다. 그러나 거짓된 복음이 들어와서 교회가 거의 다 넘어가다시피 했습니다.

성경은 "적은 누룩이 떡 덩이 전체를 변질시킨다"고 했습니다. 우리나라 교회도 어느 순간부터 저항하기 어려운 세상의 물결이 교회 안에 밀려들어 와서 온통 교회를 변질시키고 있습니다.

《변질된 기독교》는 한국교회의 모든 문제를 다 밝히지 않습니다. 단지 바른 복음이 무엇인지 다시 붙잡는 것이 목적입니다.

하나님이 한국교회를 사랑하시는 줄 믿습니다. 현재의 어려움은 우리를 연단하는 기회라고 생각합니다.

프롤로그
Prologue

　이번에 청년을 위한 시리즈를 생각하고 대담하게 시작하게 하신 한동인 사장님께 감사드립니다. 그리고 늘 저의 소중한 말씀의 동역자 되시는 대구동부교회 성도들, 인터넷으로 설교 듣는 많은 분, 옛날 목회하던 주기쁨교회와 제자들교회 교인들에게 감사드립니다. 저의 훌륭한 응원자인 아내와 먼 곳에서 늘 응원하는 사랑하는 딸 시현이에게도 감사합니다.

대구 수성교 옆에서
김서택 목사

	프롤로그		04
01	교회의 위기	갈라디아서_ 1:1-3	09
02	복음의 변질	갈라디아서_ 1:4-10	20
03	바울 복음의 기원	갈라디아서_ 1:11-17	33
04	자유의 길	갈라디아서_ 2:1-10	49
05	오직 믿음	갈라디아서_ 2:11-16	62
06	내 안에 사시는 이	갈라디아서_ 2:17-21	76
07	그리스도의 십자가	갈라디아서_ 3:1-5	88
08	축복의 상속자	갈라디아서_ 3:6-14	100

차 례
Contents

09	더 중요한 약속	갈라디아서_ 3:15-18	113
10	믿음이 온 후	갈라디아서_ 3:19-29	126
11	때가 차매	갈라디아서_ 4:1-11	140
12	신분이 다르다	갈라디아서_ 4:12-31	153
13	자유의 소중함	갈라디아서_ 5:1-15	166
14	성령의 사람	갈라디아서_ 5:16-26	180
15	성령으로 사는 인생	갈라디아서_ 6:1-10	194
16	모양을 내는 자들	갈라디아서_ 6:8-18	206

01

교회의 위기
갈 1:1-3

얼마 전에 우리나라에서 많은 사람이 이용하는 아주 중요한 건물에서 불이 나는 바람에 사람들이 많이 죽는 사고가 생겼습니다. 어느 지방의 한 요양 병원에서는 불이 났는데, 노인들이 침대에 손이 묶여 있는 바람에 유독 가스를 피하지 못해서 많이 돌아가셨습니다. 또 어떤 지방에서는 찜질방에서 불이 났는데, 여러 여인이 불을 피하지 못해서 불에 타 죽었습니다. 그런데 많은 사람이 죽은 원인을 조사해 보니까 그 건물에 방화 시설이 제대로 되어 있지 않았던 것을 발견하게 되었습니다. 예를 들어서 스프링클러가 작동되지 않았거나 방화문이 내려지지 않아서 그렇게 많은 사람이 희생되었다는 것입니다. 이런 시설물들은 평소에는 필요하지도 않고 중요해 보이지도 않지만 일단 화재가 났을 때는 많은 사람이 사느냐 죽느냐를 결정하는 아주 중요한 문제가 되는 것입니다. 만약 사람들이 이것을 미리 알 수 있는 눈을 가지고 있다면 참 좋을 것입니다. 예를 들어 어느 건물에 들어갈 때 '이 건물은 스프링클러가 작동되지 않음'이라고 경고음이 나오고,

또 어떤 건물에 들어가면 '이 건물은 방화문이 작동되지 않음' 이라는 경고를 해 준다면 미리 사고당하는 것을 예방할 수 있을 것입니다.

이 세상에서 가장 안전하고 튼튼한 곳이 있다면 그곳은 바로 교회이어야 할 것입니다. 교회는 이 세상의 어떤 지진이나 폭격이나 어떤 공격에도 무너지지 않고 교인들을 안전하게 지킬 수 있는 튼튼한 성채가 되어야 합니다. 그러나 요즘 사람들은 교회의 위기에 대하여 많은 말을 하고 있습니다. 즉 많은 사람이 교회가 부실해서 자신들의 영혼과 자녀들의 생명이나 행복을 지켜주지 못할 것 같다고 걱정하는 것을 보게 됩니다. 많은 사람이 사람들이 많이 몰리고 유명하고 큰 교회를 찾다가 문제가 많이 터진 후에야 비로소 자신이 이 교회에 계속 있어야 하는지 아니면 옮겨야 하는지 우왕좌왕하는 모습을 보게 됩니다. 그러나 이들의 고민이나 결단은 너무 늦은 것으로 보입니다. 왜냐하면 교회는 나의 생명이나 자녀들의 영혼을 책임지는 곳이므로 가장 우선적으로 고민하고 선택해야 할 곳이기 때문입니다.

물론 사람들이 처음부터 모든 것을 다 알 수는 없기 때문에 처음에는 교제나 봉사하는 것이 좋아서 교회를 다니게 됩니다. 그러나 어느 순간에는 더 이상 내 영혼이 성장하지 않고 영혼이 고갈되고 있다면 하나님의 말씀을 찾아서 순례의 길을 떠났어야 하는 것입니다. 교회는 많지만 내 영혼을 살리는 말씀을 찾으려고 하면 그야말로 어려움을 많이 당하게 됩니다. 그러나 처음부터 사람들이 많이 몰리는 것이나 설교 듣기에 편하고 다른 사람들이 알아주는 것으로 신앙 생활하다가는 막상 어려움을 당하게 되면 그대로 주저앉거나 망하게 되는 것입니다. 만일 그 교회에 화재경보기가 작동하지 않고 방화문이 없거나 스프링클러가 작동되지 않는다면 불이 났을 때 자기 자신을 포함해서 많은 사람이 그 아까운 목숨을 잃게 될 것입니다. 그래서 교회나 선교라는 것은 단순히 자기 안에 열정이 있다고 해서 되는 것이 아닙니다. 교회나 선교는 사람들의 영혼을 살릴 수 있어야 하고 끝까지 책임질 수 있어야 합니다.

1. 갈라디아 교회의 부흥과 위기

갈라디아서는 사도 바울이 갈라디아 지방에 있는 교회들에게 보낸 편지입니다. 그런데 갈라디아 교회는 우리 기독교 역사상 아주 중요한 위치를 차지하는 교회입니다. 먼저 사도 바울이 갈라디아서를 보낸 이 갈라디아 지방은 어느 갈라디아를 말하느냐 하는 문제를 두고서 의견이 분분합니다. 왜냐하면 사도 바울이 복음을 전한 지역은 주로 남부와 중부 소아시아 지역인데, 일반적으로 갈라디아라고 하면 바울이 복음을 전하지 못했던 북부 소아시아 지역을 말하기 때문입니다. 그러나 이것은 문제가 될 것이 없습니다. 왜냐하면 이 갈라디아는 소아시아 즉 지금의 터키 지역 전체를 포함한다고 생각하면 되기 때문입니다.

우리는 터키에 대하여 잘 알지 못하지만 터키를 여행하신 분들은 북쪽 지방에 있는 기독교의 많은 유적을 보신 적이 있을 것입니다. 거기에는 바위를 뚫어서 몇 층씩 내려가는 곳에 기독교인들이 집이나 방들을 만들어서 예배도 드리고 생활을 했던 유적들이 남아 있습니다. 그리고 중부 지역이나 남서해안 지방을 가면 그 유명했던 요한계시록에 나오는 일곱 교회의 유적들이 있는 것을 볼 수 있을 것입니다. 즉 에베소, 서머나, 사데 같은 곳의 유적들이 남아 있습니다. 이것은 무엇을 의미할까요? 초대 교회 시대에 기독교가 가장 번창했던 곳이 바로 이 소아시아 즉 갈라디아 지방이었다는 것입니다. 물론 기독교인들에 대한 박해가 가장 먼저 일어났던 곳은 로마였습니다. 로마의 네로 황제는 로마에 대형 화재가 일어나서 거의 도시 대부분을 다 태워버리니까 그 죄를 기독교인들에게 뒤집어씌워서 기독교인들을 잡아와서 십자가에 못 박기도 하고 사자에게 물려 죽게 하기도 하고 나무에 묶어서 불에 태워서 죽이기도 했던 것입니다.

그런데 기독교인들이 정말 많은 곳은 바로 이 소아시아 지역이었습니다. 소아시아 남서쪽과 중부 지방은 사도 바울이라는 탁월한 전도자에 의해서 이미 엄청난 부흥의 역사가 일어났습니다. 사도 바울은 비시디아 안디옥과 루스드라, 에베소에서 엄청난 부흥을 일으켰습니다. 사도 바울이 에베소에서 얼마나 큰 부흥을 일으켰는지 사람들이 우상을 버리고 사지 않는 바람에 우상 장사들이 망해서 데모를 할 정도였습니다(행 16:16-34). 선교지에서 이런 일이 일어난다는 것은 엄청난 부흥의 역사입니다. 그렇게 갈라디아 북부 쪽에는 오순절에 예루살렘에 왔다가 복음을 듣고 성령을 받고 돌아간 사람들도 있었고, 사도 바울에 의해서 은혜받고 파송을 받은 전도자들도 있어서 본도와 갑바도기아 같은 곳에서 엄청난 부흥이 있었습니다. 그래서 2천년 전의 갈라디아는 오늘의 한국과 같은 곳이었습니다. 즉 도시마다 교회가 없는 곳이 거의 없었고 또 예수 믿는 사람들이 너무나도 많았던 것입니다. 그래서 이 지역에 있는 기독교인들이 로마로부터 많은 박해를 받게 됩니다.

시기적으로는 사도 바울보다는 좀 후대의 일이지만 이 소아시아에 '플리니'라는 총독이 부임하게 됩니다. 그때는 이미 도미티아누스 황제 이후로 모든 기독교인을 체포해서 고문하고 죽이라는 황제의 지시가 시행되고 있었습니다. 그때 플리니 총독은 당시 황제 트라야누스에게 질문하는 편지를 보냈습니다. 그는 자기가 여기에 와 보니까 기독교인들이 너무 많다고 밝힌 후에 이들은 특별한 죄를 짓는 것도 없고 단지 아침마다 모여서 노래 부르고 죄짓지 않기로 약속하고 집으로 돌아가는데 이렇게 죄짓지도 않는 사람을 잡아서 고문하고 죽여야 하느냐 하는 질문을 했습니다. 그때 트라야누스 황제는 답변을 하기를 "아무나 일부러 잡아서 기독교인이냐고 심문할 필요는 없다.

그러나 본인이 기독교인이라고 할 때는 고문하고 죽이라."는 답변을 하게 됩니다. 이것을 통해서 알 수 있는 것은 갈라디아 지방의 기독교가 굉장히 번창했고 기독교인들의 수가 많았다는 것입니다.

그리고 그 당시 갈라디아는 경제적으로도 잘 사는 곳이었습니다. 옛날에는 가장 중요한 무역로가 중국과 통하는 실크 로드였는데 바로 이 실크 로드가 시작되는 곳이 갈라디아 지방이었던 것입니다. 그래서 갈라디아 지방에는 양모 산업과 의학, 염색 같은 산업이 아주 발달했습니다. 또 그곳에는 유명한 도서관과 우상의 신전들도 있었고 시장도 발달되어 있었습니다. 갈라디아는 마치 지금의 우리나라와 같은 곳이었습니다. 우리나라도 기독교가 번창하면서 엄청나게 많은 기독교인과 대형 교회들이 생기게 되었고, 대기업과 대형백화점, 고층 아파트들도 많이 생겨났습니다. 그런데 어느 순간부터 갈라디아 교회에 화재경보 알람이 고장 나고 스프링클러가 작동되지 않고, 교인들의 생명과 영혼을 더 이상 지켜줄 수 없는 위기가 발생하게 되었습니다. 일반 사람들은 아무도 이것을 잘 깨닫지 못했습니다.

그러나 사도 바울은 이 위험성을 너무나 잘 알고 있었습니다. 사도 바울은 이미 갈라디아의 많은 교회가 무너졌고 교인들이 깔려 죽어가고 있는 것을 알았던 것입니다. 그것은 바로 '할례'라는 것 때문이었습니다. 사실 기독교인들이 할례를 받기 시작한 것은 처음에는 좋은 의도였습니다. 많은 기독교인이나 목회자들이 우리가 기왕 예수를 믿으려고 하면 더 잘 믿자는 생각이 들었습니다. 그래서 그들은 예수를 믿지만 할례도 받아야 더 잘 믿는 것이라고 생각하게 되었습니다. 그러나 기독교인들이나 목회자들이 더 잘 믿으려고 할례를 받은 결과는 십자가에서 멀어지는 것이었고, 그 영혼도 도로 저주를 받아서 멸망하는 것이었습니다.

그래서 사도 바울은 "우리나 혹은 하늘로부터 온 천사라도 우리가 너희에게 전한 복음 외에 다른 복음을 전하면 저주를 받을지어다"(1:8)라고 경고하고 있습니다. 갈라디아의 많은 교회는 이미 복음에서 떠난 상태였습니다. 그래서 사도 바울은 갈라디아 교인들을 위하여 다시 해산하는 수고를 해야 한다(4:19)고 말을 하고 있습니다. 이것은 아이를 낳았지만 죽어버렸기 때문에 다시 낳아야 한다는 의미인 것입니다.

2. 갈라디아 지방에 들어온 유대교

　세계 최고의 상인 노벨상 수상자 중에서 과학이나 의학 계통의 수상자 대부분이 유대인인 것으로 알려지고 있습니다. 그래서 우리나라에서도 유대인의 자녀교육 방식이나 혹은 탈무드의 사상 같은 것을 배우거나 가르치는 사람들이 많습니다. 하물며 초대 교회 당시에만 해도 유대인들의 경제권이라든지 유대교의 세력은 막강한 것이었습니다. 그리고 유대인들은 하나님의 율법에 대하여 오랜 연구를 해오고 있었고, 그들의 종교의식이나 경건은 아주 특별했습니다. 그런데 유대인들은 그 당시 생겨난 지 얼마 안 되는 기독교를 전혀 인정하지 않았습니다. 그 당시 유대인들은 기독교를 정신이 이상한 사람들이 믿는 이단 정도로 생각했던 것입니다. 즉 그들은 예수님이 하나님의 아들이라는 것을 믿지 않았고, 바울이라는 사람도 정신이 약간 이상한 사람으로 생각했던 것입니다.

　기독교인들이 처음 할례를 받으려고 한 것은 기왕 하나님을 믿을 바에야 더 확실히 믿자는 열심 때문이었습니다. 그런데 그들이 할례를 일단 받고 보니까 율법을 지켜야 했고, 율법을 지켜보니까 복음보다 매우 깊이가 있는 것 같이 생각되었습니다. 그들이 보기에는 복음은 너무 쉬워 보였습니다. 즉 십자가에 못 박혀 죽은 예수를 믿기만 하면 구원을 받는다는 것은 너무 쉬운 것처럼 보였던 것입니다. 그 대신 그들은 오래된 율법과 그 의식을 믿으니까 아주 수준도 높아지는 것 같고 생활도 경건해지는 것 같았습니다. 그러다 보니까 그들은 굳이 예수님의 십자가를 믿을 필요가 없었습니다. 그런데 막상 이들이 할례를 받고 율법을 지키면서 기독교에서 가장 중요한 성령의 역사가 그들에게서 사라지게 된 것입니다. 이제 갈라디아 교회에서 부흥의 불은 사라지게 되었습니다. 그러나 그들은 그것을 깨닫지 못하고 있었습니다.

우리 한국 교회도 예수님의 십자가 믿음과 성경강해와 공부로 엄청난 부흥이 일어났습니다. 그래서 도시와 동네마다 교회가 생겨났고, 전국적으로 예배당이 없는 곳이 거의 없다시피 되었습니다. 심지어 대도시에는 교인들이 몇만 명씩 모이는 초대형교회도 많이 생겨나게 되었습니다. 그런데 어느 순간 한국 교회에 성령의 불이 사라지게 되었습니다. 그래서 교회나 목회자들은 교회 건물이나 교인들의 숫자를 자랑하게 되었고, 어떤 때는 불법을 행하게 되었으며, 엄청난 돈을 건물 벽에 바르게 되었습니다.

한국 교회에 도대체 무슨 일이 일어났기에 부흥의 불이 꺼지고 돈이나 명예만 남게 되었을까요? 그것은 우리 안에 할례 말고 다른 우상이 들어왔기 때문입니다. 그런데 그 우상이 너무나도 교묘하게 들어와서 아무도 그것이 잘못된 것인 줄 알지 못했습니다. 그래서 많은 분은 그 문제를 잘못된 신학 교육에서 찾기도 하고, 목회자들이 사명감이 없어진 데서 찾기도 하고, 교회에 돈이 많아진 것에서 찾기도 했습니다.

그런데 한국 교회에 들어온 우상은 '성공'이라는 우상이었습니다. 목회자들도, 교인들도 성공이라는 것을 너무 중요하게 생각하고 좋아하게 되었습니다. 교회에서도 대형 교회가 가지는 그 영광과 아름다움과 지식과 부가 너무 대단해서 너도나도 마치 금광을 찾듯이 대교회가 되려고 했습니다. 목회자들은 일단 교회가 커지면 구원받는 사람들이 많아진 것이고, 또 전도나 사회의 인식에 큰 영향을 미칠 수 있기 때문에 너무나도 좋게 생각했던 것입니다. 그리고 일단 대교회가 되면 목회자는 유명해지게 되고 많은 사람의 인정을 받으며 엄청난 명예가 생기고 전 사회가 그 사람을 주목하게 됩니다. 그러니까 어떤 목회자든지 대교회를 싫어할 이유가 하나도 없었던 것입니다.

그리고 교인들도 세상에서 돈 벌고 성공하고 높아지는 것이 너무 중요하니까 이것을 하나님의 축복으로 생각했습니다. 또 복 받은 사람들이나 복 받기를 원하는 사람들은 대교회로 더 모이니까 대교회는 더 가속적으로 대형화되었습니다. 이런 사람들은 얼마든지 헌금하기를 원하고 선교하기를 원하고 하나님의 일을 하기를 원했습니다. 그러나 이것이 바로 우상인 줄은 아무도 생각하지 못했던 것입니다.

교회나 목사의 가장 중요한 사명은 하나님의 말씀을 있는 그대로 전하는 것이고, 교인들의 제일 중요한 사명은 그 말씀을 듣는 것입니다. 그런데 그것이 얼마나 시대에 뒤떨어진 것이며 얼마나 소극적입니까? 그래서 목회자들이나 교인들은 하나님의 말씀을 가지고 설교하고 공부를 하지만, 그것이 목적이 아니라 수단이 되었던 것입니다. 즉 교회는 번창하는 수단이고 교인들이 사귀는 수단이지, 하나님의 말씀을 전하고 듣는 자체가 목적이 되지 못했던 것입니다. 그 결과 교회에 성령의 불이 꺼지게 되었고 교회나 기독교는 마치 화재경보기가 꺼진 건물과 같고 스프링클러가 작동되지 않는 편의시설이 되고 만 것입니다. 그러니까 하나님이 원하시는 것은 교회가 크든지 작든지, 교인들이 세상에서 성공했든지 못했든지 상관없이 목사는 하나님의 말씀을 있는 그대로 전하고 교인들은 그 말씀 듣는 것이 목적이 되어야 하는 것입니다.

그러나 우리는 너무 잘 믿기를 원했고 교회가 더 많은 일을 감당하려고 했기 때문에 복음에서 벗어나게 되었습니다. 그래서 너무 잘 믿으려고 열심을 내고 너무 많은 일을 하려고 했던 것이 오히려 복음을 죽게 하고 교회를 망하게 했던 것입니다. 우리가 운동하거나 악기를 연주할 때 몸에 너무 힘이 들어가면 절대로 좋은 결과가 나오지 않습니다. 운동이나 악기를 연주할 때 수많은 연습이 필요한 이유는 전혀 힘이 들어가지 않은 상태에서 정확하면서도 자유로운 동작이 나오게 하기 위해서인 것입니다. 그렇다고 해서 기계로 만들어서 공을 발사하거나 기계로 음악을 자동 연주하는 것은 진정한 운동이나 음악이 아닙니다. 이처럼 성경 말씀 그 자체를 가지고 그 세계 안에 들어가서 자유로우면서도 정확한 하나님의 뜻을 연주하는 것이 복음입니다.

3. 바울 복음의 기원

갈라디아 지방에 놀라운 부흥을 일으키신 분은 성령님이셨습니다. 성령님은 온 갈라디아 지방 사람들의 마음에 복음을 향한 갈급한 마음을 주셔서 복음을 받아들이게 하시고 하나님의 자녀가 되게 하셨습니다. 그럼에도 불구하고 이 갈라디아 부흥에 사도 바울의 전도나 그에게서 복음을 들은 사람들의 결사적인 전도가 큰 기여를 한 것은 사실이었습니다. 갈라디아 지방의 부흥과 사도 바울의 복음은 떼려야 뗄 수 없는 것이었습니다.

그런데 사도 바울의 복음은 독특한 부분이 있었습니다. 즉 사도 바울의 복음은 예루살렘 사도들의 가르침과도 많이 달랐던 것입니다. 사도 바울의 복음에는 새로운 것들이 많이 있었습니다. 더욱이 사도 바울의 복음은 구약 성경과도 많이 다른 것이었습니다. 그래서 많은 목회자나 유대교 신학자들은 사도 바울이 전한 복음은 바울 자신이 독창적으로 생각한 것이었거나 아니면 다른 사도들이 가르쳐준 것을 자기 나름대로 수정해서 전한 것이라고 잘못 생각하게 되었습니다. 즉 사도 바울이 전한 복음은 바울 혼자 생각을 해내었거나 아니면 누군가로부터 배운 것이라고 착각했던 것입니다. 그렇다면 이것은 어디까지나 사도 바울 개인의 생각이지 하나님의 말씀은 아닌 것입니다. 오히려 예수님의 가르침은 예루살렘 제자들이 가르친 것이거나 아니면 유대교의 가르침이라고 주장을 한 것입니다. 그것에 대하여 사도 바울은 자신의 복음은 자기 혼자 생각해낸 것이나 다른 사람에게 배운 것을 각색한 것이 아니라 하나님과 예수님으로부터 계시로 받은 것이라고 주장했습니다.

> 1:1, "사람들에게서 난 것도 아니요 사람으로 말미암은 것도 아니요 오직 예수 그리스도와 그를 죽은 자 가운데서 살리신 하나님 아버지로 말미암아 사도 된 바울은"

> 1:12, "이는 내가 사람에게서 받은 것도 아니요 배운 것도 아니요 오직 예수 그리스도의 계시로 말미암은 것이라"

사도 바울의 복음은 예수님으로부터 계시로 받은 것이었습니다. 사도 바울은 다메섹으로 가는 길에서 예수님을 만난 후부터 아라비아에 있을 때든지 아니면 다소에 돌아간 후에도 계속 주님으로부터 계시를 받았던 것입니다. 즉 하나님의 말씀은 열두 사도들에게서 끝난 것이 아니라 사도 바울을 통해서 계속되고 있었던 것입니다.

사도 바울은 율법과 복음의 차이를 자식과 노예의 차이로 설명했습니다. 옛날에 신분제도가 있었을 때 자녀는 아버지가 같다고 해서 같은 신분을 가지는 것이 아니었습니다. 사람들의 신분은 아버지가 같아도 어머니에 의해서 달라졌습니다. 그래서 본부인에게서 난 자는 아들의 신분을 얻지만, 종이나 첩에게서 난 자는 아들의 신분을 얻지 못했습니다. 이것이 바로 이삭과 이스마엘의 차이였던 것입니다. 우리가 같은 하나님을 믿는다고 해서 같은 것이 아닙니다. 복음은 하나님의 언약이기 때문에 복음을 믿어야 아들의 지위를 얻고 성령을 받는 것이지, 노예의 법 즉 율법을 믿으면 아무리 잘 믿어도 아들의 지위는 얻지 못합니다.

존 칼빈은 당시 로마 천주교에 대해서 많은 비판을 했습니다. 우리는 천주교가 우리보다 전통이나 예식이나 경건이나 사회봉사에 있어서 훨씬 뛰어난 것을 인정해야 합니다. 우리는 때때로 예배도 경건하지 못하고 목회자들도 신부보다 경건이 부족하기도 하고, 사회봉사가 여러모로 부족할 때도 많습니다. 그러나 우리나 누구든지 하나님의 말씀이 아닌 다른 것으로 믿는 것은 종의 신분에 그칠 수밖에 없습니다. 왜냐하면 그것은 하나님 언약의 자식이 아니기 때문입니다. 마찬가지로 우리 개신교가 아무리 목사나 교인들의 학벌이 높고 예배가 웅장하고 음악이 거창하고 신학이 대단하고 사회봉사가 대단하다 해도 하나님의 말씀을 제쳐놓고 다른 것을 더 믿으면 이것은 서자가 되는 것이고 종이 되는 것입니다.

그러므로 우리는 아들이었다가 종이 되어서는 안 됩니다. 우리는 누가 뭐라고 해도 아들은 아들이어야 하는 것입니다. 우리가 아버지를 아버지라고 부르다가 아저씨라고 해서는 안 되는 것입니다. 기도할 때 "하늘에 계신 하나님 아버지"라고 해야지, '하늘에 계신 하나님 아저씨'라고 불러서는 안 됩니다. 또 우리는 어머니를 바꾸어서도 안 됩니다. 우리가 주님의 말씀을 사람의 이론이나 세상의 유행이나 성공의 이데올로기와 바꾸는 것은 어머니를 버리는 행위입니다. 어머니를 버리면 자기가 서자가 되고 종이 되는 것입니다.

지금 한국 교회의 타락은 종이 되었기 때문에 생긴 것입니다. 우리가 하나님의 말씀 외에 사람의 가르침과 사람들의 인정을 택했기 때문에 서자가 되어버린 것입니다. 우리는 다시 하나님 아들의 지위를 찾아야 하겠습니다. 종으로서 열심히 선교하는 것을 좋아할 것이 아니라 당당한 자녀로서 복음을 전하는 성도들과 선교사들이 다 될 수 있기를 바랍니다.

02

복음의 변질

갈 1:4-10

어떤 건물에 불이 나서 사람들이 건물에서 빠져나오지 못하거나 혹은 사람들이 깊은 구덩이에 빠져서 미처 빠져나오지 못했을 때 그곳에서 곤경에 처한 사람들도 고통스럽지만, 밖에서 그 모습을 지켜봐야 하는 이들도 말할 수 없는 고통을 겪을 것입니다. 어느 집에 불이 났는데 부인은 불난 집안에 갇혀서 다급히 통화하고 있고 남편은 밖에서 그것을 보면서도 유리를 깨지 못해서 부인이 죽는 모습을 고스란히 지켜보고만 있어야 했습니다. 왜냐하면 그 유리는 강화유리로 되어 있어서 사람의 손으로 깰 수 없었던 것입니다. 아마 그 옆에 포클레인 같은 것이 있었더라면 누가 뭐라고 해도 남편은 그것을 운전해서 그 유리를 깨고 부인을 건져내었을 것입니다.

예를 들어서 모든 사람이 죽어가는 병에 걸렸을 때 어떤 특출한 의사가 그 병을 고칠 수 있는 처방을 써 주었다면 사람들은 무슨 일이 있어도 그 처방을 지키려 하고 그것을 변질시키지 못하게 할 것입니다. 그리고 그 사실을 아는 사람들은 이 세상의 어떤 성공이나 부귀영

화보다도 그 병을 치료하는 그 방법을 지켜나가야 한다고 생각할 것입니다.

그런데 그런 일이 실제로 우리에게 일어난 것입니다. 바로 우리 모든 인류가 죄라는 병에 걸려서 마귀의 쇠창살이 있는 구덩이에 갇혀 있게 된 것입니다. 우리는 이 세상에서 중환자 중의 중환자였고 마귀의 인질 중에서는 최악의 인질이었습니다. 그런데 구원자 되시는 예수님은 자신의 온몸이 상처를 입어서 피투성이가 되어가면서, 심지어는 자신이 죽어가면서 우리를 그 죄의 속박에서 건져내셨습니다. 그리고 우리에게는 "아직도 많은 사람이 이 속박에 갇혀 있는데 그들을 건져내주기 바란다."고 당부하셨습니다. 그러면서 예수님은 자신이 우리에게 전해주신 방법 외에는 다른 방법이 없다고 강조하셨습니다.

오늘 우리 사회나 기독교는 많은 어려움에 휩싸여 있습니다. 우리는 전쟁의 위기에 마주하고 있고 경제도 끝없이 추락하고 있습니다. 거기에다가 사명을 감당해야 할 교회는 더 이상 세상에 빛도 비추지 못하고 있고 소금의 짠 맛도 내지 못하고 있습니다. 우리 사회는 마치 거대한 썩은 호수같이 변해서 죽어가고 있습니다. 그 이유가 어디에 있을까요? 바로 예수님이 우리에게 당부하신 방법을 버렸기 때문입니다. 예수님은 이것만이 유일하게 사람을 살릴 수 있는 방법이라고 말씀하셨는데도 불구하고, 교회나 목회자들은 이 방법을 버렸기 때문에 더 이상 사람을 건져내지 못하고 있는 것입니다.

그러나 이것은 비단 지금의 문제만이 아닙니다. 이것은 교회가 부흥이 일어나고 기독교인들이 번영하고 성공할 때마다 반복해서 일어났던 문제입니다. 그 문제의 원인은 바로 복음의 변질입니다. 만약 사람이 상한 음식을 먹었다면 아마 그 사람은 배가 아프다가 토하고 설사를 하고 결국 병원에 가서 주사를 맞으면서 치료를 받아야 할 것입니다. 하물며 어떤 사람이 진짜 약이 아닌 변질된 약을 먹는다든지 아니면 잘못 처방된 약을 먹는다면 병이 낫기는커녕 발작을 일으키거나 심하면 죽을 수도 있을 것입니다.

그런데 지금 우리 사회와 교회가 바로 이 상태에 있는 것입니다. 우리가 먹었던 복음은 상한 복음이었고 변질된 복음이었기 때문에 절대로 우리 개인이나 우리 사회가 낫지 않는 것입니다.

1. 복음이 변질될 수 있는가?

예를 들어서 어떤 사람이 깊은 웅덩이에 빠졌다가 기적적으로 구출을 받았다면 거기를 떠나서 새로운 인생을 살아야 할 것입니다. 또 어떤 사람이 해적이나 테러범들에게 인질로 붙들렸다가 기적적으로 구출을 받았다면 그 역시 거기서 떠나 새로운 인생을 살아야 마땅할 것입니다. 그러나 문제는 아직도 자기가 빠졌던 그 웅덩이에 많은 사람이 빠져 있고 아직도 친구들이 여전히 테러범들이나 해적들에게 인질로 붙들려 있다면 그는 그곳을 떠나지 못할 것입니다. 그는 그곳에 끝까지 남아서 마지막 한 사람이 살아서 돌아올 때까지 무슨 도움이든지 주려고 할 것입니다.

더욱이 만일 이 세상 모든 사람이 자기와 똑같이 죽어가는 병에 걸려 있다면 그는 절대로 모든 것을 다 잊어버리고 다른 곳에 가서 장사를 하거나 공부를 해서 성공하는 것으로 만족하지는 못할 것입니다. 큰 사고가 나서 많은 사람이 죽는 가운데 살아난 사람들에게는 트라우마가 있습니다. 그들은 밤에 자려고 하면 자기 옆에서 죽어가던 사람들의 비명이나 신음 소리가 계속 꿈에 나타나기도 한다는 것입니다.

이와 마찬가지로 우리는 모두 죄의 병에 걸리고 마귀의 인질이 되어서 끝도 없는 쇠창살이 있는 구덩이에 빠져 있었습니다. 그러다가 하나님의 아들 예수님이 이 세상에 오셔서 자기 자신이 피투성이가 되면서 그 쇠창살에 손과 발이 찔리면서 옆구리가 찔리면서 우리를 구해주셨습니다. 그리고 예수님은 아직도 이 구덩이에 빠져 있는 사람이 수도 없이 많다고 하면서 그들을 건져 달라고 말씀하셨습니다. 그러면서 예수님은 우리에게 이외에는 다른 방법은 없다고 말씀하셨습니다. 우리를 살리는 방법은 오직 예수 그리스도의 복음과 성경 말씀밖에 없다는 것입니다.

> 1:4, "그리스도께서 하나님 곧 우리 아버지의 뜻을 따라 이 악한 세대에서 우리를 건지시려고 우리 죄를 대속하기 위하여 자기 몸을 주셨으니"

예수 그리스도께서 하나님 곧 우리 아버지의 뜻을 따라 이 악한 세대에서 우리를 건져내시려고 자기 자신을 우리 몸값으로 주셔서 우리를 건져내신 것입니다. 이것이 바로 복음입니다. 여기 "이 악한 세대"라고 하는 것은 마귀가 지배하는 악한 세상을 말합니다. 거기에다가 "우리 죄를 대속"한다는 것은 우리의 몸값으로 예수님이 자신의 몸을 송두리째 주셨다는 뜻입니다. 그러므로 우리가 예수 믿고 구원 받았다는 것은 바로 이것을 믿는 것입니다. 우리는 이 복음을 믿습니다. 그런데 이런 고귀한 복음이 상할 수 있고 변질될 수 있을까요?

그런데 바로 이 복음이 변질된 것입니다. 우리는 예수님이 우리 죄를 대신하여 죽으셨다는 것을 믿습니다. 이것은 틀림이 없습니다. 그러나 그 후에 우리가 살고 나서 보니까 이 세상에 좋은 것이 너무나도 많습니다. 그래서 우리는 물론 예수님의 십자가를 믿지만 거기에 추가해서 다른 것도 믿게 되었는데, 그것은 바로 교회와 개인의 성공이었습니다. 즉 우리에게는 예수님의 십자가 복음에다 추가해서 자신의 성공과 세상의 번영이 들어오게 되었던 것입니다.

그 결과가 무엇일까요? 복음 자체가 상한 음식이 되고 만 것입니다. 그래서 이 음식을 먹는 자마다 처음에는 너무나도 보기에도 좋고

맛도 있어서 잘 먹는데 얼마 가지 않아서 배가 찢어질 듯이 아프고 구토와 설사가 나서 도저히 견딜 수 없으니까 병원에 가서 주사를 맞고 진통제를 먹고 링거주사를 맞게 되는 것입니다. 그래도 우리가 상한 음식을 먹었을 때에는 몸이 반응을 하기 때문에 아파서 견딜 수 없어서 병원으로 가지만 영혼의 식중독은 느끼지도 못하고 아프지도 않은 것입니다. 영혼의 식중독은 전부 남만 원망하고 욕하게 되어 있지 자기가 병들어 죽어가는 것을 깨닫지 못하게 됩니다. 더욱이 이런 설교를 들으면 교인들이 다 죽어 있는데도 전혀 느끼지 못하는 것입니다.

만일 우리가 이런 처지에 있는데 진정으로 예수님의 복음을 붙드는 자라면 어떻게 해야 할까요? 우리는 사람들이 세상으로 달려가서 성공하고 학위를 주렁주렁 걸치고 부자가 되고 난리를 치는 것을 조금도 부러워하지 않을 것입니다. 왜냐하면 그래 봐야 다 죽을 것이라는 결과를 잘 알기 때문입니다. 우리는 구원받고 난 후에도 자기 자신의 위치를 지킬 것입니다.

예수님은 우리에게 자신이 곧 길이요 진리요 생명이라고 말씀하셨고 하나님의 말씀 외에는 길이 없다고 말씀하셨습니다. 그러면 우리는 계속 하나님의 말씀을 가지고 영혼이 살아나는 실험을 해야 합니다. 사실 우리가 하나님의 말씀을 가지고 가르치고 전하면 새로운 생명이 나타나고 변화가 일어납니다. 그러나 사실 우리가 아무리 하나님의 말씀을 가지고 실험을 해도 폭발적인 능력은 잘 나타나지 않을 때가 많습니다. 즉 지옥의 권세를 폭파해야 할 텐데, 실제로는 우리에게는 경제적인 어려움과 질병, 박해나 어려움이 찾아올 때가 많은 것입니다.

그 대신에 오히려 이 세상에서 폭발적인 축복이 나타날 때가 많습니다. 우리가 하나님을 믿고 세상에 나갔을 때 세상일들이 잘 풀리면서 돈을 많이 벌거나 세상적으로 잘되는 일들이 많이 일어나게 되는 것입니다. 그때 우리는 이것이야말로 하나님의 축복이라고 생각해서 하나님의 말씀은 제쳐놓고 세상 복을 더 많이 받기 위해서 세상으로 달려가게 됩니다. 그러나 이것은 축복이 아니고 복음이 변질되는 것입니다. 이것은 복음의 역사가 크게 일어날 때마다 늘 일어났던 일이며 지금 우리에게도 일어나고 있는 현상입니다. 하나님의 신실한 종들이나 하나님의 백성들은 예수 그리스도께서 자기 몸을 주신 것이 너무나도 놀라워서 아무리 이 세상에서 폭죽 소리가 들리고 성공의 소문이 들려와도 문을 걸어 잠그고 계속 하나님의 말씀을 가지고 진정한 부흥이 일어나는 비결을 실험해야만 합니다.

그러나 잠시 후에는 교회 안에서 세상 성공의 물결이 밀려오게 됩니다. 사실 이것이 얼마나 좋은 일인지 모릅니다. 가난하던 주의 백성들이 세상에서 성공하고 학교를 제대로 다니지 못하던 학생들이 좋은 학교를 나와서 유학을 하고 교수가 되는 것이 얼마나 기쁘고 좋은 일인지 모릅니다. 그러나 우리는 거기서 멈추어 생각을 해봐야 합니다. 즉 과연 그리스도께서 우리에게 이것을 주시기 위해서 죽으셨나 하는 것을 말입니다. 우리는 굳이 세상의 성공이나 물질의 복을 외면하거나 반대할 필요는 없습니다. 그렇다고 해서 예수님이 죽으시면서 주신 복음에 다른 것을 물타기 해서는 안 되는 것입니다. 그러나 이것이 얼마나 지키기 어려운 일인지 모릅니다.

2. 이같이 속히 떠나

갈라디아 지방 사람들은 오랫동안 사탄의 지배를 받아왔습니다. 그러나 어느 날 그들에게 복음을 전하는 자들이 찾아오게 되었습니다. 그들이 복음 전하는 자들에게서 들었던 소식은 전부 지금까지 한 번도 들어보지 못한 소식들이었습니다. 즉 하나님께서 그들을 사랑하신다는 것이며, 하나님의 아들이 그들을 대신해서 죽었다는 소식이었습니다. 갈라디아 사람들은 지금까지 누군가가 자기를 사랑한다는 말은 한 번도 들어본 적이 없었고, 더욱이 죽기까지 사랑했다는 말은 들어본 적이 없었습니다. 옛날 우리나라 사람들도 다른 사람으로부터 "사랑한다"는 말을 들어본 적이 없었습니다. 여인들도 남편에게 구박이나 받았든지 아니면 "그 정도 밖에 하지 못하느냐?"는 소리나 듣든지 "밥 내놔라" 하는 소리나 들었지, "사랑한다"는 말은 들어본 적이 없었습니다.

더욱이 그들은 하나님이 자기들을 사랑하신다는 말은 들어본 적이 없었습니다. 그들은 복음을 믿고 사랑을 알게 되었습니다. 남편도 사랑하고 아이들도 사랑하고 자기 자신들도 사랑받을 자격이 있는 사람이라는 것을 알게 되었습니다. 그리고 놀랍게도 그들에게 물질적인 복이 찾아오기 시작했습니다. 그런데 그리고는 갑자기 그들이 하나님을 떠나게 되었습니다. 그래서 사도 바울은 이해할 수 없다고 말을 하고 있습니다.

1:6, "그리스도의 은혜로 너희를 부르신 이를 이같이 속히 떠나 다른 복음을 따르는 것을 내가 이상하게 여기노라"

사람이 아무리 좋은 것을 찾았다 하더라도 그것을 자기 것으로 만들려고 하면 좀 기다려야 합니다. 예를 들어서 좋은 음식점에 들어가서 음식을 먹으려고 해도 주문을 하고는 좀 느긋하게 기다려야 맛있는 음식을 먹을 수 있습니다. 그리고 좋은 구두점에서 구두를 사려고 한다든지 혹은 옷을 사려고 할 때도 자기에게 맞는 스타일이나 사이즈를 고르려고 하면 점원이 창고에서 가져오는 시간은 기다려야 합니다. 그러나 갈라디아 교인들은 주문만 해 놓고는 물건을 보지도 않고 너무 빨리 가게를 떠나버렸던 것입니다. 사도 바울은 이것이 이해가 되지 않는다고 말하고 있습니다. 즉 우리가 예수를 믿고 은혜를 받앉으면 과연 하나님이 우리에게 무엇을 주시려고 하는지 어떤 축복을 주실 것인지 좀 더 기다려봐야 하는데, 갈라디아 교인들은 주문만 해 놓고는 기다리지도 않고 횡하니 밖으로 가버리는 손님과 같았던 것입니다.

그 이유가 무엇이었을까요? 그것은 그들 외에 더 멋있어 보이는 것이 나타났기 때문입니다. 그것은 바로 '할례'를 받는 것이었습니다. 갈라디아 교인들이 복음을 떠난 것은 전혀 나쁜 의도가 아니었습니다. 갈라디아 교인들이 생각했던 것은 우리가 하나님을 믿을 바에야 더 철저하게 잘 믿어보자는 것이었기 때문입니다.

갈라디아 교인들이 생각하기에는 예수님이 십자가에 못 박혀 죽은 것을 믿고 세례 받는 것은 너무 쉬운 것 같았습니다. 그들이 보기에 복음이라는 것은 너무 쉬운 것 같았고 차원이 낮은 것처럼 보였던 것입니다. 거기에 비해서 바리새인들의 교육은 아주 체계가 있어 보이고 철저해 보였습니다. 즉 그들은 금식을 가르쳤고 안식일을 철저하게 지키게 하였고 어느 수준에 올랐을 때 할례를 받게 했습니다. 그들에게는 율법이 있었고 제사가 있었고 규율이 있었고 엄청난 물질적인 축복이 있었습니다. 바리새인들도 똑같은 하나님을 믿는 사람들이었습니다. 오히려 그들은 더 하나님을 믿는 것을 철저하게 훈련을 시켰던 것입니다.

그래서 갈라디아 지방에 들불같이 유행했던 것이 바로 예수도 믿으면서 할례도 믿는 것이었습니다. 즉 예수를 믿으면서 할례받고 바리새인처럼 훈련을 받는 것이었습니다. 갈라디아 사람들이 이렇게 한 결과는 대만족이었습니다. 왜냐하면 그들은 바울이 전한 복음을 믿었고 유대인들에게도 인정을 받았기 때문입니다. 그리고 그들은 철저한 신앙 훈련도 받았습니다.

그런데 이상한 것이 하나 있었습니다. 그것은 교회나 교인들이 교만해지기 시작했고 세상에 덕을 끼치지 못하고 욕을 얻어먹기 시작한 것이었습니다. 그리고 더 놀라운 것은 교인들끼리 싸우기 시작하고 감투 쓰는 것을 좋아하고 성령의 역사가 소멸되는 것이었습니다. 이것을 갈라디아 교인들은 전혀 인식하지 못했습니다. 왜냐하면 그들은 자기들이 너무나도 잘 믿고 있다고 생각하고 있었기 때문입니다. 그러나 사도 바울은 '너무 잘 믿는 것이라는 것'은 없다고 말하고 있습니다. 즉 신앙에 초급반이나 고급반 같은 것은 의미가 없다는 것입니다.

우리는 같은 하나님의 말씀을 가지고 자꾸 실험을 해보아야 합니다. 그것이 무엇일까요? 우리가 하나님의 말씀에 내 생각이나 세상의 학식을 더 갖다 붙이기 이전에 하나님 말씀의 본래 뜻에 더 가까이 가려고 노력하고 더 노력해야 합니다. 그러다가 우리가 정확하게 하나님의 뜻을 '땅!' 하고 맞추게 될 때 우라늄이 연쇄반응 하듯이 폭발적인 능력이 나타나게 되는 것입니다. 하나님의 말씀은 능력입니다. 우리는 하나님의 말씀이 폭발적인 능력을 나타낼 때까지 이것만 붙들고 죽자고 실험을 해야 합니다. 그러나 갈라디아 교인들은 세상의 성공이나 물질적인 복으로 달려가는데 너무 빨랐던 것입니다. 이것은 오늘 우리에게도 마찬가지입니다. 복음이 오면서 오히려 이 세상에서 폭발적인 축복이 나타나게 되었습니다. 그래서 하나님의 백성들이나 종들이 이 세상의 축복이 진짜 복인 줄 착각하게 되었던 것입니다. 그러나 이것은 하나님의 위로의 축복이지 진짜 복음의 폭발은 아니었던 것입니다.

우리는 복음을 듣고 너무 빨리 이것이 옳다 혹은 틀리다 판단하고 자기 갈 곳으로 가버리면 안 됩니다. 우리가 하나님께 무엇인가를 주문했으면 끈질기게 기다리고 있어야 합니다. 그러나 우리가 보기에 세상은 너무 빨리 변하고 사람들은 재빠르게 좋은 것들을 다 차지해 버리고 있으므로 걱정을 하게 됩니다. 우리가 하나님 앞에서 우물쭈물하고 있으면 아무것도 못 가지는 것이 아닐까요? 절대로 그렇지 않다고 성경은 말씀하고 있습니다. 우리가 하나님께 주문을 했으면 하나님은 틀림없이 우리에게 가장 좋은 것을 주실 것입니다.

> 1:7, "다른 복음은 없나니 다만 어떤 사람들이 너희를 교란하여 그리스도의 복음을 변하게 하려 함이라"

사도 바울은 다른 복음은 없다고 분명히 단정해서 강조하고 있습니다. 즉 예수님이 우리에게 주시고 하나님의 주신 말씀 외에는 생명이 없고 축복도 없다는 것입니다. 우리가 받은 복음에다 좋은 것을 섞어서 첨가하면 더 좋은 복음이 나오지 않을까요? 사도 바울은 그것은 불가능하다고 강조하고 있습니다. 그 이유는 우리의 영혼의 문제가 너무나도 복잡하고 어렵기 때문입니다.

사도 바울은 예수님이 우리에게 주신 말씀 외에는 절대로 다른 것으로는 우리 영혼을 고칠 수 없고 하나님의 복을 받을 수 없다고 아주 힘을 주어 말씀하고 있습니다. 단지 어떤 사람이 전문가도 아니면서 복음을 시대에 뒤떨어진다고 판단해서 무엇인가를 섞어서 더 좋은 것이라고 주는데 그것은 변질된 복음이나 상한 음식이기 때문에 그것을 먹으면 죽는다고 경고하고 있습니다. 오늘 우리가 보고 있는 것은 많은 교인이나 목회자들이나 우리 사회가 독이 있는 음식을 먹고 죽어가고 있는 것입니다. 이것은 더 잘 믿으려고 하고 더 많은 일을 하려고 하고 더 높아지려고 했지만 영혼에 무식한 결과로 상한 음식을 먹은 결과입니다.

우리 영혼에는 다른 복음은 없습니다. 우리에게는 하나님이 주신 말씀 외에는 아무것도 우리를 고칠 수 없습니다. 그런데 사람들은 자기들이 더 좋은 것을 가지고 있다고 생각하기 때문에 하나님의 말씀을 믿으려고 하지 않습니다. 그 결과는 죽는 수밖에 없는 것입니다.

3. 다른 복음은 저주

사도 바울은 우리 눈에 더 좋아 보이는 것에 의해서 얼마든지 변질될 수 있다고 강조하고 있습니다. 왜냐하면 복음이 너무 시시하게 보이고 차원이 낮은 것처럼 보이기 때문입니다. 놀랍게도 사도 바울 자신에게도 그런 유혹이 있었고 천사들에게도 이런 유혹이 있었고 다윗이나 예수님의 제자들에게도 이런 유혹이 있었던 것입니다.

1:8, "그러나 우리나 혹은 하늘로부터 온 천사라도 우리가 너희에게 전한 복음 외에 다른 복음을 전하면 저주를 받을지어다"

참으로 두렵고 놀라운 말씀입니다. 우리가 예수님의 복음을 보면 너무나도 단순하고 뻔한 말씀입니다. "하나님의 아들이 이 세상에 인간으로 오셔서 우리를 대신해서 죽으셨다. 누구든지 이 예수를 믿으면 구원을 얻는다." 그리고 나면 무엇을 어떻게 해야 하는 것입니까? 심지어 우리나라에서는 예수를 믿는다고 입으로 고백하면 이미 영생을 얻었기 때문에 이제는 윤리적인 삶만 살고 선교만 하면 된다고 생각하는 사람들이 많이 있었습니다. 즉 우리는 천국에 들어간 것이나 마찬가지라는 것입니다.

그렇다면 우리가 천국에 들어간 것은 무엇을 말하는 것입니까? 우리가 구원을 받았다는 것은 무엇을 의미하는 것입니까? 가장 중요한 것은 예수님의 영 곧 하나님의 성령이 우리 안에 오셔서 하나님의 진리를 하나씩 깨닫게 하시고 우리의 자아상을 바꾸시며 우리의 성품을 바꾸시고 이 세상에서 우리의 삶을 하나씩 바꾸어나가시는 것입니다. 하나님의 성령은 우리의 지성과 감성, 모든 행동이나 표정, 습관, 대인 관계, 마음의 상처나 고통을 대하는 태도나 모든 것을 다 바꾸어 가십니다. 이것은 엄청난 성형 수술이고 이것은 엄청난 대역사입니다. 그뿐만 아니라 하나님이 전쟁을 막아주시고 자살을 막아주시고 우리에게 기쁨을 주시는 것은 도무지 돈으로 환산할 수 없는 능력입니다. 거기에다가 하나님은 우리에게 하나님 아들의 자존감을 주십니다. 그런데 만일 우리가 예수님의 죽음이 시시하다고 생각하고 하나님의 말씀이 케케묵었다고 생각해서 세상을 따라가면 마귀의 독가스를 막을 수가 없습니다. 즉 우리는 이 세상의 음란을 이길 수 없고 순간적인 충동을 이길 수 없고 허무를 이길 수 없는 것입니다.

사도 바울은 비록 자기 자신이라도 변질될 수 있다고 말하고 있습니다. "그러나 우리나 혹은 하늘로부터 온 천사라도"라고 했습니다. 사도 바울도 혹시 교만한 마음이 들어서 세상의 학문이나 유행이나 인기를 복음보다 더 중요하게 생각할 수 있습니다. 그러면 그 결과는 저주인 것입니다. 왜냐하면 사람들의 인기나 세상의 학문으로는 마귀의 독가스를 이길 수 없기 때문입니다. 심지어는 천사일 수도 있습니다. 천사가 얼마나 아름다우며 능력이 있습니까? 그러나 혹시 천사라도 미쳐서 예수님의 복음 대신에 천사의 사상을 전한다든지 혹은 다른 영계의 어떤 지식을 전한다면 그 결과는 역시 저주인 것입니다. 왜냐하면 우리 인간의 영혼은 너무 정교하게 만들어져서 예수님의 십자가와 하나님의 말씀 외에는 절대로 저주에서 벗어날 수 없기 때문입니다.

> 1:9, "우리가 전에 말하였거니와 내가 지금 다시 말하노니 만일 누구든지 너희가 받은 것 외에 다른 복음을 전하면 저주를 받을지어다"

처음부터 타락한 목회자는 없을 것입니다. 처음에는 모두 복음에 감격하고 가난하고 겸손한 마음으로 믿었는데 유명해지고 사람들의 인기를 끌게 되니까 복음만으로는 직성이 풀리지 않는 것입니다. 그래서 그들은 예수님의 복음도 믿지만 거기에 성공을 더 추가한 것입니다. 그러나 그 결과는 저주였습니다.

다윗의 아들 압살롬은 아버지의 말씀 통치가 너무 답답해서 반역을 일으켜서 이스라엘을 더 발전시키려고 했습니다. 그러나 그 결과는 파멸하게 되는 저주였습니다. 솔로몬은 어렸을 때 왕이 되면서 일천번제를 드렸고 오직 하나님의 지혜를 구했습니다. 그러나 그가 성공하고 보니까 세상은 너무 넓었고 지식의 세계는 너무 무한했습니다. 그래서 그는 하나님의 신앙에다 세상의 번영을 추가했습니다. 그러나 그 결과 역시 저주였습니다. 가룟 유다는 거의 끝까지 예수님을 따랐습니다. 그러나 그는 예수님의 십자가 죽음이 너무하다고 생각해서 예수님을 배반하고 맙니다. 그리고 그 결과는 엄청난 저주였습니다.

누구든지 처음 받은 복음 곧 하나님의 아들 예수님이 십자가에 못박혀 죽으신 것과 하나님이 우리에게 주신 말씀 외에 다른 복음을 전하면 그 결과는 저주입니다. 우리가 이 세상에서 성공하고 유명한 것은 좋은 것입니다. 그러나 우리는 그것을 복음과 섞을 수 없고, 복음과 바꿀 수 없습니다.

우리는 새로운 가르침을 원하지 않습니다. 우리는 새로운 교훈으로 더 잘 되는 것을 원하지 않습니다. 우리는 오직 하나님의 말씀만 가지고 끝까지 지키고 실험할 것입니다. 그래서 이 세상의 모든 유혹과 저주를 물리치는 성도님이 다 되시기 바랍니다.

03

바울 복음의 기원
갈 1:11-17

여성들은 가방이나 옷을 살 때 모양만이 아니라 브랜드를 더 중요하게 생각합니다. 아무리 가방이나 옷 모양이 좋아도 만든 나라나 회사의 이름이나 지명도가 낮으면 아무래도 제품에 대하여 믿음이 덜 가고 싸구려 같은 느낌이 들기 때문입니다. 한때 우리나라나 중국에서 유명한 짝퉁 브랜드가 많이 돌았던 적이 있었습니다. 그런데 이런 짝퉁 가방이나 옷들은 전혀 그 가치가 인정되지 않습니다. 왜냐하면 아무리 비슷해도 기분이 나지 않고 수명이 오래가지 못하고 쉽게 떨어지거나 망가지기 때문입니다. 그런데 사람들은 복음이나 하나님의 말씀에 있어서는 진짜와 짝퉁을 구별하지 못하는 경우가 너무 많습니다. 틀림없이 짝퉁인데도 구름떼같이 많은 사람이 찾아가서 훈련도 받고 헌금도 하고 봉사도 하고 충성도 하는 것을 흔히 보게 됩니다.

그러나 진정으로 복음으로 훈련받고 양육 받은 자들은 완전한 하나님의 말씀이 아니면 무엇인가가 느낌이 이상하고 기분이 좋지 않으면서 신뢰가 가지 않는 것을 느낄 수 있습니다. 왜냐하면 복음에 있어서 순전한 복음은 그 폭발력이 엄청나기 때문입니다. 물론 가짜가 섞인 경우에도 폭발은 할 수 있습니다. 그러나 그 냄새가 좋지 못하고 결과가 좋지 못한 것을 보게 됩니다.

다이너마이트가 개발되기 전에, 그리고 미국에 의해 핵폭탄이 실험되기 전에 엄청난 폭발력을 가진 것이 하나 나타났는데 그것은 바로 예수 그리스도의 복음이었습니다. 이 복음은 유대인의 한계를 넘어서서 로마나 아시아나 아프리카까지 전 세계적으로 큰 폭발력을 나타내었습니다. 예수 그리스도 복음의 놀라운 점은 그리스 철학이나 유대교 종교와 달리 성령의 역사가 나타난다는 점이었습니다. 그런데 이 성령의 역사는 한 개인의 인생을 바꾸었고 세상의 가치관이나 도덕관도 바꾸었습니다. 심지어는 세계 역사의 흐름조차도 바꾸었습니다.

예루살렘의 제자들이 가진 복음은 엄청난 폭발력이 있었습니다. 오순절에 성령이 임하시고 제자들이 성령 충만을 받았을 때, 베드로가 전한 설교를 듣고 전 세계에서 왔던 많은 유대인 중에서 오천 명이나 되는 사람들이 예수를 믿고 세례를 받을 정도였습니다(행 4:4). 그리고 이 복음은 이 사람들을 통해서 다시 자기 살던 곳 즉 로마라든지 북부 갈라디아 지방 같은 곳에 엄청난 부흥을 일으킬 정도로 뜨겁고 강한 불이었습니다.

그런데 여기서 더 강력한 폭발력을 가진 복음이 나타나게 되었습니다. 그것은 바로 사도 바울이라는 사람이 전한 복음이었습니다. 사도 바울은 처음에는 회당 중심의 유대인들을 대상으로 설교하다가 유대인들이 반대하니까 아예 이방인들 중심으로 복음을 전했는데 엄청난 폭발력으로 나타나게 되었습니다. 특히 사도 바울은 이방인들에게 이방인들은 더 이상 할례를 받을 필요가 없이 오직 예수를 믿음으로 구원을 받을 수 있다고 가르쳤습니다. 이것은 그 당시 유대인만이 아니라 세계인들에게 너무나도 쇼킹한 뉴스였습니다.

사도 바울은 담대하게 전하기를 하나님은 더 이상 유대인들만 부르시는 것이 아니라 전 세계 모든 이방인을 하나님의 백성으로 부르셨다고 설교를 했습니다. 사도 바울의 이 복음은 그 당시 갈라디아 지방과 고린도에서만 터졌던 것이 아니라 마르틴 루터에 의해 독일에서도 터졌고, 칼빈에 의해 제네바에서도 터졌고, 웨슬리나 조지 휫필드에 의해 영국에서도 터졌고, 우리 한국에까지 터졌던 것입니다. 이때 사람들은 사도 바울이 전한 복음에 놀라워하면서 과연 이 바울의 복음은 어디서 나왔는지 궁금해했습니다.

그런데 우리에게는 궁금한 것이 또 하나 있습니다. 그것은 이 사도 바울의 복음의 놀라운 폭발력이 우리나라에서는 효력이 끝나버렸느냐 하는 것입니다. 왜 이제는 예수 그리스도의 복음이 우리나라에서는 옛날 같은 폭발력이 나타나지 않고 교회나 기독교가 세상 사람들의 손가락질을 당하고 있느냐 하는 점입니다.

1. 바울 복음의 기원

사도 바울이 전한 복음은 원론적으로 예루살렘 제자들이 가르쳤던 복음과 같은 것이었습니다. 즉 최초로 예수님의 복음을 듣고 성령을 받은 사람들은 모두 유대인이었습니다. 그래서 최초의 기독교인들은 기독교와 유대교 사이에 아무런 차별을 느끼지 않았던 것입니다. 즉 그들은 모두 할례를 받았고 또 성령도 받은 사람들이었습니다. 그런데 사도 바울을 전도자로 파송하면서 진정으로 복음이 무엇이냐 하는 것이 문제로 대두하게 되었습니다. 그것은 사도 바울의 전도로 많은 헬라인이나 야만족들이 예수를 믿게 되었는데 그들은 아직 할례를 받지 않은 사람들이었기 때문입니다.

그때 사도 바울은 예수 믿는 사람들은 더 이상 할례를 받을 필요

없이 오직 예수의 십자가를 믿음으로 구원받는다는 것을 강하게 전했습니다. 그래서 이방인들이 할례를 받지 않아도 예수님의 십자가를 믿음으로 구원을 받고 성령을 받고 하나님의 백성이 된다는 바울의 전함은 너무나도 쇼킹한 가르침이었습니다. 그러나 많은 유대인 출신 전도자 중에서는 이방인들이 할례도 받지 않고 율법도 모르면 하나님 믿는 것이 너무 쉬운 것이 아닌가, 그리고 신앙이라고 하는 것이 엉망이 되는 것이 아닌가 우려하는 사람들이 꽤 있었습니다. 더욱이 오랜 전통을 지키고 있던 유대인 그리스도인들은 자신에게 생명보다 더 중요한 할례가 부정되는 것에 분노를 느끼게 되었습니다.

그래서 많은 유대인 출신 전도자 중에는 사도 바울의 이 가르침은 순수한 주님의 가르침이 아니라 어떤 사람들로부터 배운 것을 자기 나름대로 변형을 시켜서 가르친 것이라고 바울을 비난하기도 했습니다. 그래서 많은 유대인 크리스천은 사도 바울의 가르침이 순수한 주님의 가르침이 아니라고 비판을 했습니다. 그리고 어떤 이들은 갈라디아 지방을 다니면서 할례를 받아야 구원을 받을 수 있다고 가르쳤는데, 실제로 많은 이방인 출신 기독교인들이 할례를 받기도 했습니다. 그런데 그 결과 놀라운 것은 갈라디아 지방에서 성령의 불이 한순간 사라지고 만 것이었습니다.

교회에서 놀라운 것은 바로 이것입니다. 즉 교회에 불이 없다는 것입니다. 어떤 곳에서는 한때 교회에서 부흥의 불길이 맹렬하게 타오르다가 무슨 시비가 생기면서 한순간에 불이 꺼지기도 하고 어떤 경우에는 아주 오랫동안 불이 꺼져 있어서 아예 냉랭한 교회도 있다는 것입니다. 우리가 어떤 집에 들어가 보면 온기가 있어야 사람 사는 느낌이 들게 됩니다. 그런데 오랫동안 사람이 살지 않는 폐가에 들어가 보면 벌써 먼지가 수북하게 쌓이고 온기라는 것은 전혀 느낄 수 없이 어떤 경우에는 뼛속까지 찬 기운이 들어오는 느낌을 받게 됩니다. 그런데 교회가 절이나 성당, 다른 문화재와 다른 점은 그 안에 뜨거움이나 따뜻함이 있다는 사실입니다.

그런데 대개 오랫동안 의식적으로만 신앙생활 해 온 이들을 보면 아예 신앙에 불기가 없을 뿐 아니라 오히려 불기가 생길까 봐 불을 빼려고 애를 쓰는 모습을 보게 됩니다. 그들은 거의 돌부처같이 앉아서 예배 시간을 때우고 자신의 위신이나 세우는 것으로 만족하는 것입니다. 그리고 조금이라도 찬송이나 기도가 뜨거워지거나 설교에 불이 붙으면 뜨거워서 견디지 못하는 것입니다. 정말 그런 신앙은 죽은 신앙이고 죽은 복음입니다. 아무리 그 교회가 유명한 교회이고, 유명한 목사가 설교를 하고, 거기에 아무리 유명한 교인들과 부자들과 교수들이 많아도 그 교회는 죽은 교회인 것입니다.

사실 사도 바울의 가르침을 반대하던 전도자들의 의도는 나쁜 것은 아니었습니다. 그들이 반대하는 의도는 우리가 믿어오던 신앙을 그렇게 쉽게 버릴 수 없다는 것과 사도 바울의 가르침이 하나님을 믿는 것을 너무 경박하게 만들 수 있다는 염려 때문이었습니다. 그러나 그들의 의도했던 것과 달리, 이들이 사도 바울의 복음을 반박하고 사도 바울을 공격하면서 갈라디아 지방에서 갑자기 성령의 불이 꺼져버리게 되었습니다. 이것이 문제였습니다. 우리가 진정한 복음과 복음 비슷하지만 아닌 것을 분별해야 하는 이유는 무엇입니까? 진정한 복음이 아닌 것은 아무리 학적이고 아무리 교회의 규모가 크고 유명한 사람들이 많이 모인다고 해도 거기에 불이 없다는 것입니다.

한번 꺼져버린 부흥의 불을 다시 일으키는 것은 대단히 어렵습니다. 개인적으로도 복음과 선교에 대한 열정이나 교회에 대한 열정이 갑자기 죽어버리는 경우가 있습니다. 이것은 바로 시험이 든 것입니다. 그런데 이것을 다시 정상적인 상태로 돌리는데는 얼마나 많은 고통의 시간과 아픔의 시간이 있어야 하는지 모릅니다. 이때 사탄이 주로 사용하는 방법이 바로 의심의 영이고 시기의 영입니다. 즉 누군가가 뜨겁게 복음의 역사를 일으키는데 시기심이 일어나면서 방해를 하기 시작하는 것입니다. 그러면 갑자기 불이 꺼져버리게 됩니다. 그렇다고 해서 지금까지 불이 붙었던 사람의 마음에 있는 불까지 꺼지는 것은 아닙니다. 그런데 그곳의 불은 꺼지게 됩니다. 대개 그런 불을 끄는 사람은 그 지역에서 유명하거나 영향력이 센 사람 즉 강한 입김의 소유자입니다. 그리고 더 나아가 포용주의로 가기 시작합니다. 즉 너무 한 사람만 중심이 되면 안 되고 골고루 돌아가면서 다양한 의견을 받아들여야 한다고 주장합니다. 복음의 기름은 아주 순수해야 하는데 여러 기름이 섞이면 연기가 나게 되고 불이 곧 꺼져버리게 됩니다. 그래서 복음 운동이 너무 유명해지거나 규모가 커지거나 많은 헌금이 모이게 되면 순수성을 잃어버리게 되는 경우가 흔히 있습니다.

1:11-12, "형제들아 내가 너희에게 알게 하노니 내가 전한 복음은 사람의 뜻을 따라 된 것이 아니니라 이는 내가 사람에게서 받은 것도 아니요 배운 것도 아니요 오직 예수 그리스도의 계시로 말미암은 것이라"

사도 바울은 먼저 그들을 향해 "형제들아!"라고 부르고 있습니다. 어떤 분은 미운 사람이 있으면 '이 원수들아!'라고 말하기도 합니다. 그러나 사도 바울은 부흥의 불이 꺼진 것은 꺼진 것이고, 이제 함께 이 불을 일으켜야 하기 때문에 "형제들아"라고 부르고 있는 것입니다. 옛날 우리가 가난했을 때 아궁이 불이나 연탄불이 꺼졌을 때 서로 원망하고 욕해봐야 소용이 없고 누군가가 불을 피워야 했습니다. 나중에 번개탄이라는 것이 나왔을 때는 그래도 불붙이기가 굉장히 수월한 편이었는데 그전에는 옆집에 새 연탄을 하나 주고 불을 붙여 오든지 아니면 나무토막 같은 것을 놓고 연기를 맡아가며 불을 피워야만 했습니다. 너무 고생스러웠습니다.

사도 바울이 가장 먼저 한 말은 "내가 전한 복음은 사람의 뜻을 따라 된 것이 아니니라"는 말이었습니다. 사도 바울은 자기가 복음을 알게 된 것은 자기 뜻과는 전혀 상관이 없는 것이었다고 강조하고 있습니다. 실제로 바울은 예수님을 만나기 전까지는 복음이라는 것을 알지도 못했고 오히려 복음을 반대하고 박해하던 사람이었습니다(행 8:3). 그런데 예수님이 자신의 인생을 휘어잡으셔서 180도 다른 사람이 되었고, 또 자기를 사용하셔서 지금 여기까지 복음을 전하게 하셨다고 증언하고 있습니다. 옛날에는 어떤 새로운 지식이나 철학 같은 것은 숨은 스승이 있어서 그에게 배우기도 하고 아니면 그보다 더 윗대의 사람으로부터 전수받기도 했습니다. 그러나 사도 바울이 전한 복음은 어느 누구에게서 전수받은 것도 아니고 어떤 사람에게서 배운 것도 아니라고 강조하고 있습니다.

더 나아가 사도 바울은 자신의 복음은 아주 오래된 스승들로부터 받은 것도 아니고 어떤 특별한 선생으로부터 개인적으로 사사받은 것도 아니고 오직 예수 그리스도의 계시로 말미암은 것이라고 강조하고 있습니다. 왜냐하면 오직 예수 그리스도의 복음만이 성령의 불을 붙일 수 있기 때문입니다. 즉 기독교에서 가장 중요한 것은 성령의 불이 붙는 것입니다. 그가 어느 학교를 나왔고 어느 교단이며 얼마나 지식이 많은가 하는 것은 중요한 것이 아닙니다. 오직 사람들의 가슴에 성령의 불이 붙는 것이 가장 중요한 것입니다.

그때 주의해야 하는 것은 유사 부흥의 불을 성령의 불로 생각해서 속는 것입니다. 어떤 경우에는 이것이 광신주의로 빠지기도 하고, 어떤 경우에는 주지주의 즉 지식 위주로 흐르기도 하고, 어떤 경우는 대교회주의로 빠지기도 하는 것입니다. 그런데 주의해서 보면, 가짜 불이라는 것은 무엇인가가 깨끗하지 못하고 개인숭배를 하며 지저분한 것을 느낄 수 있습니다. 사도 바울의 복음은 백 퍼센트 부활하신 주님으로부터 직접 배운 것이고, 사도 바울 자신이 창작했거나 혹은 예루살렘 사도나 다른 율법학자로부터 배운 것은 단 하나도 없다고 강조하고 있습니다. 즉 사도 바울의 복음은 백 퍼센트 부활하신 주님의 말씀이며 주님의 명령이며 하나님의 뜻이라는 것입니다. 이것이 바로 불이 붙는 비결이었던 것입니다.

2. 사도 바울이 진리를 배운 방식

예루살렘에 있는 예수님의 제자들은 모두 예수님이 살아계실 때 직접 예수님을 따라다니면서 가르침을 받은 제자들이었습니다. 그래서 그들은 예수님으로부터 산상설교를 배웠고 씨 뿌리는 비유를 배웠으며 예루살렘의 멸망과 장차 올 심판에 대하여 배웠던 것입니다. 그리고 예루살렘의 제자들은 예수님의 부활하신 후에 집중적으로 예수님의 부활과 구약 성경에 나타난 예수님에 대한 약속들을 배운 사람들이었습니다. 그러나 사도 바울은 예수님이 살아계셨을 때 예수님에게서 진리를 배운 적이 없었습니다.

> 1:13-14, "내가 이전에 유대교에 있을 때에 행한 일을 너희가 들었거니와 하나님의 교회를 심히 박해하여 멸하고 내가 내 동족 중 여러 연갑자보다 유대교를 지나치게 믿어 내 조상의 전통에 대하여 더욱 열심이 있었으나"

오히려 사도 바울은 예수를 만나기 전에 기독교를 반대하고 박해하던 사람이었습니다. 바울은 예수님을 믿지 않았고 그의 부활을 미친 사람들의 날조라고 믿었습니다. 그러다가 사도 바울은 예수 믿는 사람들을 잡아 가두기 위하여 예수 믿는 사람들이 많다는 다메섹으로 가다가 부활하신 예수님을 극적으로 보게 되었습니다. 이것이 사도 바울이 예수님을 처음으로 본 것이었고 첫 번째 계시였습니다(행 9:1-19).

그때 바울이 다메섹으로 가는 길에 낮 열두 시쯤 되었을 때 갑자기 태양보다 더 환한 빛이 그 위에 비쳤습니다. 바울은 눈이 부셔서 그 자리에서 쓰러지면서 그 빛 가운데 누군가가 서 있는 것을 보게 되었습니다. 그때 그분이 바울에게 "사울아 사울아, 네가 어찌하여 나를 박해하느냐?"고 책망하시는 말씀을 하셨습니다. 그때 바울은 "주여, 당신은 누구십니까?"라고 물었더니, 그분은 "나는 네가 박해하는 예수라"고 대답하셨습니다. 그리고 그분은 바울에게 "너는 일어나서 시내로 가라. 네게 무슨 말을 해 줄 자가 있을 것이라"고 말씀하셨습니다. 이것이 바울이 보았던 첫 번째 계시였습니다. 즉 그는 지금까지 예수가 십자가에 못 박혔다가 다시 살아났다는 것은 정신 나간 사람들이 미쳐서 지어낸 이야기인 줄 알았는데 그분은 실제로 살아계셨고 미친 사람은 바로 자기 자신이었음을 깨달았던 것입니다. 바울이 지금까지 믿고 추구하던 모든 것은 엉터리였고 위선이었고 거짓 덩어리였습니다. 세상에 어떻게 자신이 그리스도를 모를 수 있습니까? 어떻게 하나님을 그렇게 열심히 믿었는데 이렇게 엉터리로 믿을 수 있었을까요? 이것이 바로 예수님을 만나기 전 바울의 영적인 상태였던 것입니다.

그 후 청년 바울은 다른 사람의 손에 붙잡혀서 다메섹 안에 있는 직가라는 거리에 들어가서 사흘 동안 아무도 만나지 못하고 기도만 하게 되었습니다. 그때 예수님은 아나니아라는 신실한 형제를 바울에게 보내어서 안수기도를 하게 하셨습니다. 아나니아는 바울에게 "형제 사울아 네가 오는 길에서 나타나셨던 예수께서 나를 보내어 너로 다시 보게 하신다"라고 하면서 안수기도를 하니까 바울의 눈에서 비늘 같은 것이 벗겨지면서 다시 볼 수 있게 되었습니다. 그리고 바울은 아나니아의 입을 통해서 자신이 "많은 이방인과 임금들과 이스라엘 자손들에게 복음을 전하기 위하여 주님이 택하신 그릇이며 그가 많은 고난을 받을 것"이라는 이야기를 전해 듣게 됩니다.

그리고 그 뒤에 사도 바울은 언제 주님의 계시를 받았느냐는 것입니다. 사실 사도 바울이 전한 복음은 엄청나게 깊이 있고 방대한 내용입니다. 사도 바울이 아무리 천재라 하더라도 이것은 한순간에 배운 것은 아닌 것 같습니다. 일단 사도 바울은 다메섹에서 눈이 뜨게 되자 그 즉시 예수가 하나님의 아들이시며 메시야라는 사실을 바로 다메섹 회당에서 설교했습니다. 그러나 바울과 함께 다메섹에 있는 예수 믿는 사람들을 잡으러 왔던 자들은 바울의 변화에 매우 당황해했습니다. 그래서 그들은 다메섹의 관리들과 짜고 바울이 성문에서 나올 때 잡아서 죽이기로 계획을 세웠습니다. 아마도 이 사실을 아나니아와 같은 다메섹의 기독교인들이 미리 알고는 바울을 성벽에서 광주리에 담아서 피신시켰습니다.

1:17, "또 나보다 먼저 사도 된 자들을 만나려고 예루살렘으로 가지 아니하고 아라비아로 갔다가 다시 다메섹으로 돌아갔노라"

여기에 나오는 "아라비아"는 아무도 없는 황무지가 아니고 기독교인들이 숨어 살던 비밀 공동체 요즘으로 치면 수도원 같은 곳이었던 것 같습니다. 사도 바울은 이미 그곳에 있으면서 주님으로부터 계속 계시를 받았던 것 같습니다. 사도 바울은 그곳에서 이런 진리를 배우니까 예루살렘의 사도들을 너무나도 만나고 싶었던 것입니다. 그러나 예루살렘 신자들은 아무도 바울을 만나기를 원하지 않는 바람에 게바 즉 베드로만 만나서 십오일을 같이 있었고, 또 예수님의 동생 야고보만 만났을 뿐이지 다른 사람은 아무도 만나지 못했습니다. 바울은 처음에 이것이 이해가 되지 않았는데 나중에는 이해가 되었습니다.

1:18-19, "그 후 삼 년 만에 내가 게바를 방문하려고 예루살렘에 올라가서 그와 함께 십오 일을 머무는 동안 주의 형제 야고보 외에 다

른 사도들을 보지 못하였노라"

여기서 삼 년이라는 것은 바울이 아라비아에 있었던 기간을 말하는 것 같습니다. 그 후에 바울은 예루살렘을 방문해서 베드로를 만났지만 다시 복음을 배울 시간은 없었습니다. 그러므로 사도 바울이 받은 복음은 베드로에게 배운 것도 아니었고 야고보에게서 배운 것도 아니었습니다.

1:20, "보라 내가 너희에게 쓰는 것은 하나님 앞에서 거짓말이 아니로다"

이것은 사도 바울이 맹세하고 있는 것입니다. 사도 바울은 예루살렘에서 모든 사도를 만나지 못하였고 십오 일을 게바와 함께 있으면서 복음을 배울 시간을 가지지도 못했다는 뜻입니다. 바울은 이상한 주님의 섭리에 의해서 그들과 오래 만나거나 가르침을 배우거나 교류할 시간이 없었기 때문입니다. 이것이 바울에게는 처음에 이해가 되지 않았습니다. 내가 아라비아에서 주님으로부터 배웠던 진리를 예루살렘에 있는 사도들과 함께 나누었으면 참 좋았을 텐데 왜 이런 만남이 이루어지지 않을까 하는 것이었습니다. 그것은 바울에 나중에 알게 된 것이지만 예루살렘 사도들은 나름대로 유대인들의 벽이 있고 한계가 있었기 때문입니다.

그러므로 주님은 사도 바울이 예루살렘 사도나 교인들과 교제하지 않고 자신의 순수한 복음을 그대로 가지는 것이 더 낫다고 생각했는데, 아무래도 유대인 신자들이 가지고 있는 것에는 한계가 있었기 때문입니다. 주님은 사도 바울이 그들의 틀에 갇힐 필요가 없다고 생각을 하셔서 그들과의 만남을 막으셨던 것입니다. 그래서 사도 바울은 예루살렘 사도나 교인들의 지원을 받지 못했지만 부흥의 불은 그 어느 것보다 더 뜨거웠고 더 순수했습니다.

3. 하나님의 놀라운 섭리

하나님께서는 우리가 전혀 우리의 길을 깨닫지 못하는 가운데서도 그 길을 인도하고 계십니다. 이것을 우리는 '섭리'라고 부릅니다. 사도 바울은 나중에 자신의 인생을 한번 돌이켜 생각해보니까 하나님께서 자신의 인생을 이미 어머니의 배 속에 있을 때부터 그를 복음의 사도로 택정하셨던 것을 알게 되었습니다.

1:15, "그러나 내 어머니의 태로부터 나를 택정하시고 그의 은혜로 나를 부르신 이가"

사도 바울이 복음 전도자가 되고 사도가 된 것은 이미 어머니의 태로부터 예수님이 택하신 것이었습니다. 여기서 바울이 그리스도인이 되는데 그의 어머니가 어떤 역할을 했는지 알 수 없습니다. 그러나 우리는 두 가지 가능성을 생각할 수 있습니다. 그 하나는 바울의 어머니가 결혼하기 전이나 혹은 바울을 임신했을 때 다소에 있는 기독교인들의 모임이나 혹은 복음적인 모임에 나갔을 가능성이 있는 것입니다. 그리고 바울의 어머니는 바울을 임신했을 때 바울이 하나님의 사람이 되도록 그의 배를 안고 계속 기도했을 가능성도 있을 것입니다. 물론 바울의 어머니는 바울이 이런 전도자가 될 줄은 꿈에도 몰랐을 것입니다. 그럼에도 불구하고 바울의 어머니는 바울이 하나님께 쓰임 받는 사람이 되도록 기도했을 것입니다.

그 이유를 생각해 보면 바울은 태어나면서부터 로마 시민권을 가진 사람이었습니다. 이것은 바울의 부모가 길리기아(남부 갈라디아)

의 수도인 다소에서 상당한 경제적인 부를 가진 사람이었던 것을 알 수 있습니다. 그렇다면 바울이 성공하기 위해서는 아테네나 레스보스 같은 곳으로 유학을 가서 지식을 쌓았더라면 사업가나 학자로 성공할 수도 있었을 것입니다. 그럼에도 불구하고 바울의 부모가 바울을 예루살렘으로 보내 그 당시 대학자인 가말리엘 밑에서 율법을 배우게 했던 것은 바울이 하나님 말씀의 종으로 사용되기를 바라는 간절한 마음이 그의 어머니에게 있었던 것이 아니었나 하는 생각이 들게 됩니다. 따라서 사도 바울의 미래 인생에 큰 영향을 미쳤던 사람은 아버지라기보다는 어머니였던 것 같습니다. 그리고 어머니는 디아스포라의 율법을 배우는 모임에 나가셨던 것 같고, 바울이 하나님의 종으로 사용되도록 기도를 계속했던 것으로 보입니다.

그것은 사도 바울의 제자 디모데에게도 해당되는데 사도 바울은 이렇게 말하고 있습니다. "이 믿음은 먼저 네 외조모 로이스와 네 어머니 유니게 속에 있더니 네 속에도 있는 줄을 확신하노라"(딤후 1:5). 디모데는 아버지가 헬라인이고 어머니가 유대인인 혼혈아였습니다. 그러나 디모데의 신앙은 그의 어머니의 신앙 그대로였고, 그의 어머니의 어머니 즉 외할머니의 신앙 그대로였던 것입니다. 그러다가 디모데가 사도 바울의 설교를 들었을 때 마치 자석에 끌려들 듯이 그 말씀에 붙들려서 바울의 제자가 되고 동역자가 되었던 것입니다.

그렇게 사도 바울이 열심히 주님을 대적하고 교회를 박해하고 있는 동안에도 주님은 조용히 바울 옆에 계시면서 그를 지켜보셨던 것입니다.

> 1:13-14. 내가 이전에 유대교에 있을 때에 행한 일을 너희가 들었거니와 하나님의 교회를 심히 박해하여 멸하고 내가 내 동족 중 여러 연갑자보다 유대교를 지나치게 믿어 내 조상의 전통에 대하여 더욱 열심이 있었으나"

여기서 사도 바울은 "유대교"라는 단어를 처음 사용하고 있습니다. 이 '유대교'는 이미 구약 이스라엘의 신앙이 아니었던 것입니다. 즉 원래 하나님에 대한 신앙은 따뜻하고 말랑말랑하고 살아있는 것이 특징입니다. 그런데 하나님의 말씀에 대하여 굳어져서 죽어버리게 되면 외형은 살아있지만 실제로는 죽어 있는 아주 딱딱하고 말라버린 신앙이 되어버립니다. 즉 구약이 죽은 것이 유대교인 것입니다. 이것이 바로 박제된 신앙입니다. 박물관에 가보면 곰이나 독수리, 멧돼지를 박제해 놓은 것이 있는데 그것을 보면 진짜 살아있는 것 같지만 실제로는 죽은 것입니다. 종교개혁 당시 마르틴 루터가 종교 지도자들의 말을 들을 수 없었던 이유는 그때의 종교가 죽어 있었기 때문입니다.

1:16, "그의 아들을 이방에 전하기 위하여 그를 내 속에 나타내시기를 기뻐하셨을 때에 내가 곧 혈육과 의논하지 아니하고"

예수님은 바울이 이방에 복음을 전하는데 적임자라고 생각하셨습니다. 그는 길리기아라는 이방 지역에 살았기 때문에 이방 문화를 잘 알았습니다. 그러면서도 그는 예루살렘에 유학 가서 히브리 성경도 잘 알았습니다. 그는 유대인의 벽을 넘어서 이방 세계에 복음과 성경을 가장 정확하게 전달할 수 있는 가능성을 가지고 있었던 것입니다.
하나님은 그 아들을 바울 속에 나타내시기를 원하셨습니다. 그것은 다른 사람들이 했던 것처럼 예수님을 외모로 한번 보고 마는 정도가 아니라 예수님이 하나님의 아들되심을 그의 골수까지 느끼고 깨닫기를 원하셨던 것입니다. 그러므로 사도 바울은 아라비아에서 그냥 주님의 계시만 본 것이 아니었습니다. 그는 그곳에서 구약 성경을 읽으면서 철저하게 성경을 묵상하고 연구하면서 예수님의 계시의 가르침을 받았던 것입니다.

우리는 보통 모세를 생각할 때에도 그가 애굽의 노예 감독 한 명을 죽인 후에 무려 사십 년 동안 살인자로 미디안 광야에서 숨어서 도망 다녔다고 생각하기 쉽습니다. 그 사십 년 동안 모세는 낮아지고 또 낮아졌다가 결국 불붙는 떨기나무 앞에서 주님의 음성을 듣고 신발을 벗고 무릎을 꿇었던 것입니다. 그러나 모세는 어렸을 때 어머니였던 유모로부터 거의 구약 창세기를 외울 정도로 배웠던 것 같습니다. 모세는 사십 년 동안 장인의 양을 치면서 이 말씀들을 묵상하고 또 묵상하고 도무지 이해가 되지 않는 것을 가지고 고민을 하다가 어느 날 불붙는 떨기나무에서 하나님의 음성을 듣고 믿음이 폭발하게 되었던 것입니다. 다시 말해서 그 당시 바울의 머릿속에도 어렸을 때 어머니가 가르쳐주셨던 것이나 가말리엘 밑에서 배웠던 것들이 뒤죽박죽 섞여 있다가 예수님을 만나면서 하나님 말씀의 폭발이 일어났고 이 불이 아라비아에서 계속 불붙어있었던 것입니다.

사도 바울은 주님의 말씀을 따라가면서 "혈육"과 의논하지 않았다고 했습니다. 우리가 보통 혈육이라면 가족을 말하는데 여기서 사도 바울은 사람들의 인정이나 추천을 말합니다. 즉 아무도 사도 바울을 사도로 뽑거나 투표하지 않았다는 것입니다. 왜냐하면 주님이 그를 아주 특별한 이방인을 위한 사도로 따로 떼어 놓으셨기 때문입니다.

우리가 지난 과거를 생각해보면 도저히 우리 머리로 이해가 되지 않을 때가 많이 있을 것입니다. '그때 나는 이런 공부보다 다른 공부를 하고 싶었는데, 나는 돈을 벌고 싶었는데, 나는 다른 곳에 가고 싶었는데' 등등의 의문을 가질 것입니다. 그러나 그것은 하나님이 나에 대하여 강력한 의지를 가지고 계시기 때문에 막으시고 그 길로 몰아오신 것입니다.

1:17, "또 나보다 먼저 사도 된 자들을 만나려고 예루살렘으로 가지 아니하고 아라비아로 갔다가 다시 다메섹으로 돌아갔노라"

바울이 먼저 사도 된 사람들을 만났더라면 유익한 것이 참 많았을 텐데, 주님은 그것을 허락하지 아니하셨습니다. 왜냐하면 먼저 사도 된 자들은 그들 나름대로 한계가 있었기 때문입니다.

1:21, "그 후에 내가 수리아와 길리기아 지방에 이르렀으나"

그 후에 사도 바울은 예루살렘에 오래 있지 못하고 수리아와 길리기아 쪽으로 가게 되었습니다. 그러면서 그는 계속 주님의 계시를 받으면서 이방인의 사도로 준비를 하게 되었던 것입니다.

우리 기독교의 핵심은 성령의 불에 있습니다. 그러나 우리나라 교회는 멋진 건물은 가지고 있고 많은 교인과 헌금은 있지만 예배나 교회가 썰렁해지고 말았습니다. 그 이유에 대하여 많은 이론을 제시하고 있지만 그것 자체가 더 복음을 썰렁하게 하는 것들입니다.

복음이 있는 곳에 부흥이 있고 거기에 생명이 있는 것이지, 사람들만 잔뜩 모여서 자기 자랑과 자기 잘난 체하는 곳에는 불이나 부흥이 없습니다. 우리는 먼저 내 가슴에 불이 있는가 점검하시기 바랍니다. 그리고 절대로 교회 불을 끄는 짓을 하지 마시기 바랍니다. 그러면 지옥의 심판을 받게 될 것입니다.

우리는 천국의 불을 지키고 살리기 위해서 모든 것을 희생할 수 있어야 하겠습니다. 그래서 다시 한번 뜨거운 부흥의 역사가 온 교인과 젊은이들의 마음속에서 일어나기를 간절히 바랍니다.

04

자유의 길

갈 2:1-10

사람에게 자유를 찾는다는 것은 얼마나 중요한 일인지 모릅니다. 옛날 독일 베를린에 장벽이 처져 있을 때 수많은 사람이 그 벽을 넘어서 자유를 찾으려고 하다가 죽임을 당했습니다. 그러나 나중에 동독이 망하자 사람들은 모두 그 장벽을 부수어버렸습니다. 옛날에 우리나라 유명한 영화배우와 감독이 북한에 의해 납치가 되었습니다. 이들은 북한에 협조하는 체하면서 몇 편의 영화를 찍고는 결국 외국을 경유해 탈출에 성공해서 다시 우리나라에 오게 되었습니다. 아마 야생동물을 우리에 가두어 놓으면 무슨 짓을 써서라도 탈출해서 야생으로 돌아가려고 할 것입니다. 마찬가지로 사람에게 자유라는 것은 생명 이상으로 중요한 것입니다. 우리나라에서는 북한을 탈출해서 중국을 가로질러 태국이나 미얀마 같은 나라까지 가서 거기에서 붙들려서 추방 형태로 우리나라에 온 탈북자들이 많이 있다고 합니다. 그러나 만일 이 사람들이 북한을 탈출했다가 중국에서 공안에 붙들리기라도 하면 도로 북한에 끌려가서 총살을 당하거나 수용소에서 두들겨 맞고

인간 이하의 생활을 하게 된다고 합니다. 그래서 북한을 탈출해서 한국에 온다는 것은 목숨을 건 탈출인 것입니다.

그러나 이 세상에서 가장 중요한 자유는 신앙의 자유이고 예배의 자유입니다. 중국에서는 지하 교회에서 예배를 드리다가 공안에게 걸려 붙들려가게 되면 몇 달 동안 감옥에 갇혀서 고생을 하기도 합니다. 얼마 전에는 중국에 몇천 명이 모이는 아주 큰 교회 예배당을 당국에서 아무 예고도 없이 와서 폭파를 시킨 일도 있었다고 합니다. 이슬람 같은 곳에서는 예수를 믿다가 들키기라도 하면 공개적으로 매를 맞기도 하고 죽임을 당하기도 합니다.

옛날에는 신앙의 자유라는 것이 없었습니다. 누구든지 주인이 믿는 종교를 믿어야 했고, 특히 유대인들은 할례를 받지 않고 하나님을 믿는 것을 인정하지 않았습니다. 그러나 사도 바울의 복음은 할례를 받지 않고 누구든지 예수를 믿기만 하면 하나님의 자녀가 될 수 있다는 것이었습니다. 이것을 많은 유대인은 도저히 인정할 수 없었습니다. 그래서 유대인들은 사도 바울을 따라다니면서 반대하고 방해를 하였으며 루스드라에서는 돌을 던져 사도 바울을 거의 죽게 만들었고, 나중에는 사도 바울을 칼로 찔러 죽이려는 테러단을 조직하기도 했습니다. 사도 바울은 이 모든 위협이나 환란을 이겨내야만 했습니다. 왜냐하면 이것은 사도 바울을 통해서 주님을 믿는 수많은 사람의 자유가 달린 문제였기 때문입니다. 어떤 사람이 감옥에 붙들려 있거나 종살이를 하다가 자유를 얻으려고 하면 그는 완전히 탈출에 성공해야 할 뿐 아니라 더 이상 그를 잡으러 오는 사람이 없어야 하고 자기 마음속에도 자기는 완전한 자유인이라는 확신이 있어야 합니다.

옛날에 할례를 받지 않고 하나님을 믿는다든지 혹은 우상숭배를 하다가 우상을 숭배하지 않고 도망치면 그를 끝까지 잡으러 오는 사람들이 있었습니다. 사도 바울 자신도 신앙의 자유를 얻는데 거의 한평생이 걸렸던 것 같습니다. 사도 바울은 어머니 뱃속에서부터 복음의 빛이 비춰었습니다. 그러나 그는 자라면서 가장 지독한 유대교의 노예가 되었고 철저하게 복음의 원수 편에 서 있었습니다. 그는 다메섹으로 가다가 주님을 만남으로 180도 변하게 되었지만 그의 마음에는 많은 혼란이 있었던 것 같습니다. 그러면서 그는 무려 14년이 넘도록 주님의 계시로 가르침을 받았고 또 유대 종교로부터 매를 맞고 채찍질 당하고 돌에 맞으면서 확고한 복음의 사도가 되었습니다.

오늘 우리나라 교회의 형편은 어떠합니까? 예수를 믿는다고 해서 누가 잡아가서 채찍질하거나 감옥에 가두거나 처형을 시키지 않습니다. 그러나 우리는 어느 순간에 하나님 자녀의 지위에서 종의 지위로 전락하고 말았습니다. 그 이유는 바로 성공이라는 우상 때문입니다. 어떤 하나님의 백성들도 하나님의 말씀을 충분히 가르치지 않으면 종이 되고 맙니다. 하나님은 구약 이스라엘 백성들을 하나님의 자녀라고 부르셨습니다. 그러나 유대교는 그들에게 하나님의 말씀을 충분히 가르치지 않고 자기 교리의 종으로 만듦으로 해서 노예로 만들어버렸습니다. 그래서 유대인들은 기뻐서 하나님을 믿는 것이 아니라 남의 눈치 때문에 하나님을 믿었던 것입니다. 거기서 탈출하는데는 예수님 십자가의 죽음이 있어야만 했습니다. 이것은 중세 천주교도 마찬가지였습니다. 천주교도 성경을 가르치지 못하게 했습니다. 그 대신 그들은 교인들을 모두 종교의 노예로 만들어버렸습니다. 중세 천주교에서 탈출하기 위해서는 많은 사람이 피를 흘려야만 했습니다. 그리고 교회는 성경을 도로 찾게 되었고 하나님 자녀의 권세를 찾게 되었습니다.

오늘 우리나라 기독교는 교회가 커지고 교인들이 성공하면 된다고 해서 성경을 충분히 가르치지 않습니다. 즉 교인들이 듣기 좋아하는 것만 가르치고 있습니다. 그래서 큰 교회라는 교만과 성공했다는 교만만 가지고 있지, 실제로 하나님 자녀의 권세를 빼앗기고 말았습니다. 즉 성공의 노예가 되어버린 것입니다. 그래서 성공한 목사나 교인들은 고개를 쳐들고 다니고 성공하지 못한 목사나 교인들은 기가 죽어 있습니다. 그리고 더 이상 성경을 읽지 않게 되었습니다. 교회에서나 텔레비전에서도 성공만 잔뜩 설교하고 있는 형편입니다. 이것이 바로 종의 종교이고 노예의 종교인 것입니다.

갈라디아 지방 사람들은 복음을 들음으로 자유를 얻었습니다. 그들은 마음껏 하나님의 말씀을 들었고 하나님을 찬양했습니다. 그러나 갈라디아 지방에 추격자들이 몰려오게 되었습니다. 그들은 바로 유대주의자들이었습니다. 이들은 마치 중국의 공안과 같았습니다. 이들은 갈라디아 교회들마다 찾아다니면서 예수만 믿어서는 하나님을 제대로 믿을 수 없고 할례를 받아야 제대로 믿을 수 있다고 하며 전부 다 쇠고랑을 채워서 유대교의 노예를 만들었던 것입니다. 우리가 고린도후서를 보면 그런 사람들이 교인에게 호통도 치고 뺨도 때리기도 하고 종처럼 일을 시키기도 하고 그들의 인격을 모독해도 꼼짝하지 못했던 것을 볼 수 있습니다(고후 11:19, 20).

이제 사도 바울은 종으로 붙들려 있는 갈라디아 교인들로 하여금 신앙의 자유를 도로 찾게 해야만 했습니다. 우리가 인간적으로 생각해보면 사도 바울이 도끼를 들고 다니면서 수갑 찬 사람들의 결박을 일일이 끊어주면 되겠지만 이 수갑은 눈에 보이지 않는 것이었습니다. 즉 그 당시 모든 교인이 정신적인 수갑을 차고 있고 정신적인 쇠사슬에 매여 있었던 것입니다.

1. 바울의 예루살렘 방문

우리는 예수 믿는 것과 유대교를 믿는 것이 어떤 차이가 있는지 알 필요가 있습니다. 예수 믿는 것은 바로 하나님의 친 자녀가 되는 것입니다. 그래서 신학에서는 '입양'이라는 표현을 사용합니다. 우리는 예수를 믿음으로 거리를 돌아다니고 있던 고아나 불량배나 마귀의 노예의 신분에서 하나님의 아들로 바로 입양이 되는 것입니다. 거기에 비해서 유대교는 하나님의 종이 되는 것입니다. 그러나 놀랍게도 사람들의 눈으로 보기에는 하나님의 아들들보다도 종이 되는 것이 훨씬 더 멋있고 품위가 있고 위엄이 있어 보였던 것입니다.

소설《바람과 함께 사라지다》를 보면 주인집 딸을 흑인 노예 매미가 다 가르치는 것을 볼 수 있습니다. 주인집 딸이 품위 없이 웃는다든지 어깨를 많이 드러내놓고 모자를 쓰지 않고 햇빛에 돌아다닌다든지 손님을 접대하지 않는다든지 하면 노예인 유모 매미가 다 간섭하고 잔소리하고 키웁니다. 이와 마찬가지로 이 시대에도 예수를 믿어서 하나님의 아들이 되는 것보다는 오래된 유대교를 믿어서 품위가 있고 예절이 있는 종이 되는 것이 훨씬 종교적으로 높아 보였던 것입니다.

그러나 이 유대교와 복음의 차이를 가장 잘 아시는 분은 주님이셨습니다. 그래서 주님은 유대교 지도자들이 덮어씌우려고 하는 안식일이라든지 금식이나 기도의 이데올로기를 일절 받아들이지 않으셨습니다. 예수님은 안식일에 적극적으로 병자들을 고치심으로 인자는 안식일의 주인이라고 말씀하셨습니다. 그리고 더 놀라운 것은 사람이 안식일을 위하여 있는 것이 아니라 안식일이 사람을 위하여 있는 것이라고 말씀하셨던 것입니다. 또 예수님은 "진리를 알지니 진리가 너희를 자유롭게 하리라"(요 8:32)고 말씀하셨습니다. 즉 종교라는 것은 사람을 얽어매어서 꼼짝 못 하는 노예로 만들기 위한 것이 아니라 사람들을 죄와 인습에서 풀어놓아서 마음껏 기뻐 뛰면서 하나님을 예배하기 위한 것이라는 말씀입니다. 그래서 다윗은 하나님의 언약궤를 옮기면서 너무 기뻐서 뛰면서 춤을 추었습니다. 사도 바울은 "주의 영이 계신 곳에는 자유가 있느니라"(고후 3:17)고 했습니다.

예수님은 이 복음을 위해서 바울이라는 탁월한 사람을 준비시켜

놓으셨습니다. 그래서 유대교에 그렇게 많은 서기관이나 학자들이 있었지만 사도 바울의 로마서 하나를 이기지 못했던 것입니다. 유대인 중에서 예수를 믿고 하나님의 자녀가 된 자들이 있었습니다. 이들은 모두 종으로 있다가 하나님의 자녀가 된 자들이었습니다. 물론 이 세상에서 우상숭배나 하고 신도 모르고 술이나 마시고 야만인처럼 살던 사람들에게 하나님의 종들은 엄청나게 높은 것이었습니다. 그래서 사도 바울은 유대인의 나음이 어디 있느냐고 하면서 그것은 대단한 것이라고 했습니다(롬 3:1). 그러나 복음이라는 것은 종의 신분을 거치지 않고 바로 하나님의 자녀가 되는 것이었습니다.

많은 유대인은 유대교를 믿고 종으로 있다가 복음을 듣고 성령을 받고 예수를 믿었습니다. 그들은 이것이 정상적인 것이라고 생각했습니다. 그러나 하나님의 뜻은 그것이 아니었습니다. 하나님의 뜻은 종이 아닌 자들이 복음을 듣고 바로 하나님의 자녀가 되는 것이었습니다. 그러나 유대교에 열심 있는 자들은 사도 바울의 이 복음은 엉터리라고 해서 돌아다니면서 예수 믿는 자들을 모두 율법의 종으로 다시 깎아내려 버렸습니다. 그들은 하나님의 종이 된 자들을 향해 "너희들은 자격이 없으니까 율법의 종이 되어야 한다"고 하며 할례를 받게 하고 종으로 만들어버렸습니다. 그런데 이것에 갈라디아 교인들은 아주 만족스러워했습니다. 왜냐하면 하나님의 자녀라고 하니까 아무것도 없는 것 같은데 종이라고 하니까 그들을 잡아 주는 것이 있고 신분도 안정되게 느껴졌기 때문입니다.

그러나 이것은 하나님 나라에서는 대반역이었습니다. 즉 하나님께서 기껏 이방 종교를 믿는 자들에게서 복음으로 해방시켜 놓았더니 이들을 모두 다 사로잡아서 유대교의 종으로 만들어버렸기 때문입니다. 예를 들어서 어떤 사람들이 독재국가에서 목숨을 걸고 탈출해서 자유를 얻었는데 경찰이 다시 와서 그들을 수용소에 가두어 놓은 것과 같은 것입니다. 결국 사도 바울은 이 문제를 해결하기 위해서 예루살렘 사도들을 방문했습니다.

2:1-2, "십사 년 후에 내가 바나바와 함께 디도를 데리고 다시 예루살렘에 올라갔나니 계시를 따라 올라가 내가 이방 가운데서 전파하는 복음을 그들에게 제시하되 유력한 자들에게 사사로이 한 것은 내가 달음질하는 것이나 달음질한 것이 헛되지 않게 하려 함이라"

"십사 년 후"라는 것은 예루살렘에서 총회가 있었던 때를 말하는 것 같습니다. 사도행전 15장에 그 당시 상황이 잘 나타나 있습니다. 사도 바울은 다메섹으로 가다가 예수를 만난 후 180도로 변하게 되었습니다. 그는 아라비아에 가서 계속 주님의 말씀을 들은 것 같습니다. 사도 바울은 주님의 말씀을 들으면 들을수록 예루살렘에 가서 사도들에게 주님의 말씀을 더 듣고 싶은 욕망이 생겼습니다. 그래서 사도 바울은 삼 년 후에 예루살렘에 갔지만 베드로나 야고보 외에는 아무도 만날 수 없었습니다. 사도 바울은 이것이 이해되지 않았습니다. 사도 바울이 예루살렘에서 사도들에게 복음을 직접 들었더라면 예수님에 대하여 더 많이 알 수 있었을 텐데, 사도 바울은 사람들에게 복음을 배울 기회를 가지지 못했던 것입니다. 그래서 사도 바울은 어쩔 수 없이 혼자 예수님의 계시를 받으면서 스스로 복음을 정리할 수밖에 없었습니다. 나중에 알고 보니까 이것은 주님의 놀라운 계획이요 섭리요 신비였습니다. 즉 예루살렘 신자들은 모두 종에 속했다가 아들이 된 자들이었습니다. 그러나 예수님은 바울을 통하여 종이 아니었던 이방인들을 바로 하나님의 아들로 부르시는 복음을 계획하셨던 것입니다.

따라서 바울을 통하여 예수를 믿는 사람들이 폭발적으로 많아지게 되자 예루살렘에서는 사도들과 지도자들이 모여서 할례나 율법을 지키는 문제를 가지고 회의를 하게 되었습니다. 이때 회의에 성령이 강하게 역사하시게 되었습니다. 그래서 모든 참석자는 성경을 가지고 결론을 내렸는데, 이방인 신자들은 더 이상 할례나 율법을 지킬 필요가 없고 오직 음행과 우상의 음식과 목매어 죽은 것만 먹지 않기로 결정을 내렸던 것입니다. 이것이 바로 놀라운 복음의 승리였습니다. 즉 모든 이방인은 유대인이 될 필요가 없이 오직 예수를 믿음으로 하나님의 자녀가 되는 것이었습니다. 그리고 그들은 성경 말씀을 읽고 말씀이 인도하는 대로 살기만 하면 하나님의 백성이 틀림없는 것이었습니다.

사도 바울은 자신이 예루살렘에 올라가게 된 것도 '계시'로 올라갔다고 했습니다. 즉 주님이 바울에게 예루살렘에 올라가야 한다고 하셨던 것입니다. 물론 예루살렘에서 어떤 결정이 내려질지 사도 바울은 알지 못했고 자신이 이단으로 정죄될 지도 모르는 일이었습니다. 그러나 주님은 올라가라고 하셨고 그 결과는 복음의 승리였습니다. 그리고 사도 바울이 전한 복음은 더 문제가 되지 않았습니다. 단지 복음을 제대로 믿지 않는 바리새파 사람들이 집요하게 공격을 했을 뿐입니다. 사도 바울은 자기가 지금까지 달려오면서 복음의 씨를 뿌린 것이 헛되지 않다고 했습니다. 그러면 할례를 다시 받은 갈라디아 교인들은 어떻게 되는 것입니까? 지금 종으로 붙들려 있지만 복음을 들으면 수갑이 풀어지게 되는 것입니다.

지금 우리나라 교회나 교인들은 성공이라는 단단한 수갑에 채워져 있습니다. 즉 많은 목회자나 교인들은 예수 믿는 것만으로는 부족하고 성공하고 잘 살아야 한다는 것입니다. 그래서 모두 감투 쓰는 것을 좋아하고 세상의 돈을 좋아하고 큰 교회가 되어야 한다고 생각하는 것입니다. 그러나 우리가 복음을 바로 들으면 이 모든 것은 다 쓸데없는 것들이고 예수 믿고 말씀대로 살기만 하면 내가 어떤 형편과 처지에 있든지 하나님의 복된 자녀라는 것을 알게 됩니다. 그래서 우리는 성공의 환상을 깨야 하고 자신이 처한 형편에서 하나님의 자녀가 되었다는 당당함을 찾아야 합니다.

2. 이방인 신자 디도

사도 바울은 예루살렘에 올라가면서 이방인 신자 디도를 데리고 갔습니다. 디도는 사도 바울이 이방인들에게 복음을 전하면서 얻은 한 열매였습니다. 마치 가나안 땅을 정탐했던 사람들이 그 땅의 큰 포도를 가지고 돌아왔던 것처럼(민 13:23), 바울은 이방인 그리스도인 디도를 데리고 갔던 것입니다. 그는 이방인 열매였습니다.

이방인 그리스도인이라니 얼마나 신기한 것입니까? 그 당시에는 이방인 그리스도인이라는 자체가 마치 도시에서 토인을 보는 것처럼 신기한 일이었습니다. 그런데 더 중요한 것은 바울이 디도를 억지로 할례 시키지 않고 할례받지 않은 상태에서 데리고 갔다는 것입니다. 그 이유가 무엇입니까? 하나님의 백성이 되는 것은 유대인이 되는 것이 아니라는 것을 나타내기 위해서였습니다.

2:3, "그러나 나와 함께 있는 헬라인 디도까지도 억지로 할례를 받게 하지 아니하였으니"

예루살렘에 있는 제자들에게는 복음도 있었고 유대교도 있었습니다. 유대교는 완전히 노예의 종교입니다. 그리고 디도는 복음의 자유를 맛본 자입니다. 디도가 강한 유대교의 전통이 살아있는 예루살렘에 가면 유대교의 종이 될 가능성이 아주 컸습니다. 유대인들은 도대체 할례도 받지 않은 하나님의 백성들이 어떻게 있을 수 있느냐고 하면서 들고 일어나서 디도에게 억지로 할례를 시킬 수도 있었습니다.

그러나 바울과 디도는 절대로 할례에 굴복하지 않았습니다. 유대인 중에는 디도가 꼭 할례를 받아야 한다고 고집하는 자들도 있었습니다. 그러나 바울은 디도에게 할례받게 하지 않았습니다. 왜냐하면 그리스도인이 되는 것은 유대인이 되는 것이 아니기 때문입니다. 만약 디도가 분위기에 굴복해서 할례를 받아버리면 전 세계의 이방인 신자들도 모두 할례를 받아야 하고, 그러면 바울의 복음은 엉터리가 되고 맙니다. 이것은 독재국가에서 탈출한 사람들이 다시 수용소에 갇히는 경우와 같은 것입니다. 디도가 할례를 받으면 그 자리에서 다시 유대교인이 되는 것입니다. 이것을 바울은 절대로 받아들이지 않았습니다. 왜냐하면 이것은 우리 신앙의 자유를 빼앗기는 것이기 때문입니다.

우리는 지금 마음껏 종교의 자유를 누리고 있습니다. 우리는 교회에 가든 가지 않든지, 설교자가 크게 이단 사설만 설교하지 않으면 누가 뭐라고 하지 않는 시대에 살고 있습니다. 우리는 이 엄청난 자유를 어디에 써야 하겠습니까? 아마 많은 분은 이 엄청난 자유를 가지고 성공하고 놀러 다니고 돈을 버는 데 쓰려고 할 것입니다. 그러나 우리는 이 엄청난 종교의 자유를 가지고 마음껏 하나님의 말씀을 듣고 배우는 데 써야 합니다. 그 대신 우리는 인간의 종교적 이론을 배워서 잘난 체하려고 해서는 안 됩니다. 왜냐하면 그것은 우리를 한편으로는 똑똑하게 만드는 것 같지만 실제로는 우리를 종으로 만들기 때문입니다. 아들들은 그런 이론을 배우기보다는 하나님의 말씀 자체를 배우고 그 말씀대로 살아야 합니다. 물론 우리는 하나님의 말씀대로 살다 보면 넘어지기도 하고 실패할 때도 많이 있습니다. 그러나 또 일어나서 하나님의 말씀대로 사는 것이 자녀들이 해야 할 일입니다.

지금 우리가 드리는 예배는 아들들이 드리는 예배입니다. 다른 종교는 종이 드리는 예배이기 때문에 예배를 드리면서 그렇게 절을 많이 하는 것을 볼 수 있습니다. 그리고 옷도 화려한 것을 입고 모자도 화려한 것을 쓰고 또 지팡이를 들어야 권위가 있는 것처럼 보입니다.

그렇게 하는 이유는 모두 종으로 예배를 드리기 때문입니다. 그러나 아들이 아버지를 만나는데 무슨 모자가 필요하며 지팡이가 필요하며 무슨 절을 그렇게 많이 해야 할 필요가 있겠습니까? 그러나 사람들은 우리가 드리는 이 예배가 얼마나 권세가 있는 예배인지 깨닫지 못하고 있습니다.

3. 가만히 들어온 형제

사도 바울은 예루살렘의 모든 그리스도인이 다 예수를 믿는 사람은 아니라는 것을 알았습니다. 왜냐하면 그중에는 실제로 예수를 믿지 않지만 믿는 것처럼 가장하고 슬그머니 들어온 사람들도 있었기 때문입니다.

> 2:4-5, "이는 가만히 들어온 거짓 형제들 때문이라 그들이 가만히 들어온 것은 그리스도 예수 안에서 우리가 가진 자유를 엿보고 우리를 종으로 삼고자 함이로되 그들에게 우리가 한시도 복종하지 아니하였으니 이는 복음의 진리가 항상 너희 가운데 있게 하려 함이라"

"가만히 들어온 거짓 형제"라는 것은 자신의 정체를 드러내지 않고 교회 안에 들어온 사람들을 말합니다. 이들은 겉으로 보기에 틀림없는 크리스천인 것 같았지만 실제로는 유대교의 선생들이었던 것입니다. 더 놀라운 사실은 그들은 자기 자신들도 가만히 들어온 사람들이라는 사실을 알지 못했다는 것입니다. 예수 그리스도의 십자가 보혈을 믿고 하나님의 자녀가 된 사람들은 생각하는 것이 다 같았습니다. 그러나 그 당시 많은 유대인 신자 중에는 복음의 놀라운 현상만 보고 예수를 믿은 사람들이 많이 있었습니다. 그들이 보기에는 오순절에 성령이 임하시니까 사람들이 완전히 다른 사람으로 변해서 방언을 말하고 능력을 나타내는데 너무나도 멋있는 신앙인처럼 보였던 것입니다. 그리고 그들은 자기 물건을 아끼지 않고 남에게 주고 예수를 주님이라고 전하는 데 조금도 주저하지 않았던 것입니다. 그래서 바리새인들이나 제사장 중에서 많은 사람이 예수를 믿게 되었습니다.

그런데 이 사람들은 유대교의 전통이 너무 머리에 뿌리 박혀 있어서 이방인들이 할례를 받지 않고 하나님을 믿는다는 것은 도저히 인정할 수 없었습니다. 그래서 아무리 예루살렘회의에서는 그렇게 결정을 했다 하더라도 그들은 끊임없이 실제로는 할례를 받아야 한다고 주장을 해대었던 것입니다. 그러나 사도 바울은 그들의 소리를 일절 듣지 않았다고 여러 번 강조하고 있습니다.

존 번연이 쓴 《천로역정》을 보면 크리스천이 천신만고 끝에 좁은 문을 찾아서 그 안에 좁은 길을 가고 있었습니다. 그런데 길을 가다 보니 두 사람이 담을 넘어서 들어오고 있었습니다. 그래서 크리스천은 그 두 사람에게 "왜 당신들은 정식으로 좁은 문으로 들어오지 않고 담을 넘어서 들어옵니까?"라고 물어보니까 그들은 "우리 동네는 좁은 문과는 너무 거리가 멀고 또 이렇게 들어와서 가면 되는 것이지 꼭 문으로 들어와야 한다는 법이 어디 있느냐?"고 대답을 했습니다. 그런데 그들은 얼마 가지 않아서 고난의 언덕길을 만나게 되니까 모두 다 피해서 넓은 다른 길로 가다가 딴 길로 빠지고 말았던 것입니다.

사실 기독교 안에는 너무나도 길이 많아서 길을 잃는 사람들이 많이 있습니다. 이 안에는 신학의 길도 있고, 봉사의 길, 신비로운 체험의 길, 음악의 길도 있고, 명예도 있고 유명해지는 길도 있습니다. 어떤 사람은 수도원 운동을 하는 사람도 있고, 어떤 사람은 밥을 퍼주는 일을 하는 사람도 있고, 어떤 사람은 부흥회나 세미나를 한다고 바쁜 사람도 있습니다. 그러나 문으로 들어오지 않은 사람들은 모두 이상한 길로 빠지게 되어 있습니다. 문으로 들어온다는 것은 무슨 의미입니까?

우리가 어느 날 하나님의 말씀을 생각하는 가운데 내가 하나님 앞에서 엄청난 죄인이라는 것을 깨달을 때가 있습니다. 그런데 이 고민과 갈등이 얼마나 큰지 어떤 때는 몇 달 동안 계속될 때가 있고 어떤 때는 몇 년간 지속될 때도 있습니다. 그래서 철학을 공부해보기도 하고 음악이나 미술에 빠져보기도 하고 술을 마셔 보기도 하고 방탕한 생활을 해보기도 하지만 마음의 평안은 없습니다. 그러다가 점점 사람이 말라가게 되고 살 소망이 없어지게 되는데 어느 날 주님이 내 앞에서 말씀하십니다. "형제여, 너는 죄 때문에 고민하고 번민하고 있다. 나는 너를 위해서 양손에 못이 박혔고 양발에 못이 박혔고 옆구리에 창으로 찔렸노라." 그때 우리는 무조건 예수님 앞에 두 손, 두 발 다 들고 완전 굴복하고 예수님께 내 인생을 맡기게 됩니다. 그리고 좁은 문으로 들어가게 되는 것입니다. 그래서 자기 죄 때문에 예수를 믿지 않고 다른 봉사나 활동 때문에 예수를 믿는 사람은 아무리 신학 박사이고 유명한 목사라 하더라도 그는 가만히 들어온 자이고 담을 넘어 들어온 자입니다. 그들은 결국 다른 사람들의 자유를 빼앗아서 종으로 삼든지 아니면 방종하도록 부추기게 되는 것입니다.

우리는 우리에게 주어진 자유를 가지고 방탕한 데 쓰면 안 됩니다. 우리는 이 자유를 가지고 마음껏 하나님의 말씀을 읽고 배워야 하며 이대로 살아보려고 힘써야 합니다. 그러면 우리는 노예가 아니라 하나님의 자녀가 됩니다.

"이는 혈통으로나 육정으로나 사람의 뜻으로 나지 아니하고 오직 하나님께로부터 난 자들이니라"(요 1:13).

이렇게 우리에게는 하나님 자녀의 권세와 모습이 나타나게 될 것입니다.

05

오직 믿음
갈 2:11-16

사람들이 한번 나쁜 조직의 사람들에게 걸려들었다가 풀려나는 것은 쉽지 않습니다. 만약 어떤 사람이 깡패 조직원이 되었다면 그는 다른 곳으로 도망을 친다고 해서 그 조직에서 풀려날 수 있는 것이 아닙니다. 아마 그가 세상 끝까지 도망가더라도 누군가가 따라와서 다시 그를 잡아가든지 아니면 죽이든지 할 것입니다. 이것은 인질로 잡힌 사람들이나 노예가 된 사람들도 마찬가지입니다. 그 사람은 자유를 얻기 위해서 기회만 있으면 도망치려고 하겠지만 그를 아예 도망치지 못하도록 늘 발을 쇠사슬로 묶어 놓든지 아니면 쇠창살로 된 방에 가두어서 굶기거나 고통을 줄 것입니다. 요즘 사람들은 눈에 보이지 않는 해적들에게 노예가 되어서 자살의 위기를 느끼는 것을 볼 수 있습니다. 그것은 바로 불안이고 우울증이라는 병입니다.

《천로역정》을 보면 크리스천과 소망이라는 사람이 허영의 도시를 벗어나서 천성을 향해서 가다가 길을 잘못 들어서서 의심의 성에 들어가게 됩니다. 그들은 거기서 빠져나가려고 하다가 절망의 거인에게 붙들려서 지하 감옥에 갇히게 되는데, 이 절망의 거인은 일주일 내내 먹을 것이나 마실 것도 주지 않으면서 매일 몽둥이로 때립니다. 그런데 이 절망의 거인에게 부인이 있는데, 그 이름은 '자포자기'입니다. 이 여자는 자기 남편에게 이 두 사람을 자살시키라고 매일 더 때리게 시킵니다.

그런데 오늘 우리는 얼마나 완벽한 것을 다른 사람들에게 요구받는지 모릅니다. 사람들은 완전하게 초인적으로 모든 것을 해낸 사람들에게 박수갈채를 보내고, 제대로 일을 해내지 못하는 사람들에게는 무시하든지 업신여기는 말을 하게 됩니다. 그런데 사람이 초인적으로 어떤 일을 해낸다는 것은 인간이 아니라는 뜻이고 그 사람은 엄청난 스트레스를 받게 됩니다. 결국 이런 사람에게는 뇌신경에 이상이 생겨서 몸이 도저히 감당할 수 없는 고통이 뒤따르게 됩니다. 옛날에는 약도 없었고 이것이 병인지도 알지 못했습니다. 그 고통이 얼마나 큰지, 음식을 먹지도 못하고 물도 마시지 않고 잠도 자지 않습니다. 그러다가 어느 날 갑자기 죽는 것입니다. 이것이 바로 오늘 거의 모든 사람이 걸려 있는 완벽주의라는 병입니다. 그런데 사람들은 이런 노예나 완벽주의나 종살이에서 벗어나는 것이 쉽지가 않습니다.

그리고 사람들은 자기도 모르는 사이에 음란의 노예가 되어 있습니다. 사람들은 누구든지 성적인 욕망이나 호기심이 다 있습니다. 그런데 옛날에는 이런 욕망을 채우는 것이 쉽지 않았습니다. 남자들은 여자들의 얼굴을 제대로 보지도 못했고 남녀가 칠 세만 되면 같은 자리에 앉지도 못하게 했습니다. 그러나 지금은 어디에 가나 텔레비전이나 스마트폰에서 포르노를 보여주고 있고 심지어 어른들의 영화는 거의 다 이런 부류의 영화인 것을 볼 수 있습니다. 그래서 재미가 없는 줄 알고 유익이 없는 줄 알면서도 음란의 노예가 되어가고 있는 것입니다. 약도 마찬가지입니다. 요즘 어떤 약들은 중독성이 있어서 그런 약을 끊어보려고 안 먹으면 너무 고통이 크고 꼭 숨이 막혀서 죽을 것 같아서 다시 먹게 됩니다.

　옛날에는 이런 노예의 상태에서 벗어나려고 하면 엄청난 몸값을 주어야만 했습니다. 죽도록 두들겨 맞든지 아니면 칼에 찔리든지 다리가 잘리든지 해야 했습니다. 그런데 오늘날 이것보다 더 무서운 완벽주의라는 노예는 매일 채찍으로 때리면서 더 완전해야 하고 더 뛰어나야 하고 더 늘씬해야 하고 더 공부도 잘해야 한다고 부추기고 있는 것입니다. 예수님은 이런 노예상태에서 우리를 해방시키기 위해 십자가 위에서 피를 흘리셨습니다. 누구든지 예수님의 보혈을 믿으면 노예 상태에서 해방되어서 인간다운 삶을 살 수 있습니다. 이 사실을 생각하면 예수님의 보혈이 얼마나 능력이 있는지 알 수 있습니다.

　정글이나 원시림 마을 같은 곳에 있는 사나운 표범은 나무 위에 있다가 누군가가 우물가에 오면 덮쳐서 목을 물어 죽입니다. 그런데 어떤 집에서는 개가 표범 냄새를 먼저 맡고는 주인에게 밖에 나가지 못하도록 짖기도 하고 옷을 물고 늘어지는 바람에 주인의 목숨을 건지는 경우도 있습니다. 마찬가지로 예수 믿고 난 후에 다시 우리를 물어서 죄의 종으로 만드는 맹수들이 있습니다. 그런데 이들은 자신들이 맹수인 사실조차 모르고 있는 것입니다. 예수님 당시나 초대교회 당시에는 이것이 유대교였습니다. 그래서 유대교는 예수님을 십자가에 못 박아 죽였고 스데반 집사를 돌로 쳐 죽였습니다. 마르틴 루터 때에는 천주교가 이런 일을 했습니다. 그런데 오늘날에는 개신교가 얼마든지 이런 일을 할 수 있고 또 하고 있습니다. 물론 우리가 다시 할례를 받거나 우상숭배를 하는 것은 아닙니다. 하지만 헌금이나 기도하는 것이나 세상에 성공한 것으로 자신의 공로를 삼을 수 있다는 것입니다.

　우리는 지금 이천년 전 기독교인들이 할례를 받아야 진짜 신자냐 아니면 할례를 받지 않아도 진짜 신자냐 하는 문제를 살펴보고 있습니다. 그래서 우리는 별로 실감이 나지 않을 것입니다. 그러나 이 문제가 오백년 전에는 무조건 교황의 칙령에 복종해서 면죄부를 사야 구원을 얻느냐 아니면 성경에 없는 것은 믿지 말아야 하느냐 하는 것 이므로 매우 심각한 문제였습니다. 그런데 오늘날에는 과연 어떻게 믿는 것이 진짜 예수를 믿는 것이냐 하는 문제로 돌아오고 있습니다.

1. 복음을 노리고 있었던 적들

우리가 큰 그림을 보지 못하면 작은 함정에 빠지는 경우가 많이 있습니다. 옛날 이스라엘 백성들의 종교는 틀림없이 하나님의 종교였습니다. 구약 시대에 하나님을 믿고 하나님의 은혜를 받는 방법은 구약의 이스라엘 종교밖에는 없었습니다. 그러나 하나님은 이스라엘 백성에게 모든 것을 다 말씀하신 것은 아니었습니다. 이스라엘 백성들은 하나님을 믿기는 했지만 종으로 믿었습니다. 그러나 이 세상에 모든 버림받은 악인 중에서 하나님의 종으로 하나님을 믿는다는 것은 엄청난 특권이 아닐 수 없었습니다. 그런데 하나님은 더 어마어마한 계획을 가지고 계셨습니다. 그것은 누구든지 메시야를 믿으면 종을 거치지 않고 바로 하나님의 아들이 된다는 것이었습니다. 그러나 우리 죄인들이 아무 공로도 없이 하나님의 아들이 된다는 것은 상상할 수 없는 일이었습니다. 그런데 하나님은 이 엄청난 일을 선포하셨습니다.

"영접하는 자 곧 그 이름을 믿는 자들에게는 하나님의 자녀가 되는 권세를 주셨으니"(요 1:12).

이것은 거짓말하실 수 없는 하나님께서 주신 약속의 말씀이었습니다. 누구든지 예수님을 자기 주인으로 영접하는 자는 인종이나 신분이나 남녀차별 없이 하나님의 자녀가 되는 권세를 주신 것입니다. 그러나 사람은 역시 전통이나 관습이나 자기 생각을 버리지 못하는 관습이 있습니다. 이스라엘 백성들의 입장에서 보면 자기들은 하나님을 수천 년간 믿어오고 할례를 받아오고 하나님의 말씀에 순종했습니다. 그런데 어떻게 이 수천 년의 전통과 약속과 신앙을 다 버리고 마구잡이로 예수를 믿기만 하면 하나님의 아들이 될 수 있을까요?

이때 유대인들의 가장 표적의 대상이 된 사람이 바로 바울과 디도였습니다. 바울은 누구든지 예수를 믿기만 하면 유대인이 아니더라도 하나님의 백성이 된다고 전하는 사람이었습니다. 그리고 그와 함께 다니는 디도는 할례를 받지 않은 하나님의 백성이었습니다. 이 당시 할례를 받지 않은 하나님의 백성은 유대인의 처지에서 보면 완전히 동물원의 원숭이 같은 존재였습니다. 아마 예루살렘 사람들은 할례도 받지 않은 하나님 믿는 자를 구경하려고 몰려들었을 것입니다. 예루살렘의 모든 유대인은 다 할례를 받은 자였고 할례를 당연히 받아야 한다고 생각하는 사람이었습니다. 그런데 디도만 할례를 받지 않고 있었습니다.

그 당시 많은 사람은 눈으로 바울과 디도에게 무언의 압력을 넣었을 것입니다. 그것은 하나님을 믿으려면 정식으로 믿으라는 것입니다. 그러나 바울에게는 이것이 정식이었던 것입니다. 즉 누구든지 예수를 주로 영접하기만 하면 다른 것은 아무것도 필요하지 않았던 것입니다. 이것은 오늘 우리에게도 마찬가지입니다. 우리가 예수님을 내 마음의 주님으로 영접하기만 하면 다른 것은 아무것도 필요 없이 우리는 하나님의 자녀입니다. 즉 우리는 방언을 하지 않고 할례를 받지 않았고 헌금을 많이 하지 않아도 하나님의 자녀인 것입니다.

여기서 사도 바울에게 또 부담스러웠던 것이 있었습니다. 그 당시 사람들은 예루살렘의 지도자들을 하나님의 계시보다 더 권위 있게 받아들이고 있었던 것입니다. 본문 2절에 "유력하다는 이들 중에(본래 어떤 이들이든지 내게 상관이 없으며 하나님은 사람을 외모로 취하지 아니하시나니) 저 유력한 이들은 내게 의무를 더하여 준 것이 없고"라고 밝히고 있습니다. 그리고 또 9절을 보면 "또 기둥 같이 여기는 야고보와 게바와 요한도 내게 주신 은혜를 알므로"라고 했습니다.

예수님이 안 계시니까 이제 사람들은 예수님의 열한 제자들의 말 한마디, 한마디를 예수님의 말씀과 같이 권위 있게 받아들이고 있었습니다. 그런데 문제는 사도 바울을 통하여 하나님의 새로운 계시가 계속 임하고 있었던 것입니다. 즉 이때 유력한 사람들이 하는 말이 더 권위가 있느냐 아니면 계속 임하고 있는 계시의 말씀이 더 권위가 있느냐 하는 것이었습니다. 사도 바울은 자기가 인간적으로는 이 사람들보다 부족하고 한참 못한 것은 사실이지만, 하나님의 계시는 유명한 사람의 말보다 더 중요하다고 생각했습니다. 그래서 사도 바울은 아무리 중요한 사람이 뭐라고 말을 해도 그것이 하나님의 계시가 아닌 이상 받아들이지 않았던 것입니다.

2:3, "그러나 나와 함께 있는 헬라인 디도까지도 억지로 할례를 받게 하지 아니하였으니"

사도 바울은 하나님의 계시를 가장 중요하게 생각해서 사람의 말을 듣지 않았습니다. 그래서 드디어 안디옥 교회에서 생긴 일로 베드로를 책망하게 되었습니다. 이것은 충돌이 아니고 완전한 책망이었습니다.

그리고 세 번째 적은 교회 안에 가만히 들어온 거짓 형제들의 공격이었습니다. 보통 어느 나라든지 가만히 들어온 자들은 대개 스파이든지 무국적자일 것입니다. 그런데 교회에 가만히 들어온 자들은 자신들이 가만히 들어왔다는 사실조차 알지 못하고 있었습니다. 왜냐하면 그들은 유대인들이었고 오순절 성령의 역사를 보고 새로운 것이 좋아서 기독교의 가르침을 따른 자들이었기 때문입니다. 그런데 이들은 주님을 영접한다는 것이 무엇인지 알지 못했습니다. 그들은 그냥 유대교에서 예수님에 대한 가르침을 더 배운 것뿐이었습니다. 그렇지만 이들에게는 바른 신자와 중요한 차이가 있었습니다. 그것은 바로 성령의 세례를 받지 못했다는 것입니다. 아마 그들이 성령 세례를 받았더라면 생각이 많이 달라졌을 것입니다. 그들은 예수를 믿는다고 하지만 옛날 사도 바울이 변하기 전의 열심을 가진 자들이었습니다. 그래서 그들은 기회만 있으면 할례받지 않은 자들을 잡아서 전부 할례받게 하려고 했습니다.

2:4-5, "이는 가만히 들어온 거짓 형제들 때문이라 그들이 가만히 들어온 것은 그리스도 예수 안에서 우리가 가진 자유를 엿보고 우리를 종으로 삼고자 함이로되 그들에게 우리가 한시도 복종하지 아니하였으니 이는 복음의 진리가 항상 너희 가운데 있게 하려 함이라"

이 가만히 들어온 거짓 형제들은 바리새파 사람들이었습니다. 이 사람들은 기독교에 들어와서 이방인들에게 하나님을 믿으려고 하면 제대로 믿어야 한다고 하면서, 제대로 믿으려고 하면 할례를 받아야 하고 율법을 지켜야 한다고 가르쳤습니다. 그러나 그것은 이들을 종으로 만드는 것이었습니다. 작은 그림을 보면 잘 믿는 것 같은데 큰 그림을 보면 종이 되는 것이었습니다. 그래서 사도 바울은 잠시라도 이들의 말을 듣지 않게 했습니다.

복음은 이론을 배우는 것이 아닙니다. 복음은 예수를 주님으로 영접하고 하나님의 말씀을 배우고 그대로 사는 것입니다. 넘어지면 또 일어서면 되는 것입니다. 그래서 종교의식의 프로그램을 배워서 신앙이 성숙해야 한다고 가르치는 자들은 사람들을 종으로 만드는 사람인 것입니다. 그래서 자신의 사상을 가르쳐도 안 되고, 자기 사람으로 만들어도 안 됩니다. 오직 성경에 있는 그대로 가르치고 그대로 살게 해야 합니다.

2. 베드로가 남지 못했던 벽

유대인들에게 가장 넘기 어려웠던 벽은 이방인이라는 벽이었습니다. 하나님은 유대인과 이방인 사이에 수천 년 전부터 할례와 율법으로 벽을 만드셨습니다. 하나님은 유대인들로 하여금 아예 이방인과 결혼은 물론이고 접촉조차 하지 못하게 하셨습니다. 그러나 예수님이 오심으로 유대인과 이방인의 벽은 허물어지게 되었습니다. 그럼에도 불구하고 실제로 유대인들은 그 벽을 뛰어넘을 수 없었습니다. 그런데 사도 바울은 비교적 이방인의 벽을 넘기 쉬웠습니다. 왜냐하면 바울은 어렸을 때부터 이방인 지방인 길리기아 다소에서 자라고 성장했기 때문입니다. 바울에게는 이방인들이 이웃이었고 친구들이었습니다. 그러나 지독한 유대주의의 분위기에서 자란 베드로나 예루살렘 출신 제자나 사람들에게 이방인은 넘기 어려운 벽이었습니다.

수리아의 안디옥은 세계 선교의 중심지였고, 수많은 인종이 모이는 곳이었습니다. 바로 이 안디옥 교회가 바울과 바나바를 선교사로 보내서 폭발적인 이방인 선교를 일으켰습니다(행 13:2-3). 그런데 드디어 이 안디옥에 그 당시 예루살렘 교회의 가장 중심인물인 베드로가 오게 되었습니다. 이것은 안디옥 교인들에게도 큰 용기를 주고 이방인 신자들에게도 큰 격려가 되는 일이었습니다.

그런데 여기서 문제가 하나 터지게 되었습니다. 그러므로 아무리 좋은 일을 한다고 하더라도 사탄이 틈타지 못하도록 기도를 많이 하는 것이 필요합니다. 베드로 즉 게바는 안디옥에 방문해서 이방인 교인들과 서슴지 않고 그들의 음식을 먹으면서 교제를 나누게 되었습니다. 베드로에게는 또 이렇게 할 만한 체험도 있었습니다. 그것은 바로 사도행전 10장에 나오는 고넬료 가족을 방문한 경험이었습니다. 원래 베드로는 이방인들과의 교제에 아주 심한 거부감을 가지고 있었습니다. 그러다가 욥바에 있을 때 하나님께서 환상 가운데서 부정한 것을 먹으라는 말씀이 나오고, 베드로는 이 명령을 거부했습니다. 그리고는 고넬료가 보낸 사람들이 베드로에게 찾아와서 "천사가 무두장이 시몬의 집에 있는 게바라는 사람을 불러서 하나님의 말씀을 들으라고 하시기에 우리가 여기까지 왔다"고 하며 그의 집에 갈 것을 청했습니다. 하나님께서도 베드로에게 영감으로 "두려워하지 말고 그들을 따라가라"고 해서 고넬료의 집에 가서 말씀을 전하는 가운데 그곳에 참석한 모든 사람에게 성령이 임했습니다. 이것은 정말 놀라운 일이었습니다.

그런데 베드로가 이방인의 집에 가서 설교도 하고 세례도 주었다는 것 때문에 예루살렘 교회에서 문제가 되면서 베드로가 이를 해명한 적이 있었습니다. 그러나 아직도 그것을 용납하지 못하는 자들이 있었습니다. 이 사람들은 게바가 안디옥에서 이방인 기독교인들과 음식도 먹고 교제한다는 정보를 접하고는 그 자리에 기습적으로 방문을 했습니다. 이때 베드로는 믿음에 굳게 서지 못하고 이방인과 함께 먹다가 그 자리를 피하게 되었습니다. 그러니 다른 유대인들도 두려워하여 자리를 피하면서 이방인 신자들은 완전히 불신자 취급을 당하는 일이 일어나게 되었던 것입니다.

> 2:11-12, "게바가 안디옥에 이르렀을 때에 책망 받을 일이 있기로 내가 그를 대면하여 책망하였노라 야고보에게서 온 어떤 이들이 이르기 전에 게바가 이방인과 함께 먹다가 그들이 오매 그가 할례자들을 두려워하여 떠나 물러가매"

아마 그들이 먹던 음식은 유대인들은 먹지 않는 음식이었던 것 같습니다. 또 유대인들에게는 이방인과 한 상에서 먹는 것 자체가 부정한 것이기도 했습니다. 그런데 사실은 그들이 야고보에게서 온 자들인지도 모르는데 이들이 갑자기 들어오면서 고발하겠다고 소리를 질렀던 것 같습니다. 그러니까 사람들은 베드로를 보호하기 위해서 딴 방으로 피했고 다른 유대인들은 줄줄이 도망을 치고 바나바조차도 자기가 음식을 먹은 것은 아니라는 식으로 변명을 했는지도 모르겠습니다. 그래서 그 자리에 있던 이방인 신자들은 모두 이방인들이고 부정한 자들이고 흉악한 죄인 취급을 당하고 말았던 것입니다. 이들은 예수를 믿어봐야 아무 소용이 없었던 것입니다. 일단 베드로부터 그들을 피하고 유대인 신자들도 부끄러워서 숨어버리고 바나바도 변명하니까 그들은 신자도 아니고 아무것도 아니었던 것입니다.

이때 사도 바울은 베드로를 정면으로 책망했습니다. 유대인이 겁이 나서 함께 먹을 수 없거든 아예 처음부터 양해를 구하고 식사를 따로 하든지 해야지, 이방인들에게 왜 유대인들의 음식을 준비하지 않았느냐는 식으로 야단치고 도망치면 어떻게 하느냐고 책망을 했던 것입니다. 바울은 과감하게 이것은 믿음의 문제가 아니고 문화적인 차이인데, 사실은 유대인들이 외식한 것이라고 책망했습니다. 왜냐하면 그리스도인의 자유는 너무나도 중요한 것이기 때문입니다. 아주 작은 것에 매이기 시작하면 나중에 꼼짝달싹하지 못하고 그것에 종노릇하기 때문입니다.

3. 오직 믿음으로

사도 바울은 유대인과 이방인의 차이를 이렇게 설명하고 있습니다.

2:15, "우리는 본래 유대인이요 이방 죄인이 아니로되"

이것이 바로 하나님을 아는 사람들과 하나님을 모르는 사람들의 차이였습니다. 유대인들이 하나님 앞에서 의인이라면, 하나님을 모르는 이방인들은 죄인들이었고 버림받은 자들이었습니다. 그래서 베드로 사도가 유대인들이 갑자기 쳐들어 왔을 때 옆방으로 도망을 쳤거나 혹은 음식을 먹지 않는 체했던 것은 유대인의 처지에서 보면 전혀 이상한 일이 아니었습니다. 이것은 마치 어떤 신사나 숙녀가 거지 같은 아이와 친구처럼 지내다가 다른 사람들이 왔을 때 사람들 앞에서 금방 그 아이를 모르는 체하는 것과 다를 바 없는 것입니다. 그런데 문제는 유대인들이 하나님 앞에서 완전한 의인이 아니라는 것입니다. 이것은 이방인에 비하여 하나님을 알고 비교적 깨끗하다는 것이지, 진짜 의로운 것은 아니었던 것입니다. 이것은 다른 말로 표현하면 이방인들이 하나님 앞에서 얼마나 더러운 존재들인가 하는 것을 보여주는 것이지 그렇다고 해서 유대인들이 깨끗한 것은 아니라는 것입니다.

　　이런 차이가 생기는 이유는 사람의 속을 보느냐 겉을 보느냐 하는 것의 차이입니다. 즉 사람은 타락하고 난 후부터 끊임없이 마음속에서 타락한 정욕이 용솟음치고 있습니다. 이것을 품고 유대인들은 몰래몰래 죄를 지을 뿐이고, 이방인들은 아예 내놓고 죄를 짓는다는 차이가 있는 것입니다. 그래서 유대인들은 하나님을 알기 때문에 죄를 짓고 난 뒤에도 죄를 지었다고 말을 못 하고 입을 다물고 있었습니다. 거기에 비해서 이방인들은 죄를 지었다고 자랑하고 떠들어대는 차이가 있었던 것입니다.

　　한때 세계적으로 유명한 미국 목사가 있었는데 그는《아무도 보는 이 없을 때 당신은 누구인가?》라는 책으로 베스트셀러 작가가 되었습니다. 사실 사람은 누군가 보는 사람이 있을 때와 아무도 보는 사람이 없을 때는 완전히 행동이 달라지게 됩니다. 즉 아무도 보는 사람이 없을 때는 마음속에 있는 더러운 정욕이 슬그머니 나와서 거침없이 행동하게 되는 것입니다. 이 목사가 이런 제목의 책을 썼다는 것은 보는 사람이 없어도 떳떳하게 행동을 한다는 뜻일까요? 그래서 이 책은 많은 젊은이에게 도전을 주었습니다. 그러나 얼마 전에 그는 무려 십오 년 동안이나 어떤 여성과 적절하지 못한 관계를 맺어온 것으로 나타났습니다. 보는 사람이 있을 때와 없을 때의 행동이 달랐던 것입니다. 이 저자가 쓴 책이 또 있는데《너무 바빠서 기도합니다》라는 책입니다. 자신도 너무 바쁘지만 그래도 시간을 내어서 기도한다는 뜻이었습니다. 그러나 이것도 정직하지 못한 것으로 드러났습니다. 결국 모든 사람은 죄인입니다. 단지 이방인들이 오물통에서 뒹굴고 나왔다면 유대인들은 옷 안에만 오물이 들어있다는 차이였던 것입니다.

그런데 하나님은 모든 인간이 다 죄인이지만 오직 예수 그리스도를 믿음으로 의롭다 하시는 계획을 선포하셨습니다. 이것이 놀랍게도 죄인 중의 괴수라고 고백하던 사도 바울을 통해서 발표되었습니다. "오직 예수 그리스도를 믿음으로 의롭다 함을 받는다"는 것은 몇 가지 중요한 의미가 있습니다. 그 첫 번째가 바로 인간은 공덕으로는 절대로 하나님 앞에 의로워질 수 없다는 뜻입니다. 하나님 앞에 의인이 되려고 하면 공덕이라는 것은 전혀 있어서는 안 됩니다. 즉 전에 나는 이렇게 믿었다거나 기도를 얼마나 했다거나 하는 것은 있을 수 없습니다. 그래서 공덕이 있는 사람은 하나님 앞에서 유리한 것이 아니라 절대로 천국에 들어가지 못하게 됩니다. 우리는 하나님 앞에서 단독자가 되어야 합니다. 즉 예수님과 일대일로 서야 하는 것입니다. 내가 구원받는 것은 오직 예수 믿는 인간이기 때문입니다. 내가 지금 예수를 믿고 있고 다른 것은 아무것도 믿지 않고 있기 때문입니다. 열쇠가 열쇠 구멍에 맞는 이유는 모든 것이 딱 맞기 때문입니다. 전에 잘 맞았기 때문에 열쇠가 열리는 것은 아닙니다. 그래서 우리가 예수를 믿는다는 것은 공덕이 전혀 없어야 하고 다른 아무것도 믿는 것이 없어야 하고 오직 예수님 한 분만 믿고 있어야 합니다. 그래서 우리는 교회에서 예수 믿는 것 외에는 일체 이야기를 해서는 안 됩니다.

그리고 우리는 더 이상 하나님의 종이 아니라 아들입니다. 하나님은 우리에게 양자의 영을 주셔서 아빠 아버지라 부르게 하신다고 했습니다. 그래서 우리는 학교같이 커리큘럼 같은 것이 필요하지 않습니다. 우리는 하나님의 말씀을 듣고 배우고 그대로 살면 됩니다. 우리가 인간이기 때문에 그대로 살지 못하면 회개하면 됩니다. 설교자는 오직 성경 말씀만 그대로 가르쳐야 합니다. 그리고 교인들을 그 설교에 점수를 매겨서는 안 됩니다. 왜냐하면 교회는 학교나 학원이 아니기 때문입니다. 하나님의 말씀대로 가르쳤는데 말씀대로 사는 사람도 있고 말씀대로 살지 못하고 넘어지는 사람도 있습니다. 이런 사람들은 또 일어서면 되는 것입니다.

그러면 우리는 앞으로 어떻게 살아가야 할까요? 오직 하나님을 믿는 믿음으로 살아가면 됩니다. 물론 우리도 인간이기 때문에 작은 계획들이 있을 수 있습니다. 그러나 우리의 계획은 절대적이지 않습니다. 우리는 무조건 하나님을 믿는 믿음으로 살아야 합니다. 그래서 우리는 무슨 생각을 자꾸 하려고 해서도 안 됩니다. 열심히 살다가 보니까 사업을 잘할 수도 있고 교수가 될 수도 있고 목사가 될 수도 있지만, 이것은 전부 하나님이 하신 것이지 내가 한 것은 아무것도 없는 것입니다. 물론 우리가 살다 보면 누구나 빨리 죽을 수도 있습니다. 그것도 하나님의 뜻입니다. 만일 우리가 이렇게 산다면 과연 나라고 하는 존재가 무슨 소용이 있으며 도대체 무슨 살맛이 있는가라고 질문할지도 모릅니다. 물론 처음에는 그렇게 느껴지게 될 것입니다. 내가 살지 죽을지도 모르겠고 결혼할지 못 할지도 모르겠는데 도대체 세상을 살 재미가 어디에 있을까요? 그런데 놀랍게도 그렇게 살다가 보면 하나님과 데이트 하는 기쁨을 조금씩 누리게 될 것입니다.

2:16, "사람이 의롭게 되는 것은 율법의 행위로 말미암음이 아니요 오직 예수 그리스도를 믿음으로 말미암는 줄 알므로 우리도 그리스도 예수를 믿나니 이는 우리가 율법의 행위로써가 아니고 그리스도

를 믿음으로써 의롭다 함을 얻으려 함이라 율법의 행위로써는 의롭다 함을 얻을 육체가 없느니라"

마르틴 루터는 처음에 의로워진다는 것이 하나님 앞에서 죄가 하나도 없는 것이라고 생각해서 수도사가 되었습니다. 그리고 그는 열심히 금식하고 철야를 하고 기도를 했습니다. 사람들은 연옥에 있는 시간을 줄이기 위해서 성인들의 뼈를 모았고 구경을 했으며 거기에 열심히 입을 맞추었습니다. 그 성물 중에는 예수님을 못 박은 못도 있었고, 죽은 성인들의 뼈도 있었고, 예수님을 누였던 여물통 조각도 있었습니다. 그러나 마르틴 루터는 이런 것으로는 양심이 깨끗해지지 않는 것을 느꼈습니다. 그래서 그는 시편과 갈라디아서를 공부했습니다. 그런데 그 갈라디아서를 보다가 "사람이 의롭게 되는 것은 율법의 행위로 말미암음이 아니요 오직 예수 그리스도를 믿음으로 말미암는 줄 알므로"(16절)라는 이 말씀이 비수같이 그의 가슴에 와서 박혔던 것입니다.

예수님이 십자가 위에서 내 죄를 위하여 못 박히심으로 모든 죄를 다 치우셨습니다. 우리는 공로나 공덕으로 구원받는 것이 아닙니다. 우리는 예수님 때문에 구원받는 것이고, 예수님 외에는 아무것도 없어야 합니다. 오직 예수로 구원받는 것이 겸손한 것입니다. 오직 예수 그리스도로 구원받는 것이 하나님께만 영광 돌리는 것입니다. 오직 예수만 믿음으로 우리의 모든 자랑 다 버리고 하나님께만 영광 돌리는 성도들이 다 되시기 바랍니다.

06

내 안에 사시는 이
갈 2:17-21

자기 몸 안에 다른 사람이 살아있는 경우가 있습니다. 대표적인 경우가 산모입니다. 임신한 엄마의 몸 안에는 아기의 몸이 살아있습니다. 그래서 아기를 가진 엄마는 입덧을 하기도 하고 배가 불러오게 되고, 또 어떤 때는 태아의 발길질을 느끼기도 합니다. 또 아기도 엄마의 상태에 따라서 예민하게 반응하기 때문에 언제나 조심해야 합니다. 또 몸 안에 다른 사람이 있는 것은 아니지만, 사람들은 스마트폰을 통해서 다른 사람과 긴밀하게 연락을 주고받을 때가 많습니다. 어떤 사람은 길을 가면서 혼자 웃고 혼자 이야기해서 정신이 좀 이상한 분인가 생각했더니 핸즈프리로 다른 사람과 통화를 하고 있는 것이었습니다. 첩보영화를 보면 미국의 특수부대 요원들은 언제나 입과 귀에 무전기를 대고 있기 때문에 자기 혼자 움직이는 것이 아니라 본부의 지시에 따라서 움직이고 작전을 하는 장면을 보게 됩니다.

어떤 어머니가 사고로 죽은 자기 아들의 심장을 다른 사람에게 기증했는데, 언젠가 그 아들의 심장을 기증받은 청년을 만나게 되었습니다. 그때 만난 청년에게 한 첫마디가 그의 가슴에 귀를 대봐도 되느냐는 것이었습니다. 그렇게 하시라고 하니까 그 어머니는 한참 동안 청년의 가슴에 귀를 대고 심장이 뛰는 소리를 들었습니다. 그리고 그 청년에게 자기 아들의 심장이 아직 뛰고 있어서 너무 기쁘고 감사하다고 했습니다. 만약 다른 사람에게 뇌와 심장을 동시에 기증을 받아서 살게 되었다면 아마 기적이라고 말할 수밖에 없을 것입니다. 그런데 만약 뇌를 이식받은 사람이 천재 박사의 뇌를 이식받은 후에 그의 머릿속에 천재적인 생각이 계속 살아난다면 아마 이 사람도 천재적인 삶을 살겠지만, 그것은 실제로는 불가능한 일일 것입니다.

예수님을 따라다니면서 기적을 보고 가르침을 받았던 제자들은 예수님이 하나님의 아들이라는 사실을 믿었습니다. 더욱이 예수님이 죽음에서 부활하신 것을 보고는 완전히 예수님이 하나님의 아들이신 것을 믿었습니다. 그래서 제자들이 전한 복음은 예수는 하나님의 아들이고, 누구든지 예수님의 말씀을 믿으면 영생을 얻는다는 것이었습니다. 그렇지만 제자들은 예수님의 십자가 죽음의 의미를 잘 이해하지 못했습니다. 즉 제자들은 예수님의 십자가 죽음이 자기와 무슨 상관이 있는지 잘 이해하지 못했던 것입니다.

예수님의 십자가와 죄의 관계를 가장 정확하게 이해한 사람은 놀랍게도 사도 바울이었습니다. 사람들은 죄와 율법이 얼마나 집요하게 사람을 추적하는지 잘 알지 못했습니다. 우리는 때때로 예수 믿고 난 후에도 옛날에 지은 죄의식을 떨쳐버리지 못해서 양심이 괴로워할 때가 많이 있습니다. 사도 바울은 예수님의 계시를 통해서 십자가가 우리의 죄를 완전히 해결했다는 것을 알게 되었습니다.

1. 죄의 추격자

요즘 도시에서 밤이나 낮에 어떤 사람이 죄를 짓는다면 거의 모두 잡히게 되어 있습니다. 그 이유는 도시나 건물 곳곳에 수많은 CC-TV가 설치되어 있기 때문입니다. 성추행이나 살인을 했다든지 혹은 자동차로 사람을 치고 뺑소니를 치면 그 범행 장면이 거의 전부 카메라에 다 찍히기 때문에 결국 범인은 잡히게 되어 있습니다. 빅토르 위고가 쓴 소설《레미제라블》을 보면 주인공 장발장이 19년 동안 감옥에 있다가 나온 후 정말 회개하고 새사람이 되었음에도 불구하고 그가 소년의 돈을 빼앗았다는 작은 죄를 가지고 끝까지 장발장을 추격하는 자베르라는 형사가 나옵니다. 장발장은 어려운 사람들을 많이 도와주고 시장까지 되었지만 그 형사가 그를 끝까지 추격하기 때문에 결국 장발장은 양녀를 데리고 수도원으로 도망을 치게 됩니다. 그런데 자베르 경감은 거기까지도 추격합니다. 나중에 자베르가 자신이 나쁜 사람이었다는 것을 깨닫고 자살함으로 장발장은 그 추격에서 벗어나게 됩니다.

그런데 사람의 마음속에는 형사보다 더 무서운 것이 있습니다. 그것은 바로 '양심'입니다. 이 양심은 우리의 과거의 모든 죄를 다 들추어내어서 우리를 정죄합니다. 양심이 그렇게 하는 근거는 '율법'에 있습니다. 즉 하나님의 율법이 우리의 양심에 새겨져 있기 때문입니다. 그래서 사람이 나이가 들면 과거에 자신이 저질렀던 모든 부끄러운 일이 생각나게 됩니다. 그래서 그것을 잊으려고 술을 많이 마시는지도 모릅니다.

몇 해 전 미국에서는 여자 체조선수들을 돌보던 한 의사가 수십 년 동안 어린 선수들을 많이 성추행했다는 행위가 고발되어서 그는 최장 360년의 징역을 선고받았다고 합니다. 그는 한때의 육체적인 쾌락을 위해서 어린 여자 선수들을 희롱했는지 모르지만 그 기억이 피해자들에게는 그대로 남아 있었던 것입니다. 그 모든 피해자가 법정에서 전부 다 증언하고 난 후 그들은 모두 울었다고 합니다. 그 한 사람의 악마적인 행동 때문에 그들의 인생이 너무나도 많이 고통받았던 것입니다.

이것은 우리나라도 마찬가지입니다. 우리나라에서도 '미투'라고 해서 온 사회를 발칵 뒤집어놓는 일들이 있었습니다. 가해자들은 이미 지난 일이기 때문에 다 끝났다고 생각하고 있었겠지만 그 모든 불편했던 일은 피해자들의 양심 속에 고통으로 남아 있었고 결국은 이것을 말하지 않고는 견딜 수 없었던 것입니다. 그런데 사실은 모든 가해자의 마음속에도 자기가 저지른 양심의 가책은 살아있었을 것입니다. 단지 자기 양심에 수면제를 잔뜩 먹여서 잠재워 놓았던 것입니다.

그런데 이 세상의 죄 중에서 그냥 없어지는 죄는 하나도 없습니다. 누구에게 상처를 주는 말을 했다든지 혹은 때렸다든지 성적으로 수치심을 느끼게 했다든지 또는 물건이나 돈을 훔쳤다든지 아니면 마음으로 음란하고 더러운 생각을 했다든지 하는 모든 것은 자기 양심 안에 그대로 살아있습니다. 단지 사람들은 그것을 '남들도 다 한다'든지 '술에 취했었다'든지 '나는 그런 의도가 아니었다'든지 하는 식으로 자기 양심을 마취시켜놓는 것입니다. 그런데 이 마취되었던 양심이 한 번씩 눈을 뜰 때가 있습니다. 그것은 그가 피해자 본인을 만나게 되었다든지, 아니면 비 오는 날 자기 자신에 대하여 곰곰이 생각하게 되었다든지, 혹은 설교 말씀을 듣는다든지, 아니면 나이가 들어가거나 죽을 때가 되었거나 했을 때입니다.

율법은 형사입니다. 그래서 우리가 언제 어느 곳에 가서 살든지 율법은 죄를 찾아냅니다. 유대인들은 나치 당시 유대인들을 괴롭혔던 사람들을 밝혀서 세계 어느 곳에 있든지 끝까지 찾아낸다고 합니다. 성형 수술을 받고 이름을 바꾸고 철저하게 딴 사람으로 살아도 결국 찾아내서 법정에서 재판을 받게 합니다. 유대인들은 이들을 사형시키지 않았습니다. 오히려 이들을 오래 살게 하는 것이 그들에게 주는 가혹한 형벌이라고 생각합니다.

그런데 이 세상에서 죄를 전혀 짓지 않은 사람은 단 한 명도 없습니다. 즉 이 세상에서 마음으로 누구를 죽여보지 않았다든지 음란한 짓을 하지 않았다든지 남에게 상처를 주는 말을 하지 않았던 사람은 한 명도 없다는 것입니다. 그래서 율법이 살아있고 양심이 있는 이상 인간은 결국 자기들이 행했던 모든 죄의 정죄를 받게 되어 있습니다. 즉 심판대 앞에 섰을 때 그동안 잠자고 있던 양심이 눈을 뜨면서 자기가 지었던 죄들을 자기 입으로 다 말하게 되는 것입니다.

그러므로 행위로 의로워지려고 하는 사람들은 철저하게 자기를 속이는 자들입니다.

2:17, "만일 우리가 그리스도 안에서 의롭게 되려 하다가 죄인으로 드러나면 그리스도께서 죄를 짓게 하는 자냐 결코 그럴 수 없느니라"

어떤 사람은 그리스도 안에서 의인이 되려고 큰일이나 많은 일을 하려고 애를 씁니다. 그래서 엄청나게 큰 목회도 하고 많은 사람의 인기와 인정도 받고 있습니다. 그러나 그 사람은 참 성경적이고 복음적인 말을 했지만 그의 생각 속에는 야망과 욕심과 거짓이 꽉 차 있었던 것입니다. 요즘 우리 교계의 문제가 바로 여기에 있습니다. 주님을 위해서 너무 많은 일을 한 분인데 돈이나 다른 일에 정직하지 않은 것입니다.

그렇다면 이 모든 것은 예수님이 시켜서 한 것일까요? 아닙니다. 그들 스스로가 함정에 빠졌던 것입니다. 즉 하나님의 일을 많이 하고 크게 하면 하나님을 사랑하는 것이라고 자신을 속였던 것입니다. 그래서 사람이 하는 행동을 보고 그 사람이 의롭다든지 의인이라고 말을 했는데 아닌 경우가 너무 많은 것입니다. 그 이유는 인간의 생각 속에는 항상 죄나 악한 생각이 있기 때문입니다. 그러므로 사람은 행위나 일이나 말을 통해서는 의인이 될 수 없습니다. 그것은 하나님이 하시는 것이지 그 사람의 믿음을 나타내는 것이 아닙니다. 그래서 행위나 업적으로 의로워질 수 있는 사람은 한 명도 없습니다. 그냥 그 사람은 재주가 좋은 사람인 것입니다. 우리는 아무도 의인이 아닙니다. 우리는 행동이나 업적이나 말을 가지고 믿음을 말해서는 안 됩니다.

2:18. "만일 내가 헐었던 것을 다시 세우면 내가 나를 범법한 자로 만드는 것이라"

사도 바울은 유대인과 이방인의 차이가 없다고 하며 그 사이에 있는 담을 허물었습니다. 사도 바울은 할례는 받지 않아도 된다고 하며 그 벽을 허물었습니다. 그런데 만일 다시 이것을 주장한다면 그는 자신이 죄인이 되는 것입니다. 왜냐하면 얼마 전까지만 해도 그는 그렇게 행동하지 않았기 때문입니다. 사도 바울은 율법과 양심의 추격에서 벗어나는 유일한 방법은 죽는 것이라고 했습니다. 아무리 형사라고 해도 죽은 사람은 감옥에 가두지 못합니다. 왜냐하면 죽은 사람은 더 이상 가둘 필요가 없기 때문입니다. 죽은 사람은 더 이상 죄를 짓지도 못하고 썩어버리기 때문에 빨리 땅에 파묻어야 합니다. 그런데 우리 인간은 죽어도 양심의 고통은 가지고 가게 되어 있습니다. 그래서 사람이 양심의 가책이나 죄의 가책에서 벗어나려고 하면 율법에 대하여 죽어야 합니다.

2:19. "내가 율법으로 말미암아 율법에 대하여 죽었나니 이는 하나님에 대하여 살려 함이라"

율법이 어떤 사람에 대하여 죽었다고 판단하면 더 이상 추격을 하지 않게 됩니다. 그런데 과연 그런 방법이 있을 수 있을까요? 양심의 가책은 죽어도 가지고 간다는데, 율법이 멀쩡하게 살아있는 사람을 죽었다고 판단할 수 있을까요? 이 불가능하게 보이는 것이 하나님의 아들에게는 가능합니다.

2. 십자가에 못박힘

우리가 하나님을 모를 때에나 별생각 없이 신앙생활을 할 때는 양심의 고통이라는 것을 잘 알지 못합니다. 그런데 어느 날 교회를 다니든 다니지 않든지 옛날에 마음에 하나님의 말씀이 비친 적이 있는 사람은 어느 날 성령이 그 마음속에 역사하게 됩니다. 그때 내 영혼의 번민이 시작되게 되는데, 하나님에 대하여 반항심이 일어나고 신을 부정하고 싶고 무엇인가 내 영혼에 만족이 없는 것을 깨닫게 됩니다. 그리고 마음속으로 죄를 짓지 않으려고 그렇게 애를 쓰는데도 불구하고 마음속으로 죄를 짓지 않을 때가 없습니다. 이때 학생이라면 공부의 의욕도 잃어버리게 되고 어른의 경우에는 무엇인가 번민이 일어나게 됩니다. 그러나 끝까지 할 수만 있으면 자기 의를 가지고 버티려고 하지만 자기 안에 죄가 아닌 것이 없습니다. 마음의 번민은 점점 커지고 무엇인가 자기를 뒤쫓아 오고 있는 것 같은데 양심이 편할 날이 없게 됩니다.

그러다가 어느 날 옛날 들었던 하나님의 말씀이 생각나게 됩니다. 그것은 하나님의 아들 예수님이 나를 대신하여 죽었다는 사실입니다. 이 세상에 나를 사랑해준 사람들은 있지만 자기 목숨을 잃을 정도로 사랑해준 사람은 아무도 없습니다. 심지어는 어머니 친구마저도 나를 대신하여 죽어줄 수는 없습니다. 그런데 어느 날 예수님이 내 영혼에게 "형제여, 너는 지금 죄 때문에 번민하고 있다. 내가 바로 네 죄를 위해서 이 손에 못이 박히고 이 발에 못이 박히고 내 옆구리에 창이 찔렸노라"고 말씀하시는 것입니다. 그리고 "이제는 더 이상 네 힘으로 살려고 하지 말고 네 논리로 살려고 하지 말고 나를 믿으라"고 말씀하십니다. 이것은 하나님의 아들이 나에게 말씀하시는 것입니다. 그때 우리는 그 앞에 무릎을 꿇고 "주 예수여 나는 죄인입니다. 나는 위선자입니다. 나는 당신을 믿습니다"라고 고백을 하게 됩니다. 그리고 우리는 하나님을 내 아버지로 만나게 되고 성령을 마시게 됩니다.

2:20상, "내가 그리스도와 함께 십자가에 못 박혔나니"

우리는 예수 그리스도와 함께 십자가에 못 박힌 적이 없습니다. 그런데 사도 바울은 "내가 예수님과 함께 십자가에 못 박혔다"고 강조하고 있습니다. 우리는 예수님이 십자가에 못 박히실 때 그 옆에 같이 못 박혔던 강도들이 아닙니다. 우리는 예수님이 십자가에 못 박히실 때 그 위에 같이 겹으로 못 박히지 않았습니다. 오히려 우리는 전혀 못 박힌 적이 없고 바늘에 찔린 적조차 없을지도 모릅니다. 그러나 이것은 법적인 사건입니다. 즉 누구든지 예수님의 십자가 죽음을 믿는 자는 법적으로 예수님과 함께 같은 못으로 손과 발이 박히게 되는 것입니다. 이것은 무엇을 의미합니까?

이것은 우선 죄의 추적이 얼마나 철저한가 하는 것을 보여줍니다. 즉 죄는 우리를 끝까지 추격해서 죄를 전부 다 찾아내어 지옥에 집어넣습니다. 결국 죄와 양심의 가책에서 벗어날 수 있는 유일한 길은 예수님의 십자가에 같이 매달리고 예수님과 함께 무덤에 들어가는 것입니다. 그 방법 외에는 양심의 가책과 죄의 심판에서 벗어날 방법이 없습니다. 그래서 예수 믿는 사람들은 모두 예수님의 십자가에 같이 못 박힌 사람들입니다.

이것이 십자가와 죄에 대한 가장 강력한 설명입니다. 우리는 예수님의 십자가에 예수님과 같이 못 박힘으로 죄의 추격에서 벗어날 수 있습니다. 거기서 우리의 옛 인생은 끝나는 것입니다. 즉 하나님을 모를 때 세상적으로 성공하려고 하고 높아지려고 하고 유명해지려고 했던 위선의 모습은 거기서 끝나는 것입니다. 우리는 아직 죽지 않았지만 법적으로는 십자가 위에서 죽어 있어야 하는 것입니다. 아마 율법의 장부를 보면 우리는 모두 '사망'으로 되어 있을 것입니다. 우리는 십자가 위에서 옛 사람이 죽었던 사람입니다.

3. 예수와 함께 하는 인생

우리 예수 믿는 사람들의 공통된 특징은 우리의 '옛사람'이 십자가에 못 박혔다는 사실입니다. 이것을 우리의 '옛 자아'가 죽었다고 말하기도 합니다. 그러나 우리는 완전히 죽지는 않았습니다. 우리는 오히려 살아 있습니다. 그러나 우리는 예수님 앞에서 무릎을 꿇었고 자신이 죄인인 것을 고백한 적이 있습니다. 이때 우리에게 무슨 일이 일어나게 됩니다. 그중의 가장 중요한 것은 우리의 심장과 뇌가 예수님의 것으로 이식이 된다는 것입니다. 우리의 심장이 뛰는데 그 심장은 바로 예수님의 심장인 것입니다. 즉 예수님이 내 안에 살아계신 것입니다. 그리고 우리의 뇌에 무슨 일이 생기는데 바로 예수님의 생각이 내 속에서 생각나기 시작한다는 것입니다.

이때 우리에게 가장 중요한 변화가 생기게 되는데, 그것은 두렵기만 했던 하나님이 더 이상 무섭지 않다는 것입니다. 예수님과 함께 못 박히기 전까지만 해도 하나님은 무시무시한 심판하시는 분이고 화를 잘 내시는 분으로 보였는데, 이제 하나님은 사랑하는 나의 아버지이신 것입니다. 우리는 더 이상 하나님이 무섭지 않습니다. 하나님이 나에게 너무나도 좋으신 아버지라는 것을 믿게 됩니다. 왜냐하면 우리가 이미 성령을 마셨기 때문입니다. 그리고 우리는 자신을 사랑하게 됩니다. 우리가 예수 믿기 전까지만 해도 자기 자신을 학대했습니다. 술과 담배로 학대하고 화투로 학대하고 방탕했습니다. 그러나 하나님의 사랑을 받는 존재가 되면서는 자기 자신을 귀하게 생각하게 됩니다. 그래서 술병과 담배와 화투를 버립니다. 음란한 사진들이나 책들을 버리게 됩니다. 그리고 교회에 가는 것이 즐거워지게 됩니다.

여기서 사도 바울은 아주 중요한 말을 하고 있습니다. 그것은 이제 자기 안에 자기 외에 다른 한 분이 살아 있다는 것입니다. 이것이야말로 기독교의 핵심적인 사상 중의 하나입니다. 기독교가 어떤 하나의 사상이나 교훈이 아닌 것은 예수 믿는 사람 안에 누군가가 살아있다는 것입니다. 그분은 우리에게 말을 하기도 합니다. 어떤 때는 우리 때문에 속상해하기도 하고 슬퍼하기도 합니다. 어떤 때는 힘을 주기도 하고 어떤 때는 지혜를 가르쳐주기도 합니다. 그분은 바로 우리 안에 사시는 그리스도입니다.

2:20중, "그런즉 이제는 내가 사는 것이 아니요 오직 내 안에 그리스도께서 사시는 것이라"

이제는 우리가 더 이상 옛날 내 심장으로 뛰는 것이 아니라 예수님의 심장으로 뛰게 되고, 이제는 내 뇌로 생각하는 것이 아니라 예수님의 뇌로 생각하게 됩니다. 즉 우리에게는 새로운 감정이 생기게 됩니다. 물론 우리에게는 옛날 나쁜 감정이 월등히 강하게 살아 있어서 음란하고 더럽고 고약한 감정들이 있습니다. 그러나 그런 감정들은 아름답지 않고 기쁘지가 않습니다. 우리가 나쁜 짓을 하면 많은 시간 후회하게 됩니다. 그리고 자신을 자책하게 됩니다. 그리고 하나님의 뜻을 다 알지는 못하지만 이렇게 하는 것이 하나님이 좋아하시는지 싫어하시는지, 이런 것이 정직한 것인지 거짓된 것인지 생각하게 됩니다. 그 이유는 그리스도께서 내 안에 살아계시기 때문입니다. 그리고 우리의 옛사람이 법적으로는 죽었지만 실제로는 너무 강하게 살아 있어서 고집을 부리기도 하고 억지를 부리기도 하고 생떼를 부리기도 하고 못된 짓을 하기도 합니다. 그러나 우리는 그런 짓을 할 때마다 기쁘지 않고 행복하지 않습니다. 왜냐하면 나를 사랑하시고 나를 믿어주시는 분이 내 안에 계시기 때문입니다.

> 2:20하, "이제 내가 육체 가운데 사는 것은 나를 사랑하사 나를 위하여 자기 자신을 버리신 하나님의 아들을 믿는 믿음 안에서 사는 것이라"

물론 우리는 예수님을 인격적으로 만나고 난 후에도 여전히 공부하고 직장에 다니고 여전히 놀러 다니는 것을 좋아합니다. 그런데 우리가 이 세상에 육체로 사는데 자꾸 혼동이 생기게 됩니다. 즉 전에는 세상 재미가 최고였는데 이제는 예수님의 마음이 생긴 것입니다. 그래서 단기 선교를 가서 고생하기도 하고 여름성경학교에서 봉사도 하고 선교기도회에 가서 선교사님들을 위해서 기도하게 됩니다. 어떤 때는 선교사님들이 너무 부러워서 한평생 그들의 신발을 닦으면서 살고 싶어 하기도 합니다. 참으로 아름다운 마음입니다.

우리가 외롭지 않은 것은 누군가가 나를 믿어주고 사랑하고 있기 때문입니다. 우리가 누군가로부터 사랑받고 신뢰받고 있다는 사실이 우리의 가슴을 얼마나 뿌듯하게 하는지 모릅니다. 결국 우리가 함께 모여서 하나님의 말씀을 듣고 기도하고 찬송할 때 부흥이 일어나게 됩니다. 우리는 부흥을 통해서 하나님과 하나가 됩니다. 이것이 얼마나 행복한 일인지 모릅니다. 결국 혼자서는 안 되는 것이 같이 모이면 되는 것입니다.

2:21상. "내가 하나님의 은혜를 폐하지 아니하노니"

이제 우리의 인생은 모두 하나님의 은혜입니다. 하나님의 은혜로 결혼하고, 하나님의 은혜로 목회를 하고, 하나님의 은혜로 직장 생활을 하고, 하나님의 은혜로 유명해지고, 하나님의 은혜로 공부도 하게 됩니다. 우리 인생에 내 것이라고는 아무것도 없습니다. 우리는 모두 하나님의 인생을 살 것입니다. 껍데기는 나지만 내 안에서 예수님이 사시는 것입니다. 즉 우리가 예수님의 인생을 사는 것입니다. 그러면 예수님과 우리 자신 중 누가 더 진짜일까요? 아마도 예수님이 더 진짜일 것입니다. 왜냐하면 우리는 자꾸 딴 길로 가려고 하지만 예수님이 한사코 막으시고 바른길로 인도하시기 때문입니다.

우리에게는 이제 더 이상 율법이나 자랑은 존재하지 않습니다. 왜냐하면 예수님은 결코 헛되이 죽으신 것이 아니기 때문입니다. 예수님은 우리 안에 분명히 살아계십니다. 우리는 모두 예수님으로부터 심장이식과 뇌 이식에 성공한 사람들입니다. 이제 우리 모두 멋진 예수님의 인생을 사시기 바랍니다.

07

그리스도의 십자가
갈 3:1-5

우리는 교회 신앙생활 하면서 가장 행복했던 시절을 기억할 것입니다. 물론 초신자로 신앙생활 할 때와 신앙생활을 오래 한 사람의 차이는 있겠지만, 신앙생활 하면서 가장 중요한 것은 기쁨이 충만한 것이고 교회 생활이 너무나도 행복하다는 것입니다. 그런데 교회 생활이 행복한 이유는 다니는 교회가 커서 그런 것도 아니고 프로그램이 잘 되어서 그런 것도 아닙니다. 교회 안에 사랑이 있고 말씀이 은혜가 되어서 행복한 것입니다.

요즘 우리나라 교인들은 두 가지 열등감을 가지고 살아가고 있는 것 같습니다. 하나는 작은 교회의 목회자나 교인들이 큰 교회나 목회자에 대하여 가지는 열등감입니다. 예를 들어서 자신이 다니는 교회는 상가에 있는 작은 교회이고 예배당 내부나 찬양대나 시설이 너무나도 열악한 데 비하여, 옆에 있는 다른 교회는 예배당 건물이 으리으리하고 교인들도 수천수만 명이 모이고 다 성공한 사람들인 것 같고 교회 이름도 브랜드 있는 유명한 교회라면 열등감을 느끼게 된다는 것입니다.

이때 우리는 한번 생각을 해보아야 합니다. 즉 규모가 큰 교회가 믿는 예수님은 훌륭하고 자랑스럽고 작은 교회나 개척 교회 교인들이 믿는 예수님은 창피하고 보잘것없는 예수님인가 하는 것입니다. 교회는 외모가 크고 유명하다고 해서 좋은 교회가 아니고 반대로 교회가 작고 초라하다고 해서 부족하고 창피한 교회가 아닌 것입니다. 교회에는 성령의 역사가 중요합니다. 교회에 성령이 살아서 역사할 때에는 규모가 작아도 하나도 부끄럽지 않고 오히려 너무 자랑스럽고 그 교인들은 자기 교회가 그렇게 행복할 수 없는 것입니다. 그래서 교회는 작지만 은혜스러운 교회를 지향하는 것이 바른길입니다. 그러나 지금 한국 교회는 무엇인가 마술에 걸린 것 같이 모두 외형이 크고 멋이 있어야 하고 잘 사는 사람들이 많아야 좋은 교회라는 착각에 빠져 있는 것입니다.

그리고 또 하나의 열등감은 교인들이 세상의 성공한 사람들에 대하여 가지고 있는 열등감입니다. 세상에 성공한 사람들은 지식이 있고 돈이 있고 좋은 차를 타고 다니고 있습니다. 그러나 그들에게는 성령과 하나님의 말씀이 없습니다. 우리는 세상 사람들에 비하면 성공하지 못했을 수 있고 돈이 없을 수 있고 유식하지 못할 수 있습니다. 그러나 우리는 우리 안에 성령이 있고 하나님의 말씀이 있습니다. 그럼에도 우리는 세상의 돈 많은 사람에 대하여 심한 열등감을 가지고 있다는 것입니다.

저는 옛날에 점퍼 하나와 청바지 하나로 몇 년을 살았던 적이 있습니다. 그때 옷은 다 떨어져서 살이 보였고 또 가지고 있는 돈도 없었습니다. 그러나 저를 아는 사람 중에서 저를 우습게 보는 사람이 없었습니다. 왜냐하면 제가 실력이 없는 것도 아니고 돈을 벌 수 없어서 떨어진 옷을 입고 다니는 것이 아니라는 것을 잘 알고 있었기 때문입니다. 오늘 우리는 생각을 해보아야 합니다. 과연 세상 사람들이 우리에 대하여 열등감을 가져야 하는가, 아니면 우리가 세상 사람에 대하여 열등감을 가져야 하는가 하는 것입니다. 그리고 과연 작은 교회 교인들이 믿는 예수는 큰 교회 교인들이 믿는 예수에 비하여 열등한가 하는 것입니다.

갈라디아 교인들은 바른 신앙을 찾기까지 오랜 세월 고생을 했습니다. 그런데 그들은 드디어 오순절에 예루살렘에 갔다가 성령을 받고 온 사람들이나 사도 바울에게서 훈련을 받은 사람들의 복음을 듣고 성령을 받게 되었습니다. 이들이 다녔던 교회라고 해 봐야 어떤 사람의 방이거나 헛간이었습니다. 그러나 그들의 모임에는 성령이 충만했고 정말 모임에 기쁨이 있었고 행복했습니다. 그러다가 어느 날부터 유대교 지도자나 신자들이 들어오게 되었습니다. 그들은 벌써 외모 자체가 자기들같이 유치하지 않았습니다. 입는 옷 자체가 엄숙했고 아는 것도 달랐습니다. 그리고 그들은 할례를 엄청나게 중요하게 생각했고 할례받지 않은 자는 사람으로 취급하지도 않았습니다. 갈라디아 교인들은 유대교 신자나 유대교 지도자들 앞에서 자기들은 그야말로 아무것도 아닌 것처럼 생각하게 되었습니다. 이것은 그야말로 대교회 앞에 있는 개척교회 교인 수준도 되지 못했던 것입니다.

그래서 갈라디아 교인들은 자기가 믿는 예수를 부끄러워하게 되었습니다. 그들은 이제 예수 그리스도의 십자가를 믿는 것이 부끄러웠고 유서 깊고 전통 있는 유대교의 세계에 들어가고 싶었습니다. 이때 사도 바울은 갈라디아 교인들에게 "어리석도다 갈라디아 사람들아!"라고 하면서 그들이 신앙에서 얼마나 중요한 것을 버리고 있는지 아느냐고 심하게 책망하고 있는 것입니다. 교회에서 가장 중요한 것은 외형이나 어떤 활동이나 사상이나 성공이 아니라 성령의 역사입니다.

1. 그리스도가 밝히 보임

사도 바울은 갈라디아 교인들에게 이렇게 질문하고 있습니다.

3:1, "어리석도다 갈라디아 사람들아 예수 그리스도께서 십자가에 못 박히신 것이 너희 눈 앞에 밝히 보이거늘 누가 너희를 꾀더냐"

사도 바울은 갈라디아 교인들에게 예수님이 십자가에 못 박히신 것이 눈앞에 밝히 보이는데, 왜 너희들은 이 복음을 부끄러워하고 할례를 받은 사람들에 대하여 열등감을 느끼고 뒤로 숨으려고 하고 있느냐는 것입니다. 지금 예수님이 십자가에 못 박히신 것이 밝히 보인다는 것은 갈라디아 교인들이 모두 예수님의 십자가에서 못 박히신 형상을 가정이나 교회에 걸어두고 매일 보고 있었다는 뜻이 아닙니다. 예수님이 십자가에 못 박혀 피가 흐르는 형상을 교회에 세워두고 있는 것은 예수님이 십자가에 못 박히신 모습이 보이지 않아서 그런 것을 세워놓은 것입니다.

그러면 갈라디아 교인들은 모두 예수님이 갈보리 언덕에서 십자가에 못 박히실 때 거기에 가 본 사람들이었을까요? 그렇지 않습니다. 오히려 그들 거의 대부분은 예루살렘에 가 보지도 않았고 예수님이 십자가에 못 박히신 것을 보지도 못했을 것입니다. 심지어는 사도 바울 자신도 예수님이 십자가에 못 박히실 때 거기에 가보지 않았습니다. 사도 바울이 예수님을 실제로 본 것은 그가 예수 믿는 사람들을 붙잡으려고 다메섹으로 갈 때였기 때문입니다. 그래서 사도 바울이나 갈라디아 교인이나 아무도 직접 눈으로는 예수님이 십자가에 못 박히신 것을 본 적이 없었다고 보는 것이 맞을 것입니다.

그럼에도 불구하고 사도 바울이 갈라디아 교인들에게 "어리석도다 갈라디아 사람들아 예수 그리스도께서 십자가에 못 박히신 것이 너희 눈앞에 밝히 보이거늘"이라고 말하는 이유가 어디에 있을까요? 갈라디아교인 모두가 환상 가운데서 예수님이 십자가에 못 박혀서 피 흘리는 모습을 보고 예수를 믿었다는 뜻일까요? 그렇지 않습니다.

우리 인간은 모두 종교적인 본성이 있어서 때가 되면 하나님을 찾게 되어 있습니다. 물론 신앙에는 관심이 없고 죽으라고 공부만 하고 돈만 버는 사람들도 있지만 이들에게는 이런 공부나 돈이 신인 것입니다. 사람들은 다른 종교에 관심을 가지고 교인이 되는 경우도 있습니다. 대개 그런 경우에도 신에 대한 관심이라든지 분위기가 좋아서 찾는 것입니다. 마찬가지로 우리도 열심히 기독교 안에서 하나님을 찾습니다. 그렇지만 우리도 똑같이 종교적인 상태에 있을 때가 많이 있습니다. 우리는 종교의식을 지키고 성경을 읽고 죄를 짓지 않고 살고 하나님을 가까이 하려고 많은 노력을 합니다. 그런데 이상한 것은 우리 안에 영혼의 갈증은 그대로 남아 있고 하나님은 항상 멀리 계신다는 것입니다. 물론 우리는 머리로는 예수님이 내 죄를 대신해서 죽으셨다는 것을 믿습니다. 그러나 우리는 자신의 노력으로 죄짓지 않고 완전하게 살려고 엄청나게 노력을 합니다. 그러나 우리는 죄를 생각하지 않을 수는 없습니다. 왜냐하면 우리 생각 속에는 항상 음란이나 미움이나 거짓이 들어와 있기 때문입니다.

그러면서 우리는 어느 날부터 심한 영적인 갈등을 겪습니다. 이것은 사도 바울이 고백한 것 같이 나는 완전하게 살고 싶은데 내 마음대로 되지 않는 것입니다. 나는 죄를 짓고 싶지 않고 선을 행하려고 하는데 오히려 선은 행하지 않고 죄를 짓게 되는 것입니다. 그리고 이런 갈등은 점점 더 심해지게 됩니다. 나중에는 도저히 살 수 없을 정도까지 가게 됩니다. 이때 사도 바울처럼 "오호라 나는 곤고한 사람이로다 이 사망의 몸에서 누가 나를 건져내랴"(롬 7:24)라는 고백을 하게 됩니다. 우리가 심한 영적인 갈등에 빠져 있을 때 어느 날 하나님의 말씀을 듣든지 생각이 나면서 예수님이 내 죄를 위해서 십자가에서 못 박히셨다는 것이 너무나도 선명하게 느껴지게 됩니다. 이때 마치 예수님이 육성으로 "형제여, 너는 지금 죄 때문에 고민하고 있고 괴로워하고 있다. 내가 네 죄를 위해서 이 손에 못이 박혔고 이 옆구리에 창이 찔렸다"고 말씀하시는 것처럼 느껴지게 되는 것입니다. 이것은 너무나도 생생한 체험입니다. 그때 우리는 예수님 앞에 처음으로 무릎을 꿇고 "내 의로 살려고 하는 모든 고집과 의지를 버리겠습니다. 저는 주님 앞에 항복을 합니다."라고 고백하면서 인격적으로 예수님을 영접하게 되고 성령을 마시게 됩니다.

성 어거스틴 같은 경우에는 이런 방황이 심했고 시간도 길었습니다. 그러나 그는 마침내 예수님 앞에 굴복했고 예수님을 영접했습니다. 존 웨슬리 같은 경우에는 스스로의 노력으로 구원을 받으려고 금식도 하고 구제와 선교도 했지만 모두 다 실패하고 결국 마르틴 루터의 《로마서 주석》 서문을 접했을 때 예수님을 만나게 됩니다. 존 뉴턴 같은 경우에는 노예 상선 선장을 하면서 악독하고 주님에게 반항했지만 결국 "나 같은 죄인 살리신 주 은혜 놀라워"라고 하면서 예수님을 영접하게 됩니다. 존 번연도 많이 방황하고 반항도 했지만 결국 하나님의 사랑에 굴복하고 예수를 믿게 됩니다. 이런 체험이 바로 예수 그리스도께서 십자가에 못 박히신 것을 보는 것입니다. 그래서 그리스도인들은 모두 믿음의 눈으로 예수님이 십자가에 못 박히신 것을 보기 때문에 그런 형상을 만들지 않습니다.

그런데 최근 기독교에서는 십자가를 보지 못하니까 목사를 지나치게 신격화해서 쳐다보는 것 같습니다. 이것도 우상을 만드는 것이나 마찬가지입니다. 우리가 십자가에 못 박히신 그리스도를 보는 것은 순전한 성령의 역사입니다. 즉 하나님의 말씀이 한 번이라도 마음속에 비친 사람들에게는 때가 되면 성령께서 죄의 갈등을 일으키십니다. 즉 자기 안에 있는 죄를 보게 하시는 것입니다. 이때 혼자 마음속으로 고민하거나 갈등하는 사람도 있고, 선행이나 경건 생활로 해결

하려고 하는 사람도 있지만, 오히려 반발심으로 더 하나님을 미워하고 하나님이 싫어하는 짓만 골라서 하는 사람도 있습니다. 그러나 택한 백성들은 결국 하나님의 사랑 앞에 두 손 두 발을 다 들게 되는데, 이것이 바로 십자가에 못 박히신 그리스도를 밝히 보는 것입니다.

2. 참된 신앙의 본질

　우리가 잔칫집에 가면 먹을 것이 너무 많아서 무엇을 먹어야 할지 모를 때가 간혹 있습니다. 그런데 한국의 나이 든 사람들의 특징은 어디서 무엇을 먹든지 끝에 가서는 꼭 '밥'을 먹어야 한다는 것입니다. 어떤 분은 잔칫집에 갔는데 고기도 실컷 주고 떡도 주는데 마지막에 밥을 주지 않으니까 나오면서 이 집은 밥도 안 주더라고 불평을 하더랍니다. 한국 사람들은 꼭 밥을 먹어야 식사를 한 것으로 생각하기 때문입니다.
　마찬가지로 우리 신앙 세계 안에는 너무나도 좋은 것들이 많이 있습니다. 이 안에는 신학이라는 학문도 있고, 음악이나 미술과 조각이나 건축도 있고, 문학이나 신비체험도 있고, 선교와 구제와 교육도 있고, 선한 사업도 있습니다. 특히 이 안에 명성과 돈 그리고 높은 자리에 올라가는 감투도 있습니다. 그래서 오히려 하나님을 너무 사랑해서 목회자가 되려고 신학교에 들어간 학생 중에는 길을 잃은 사람들이 너무나 많습니다. 어떤 사람은 학문이 최고라고 생각하고 어떤 사람은 정의가 가장 중요하다고 생각해서 일찍부터 정치나 학생 운동에 빠지기도 합니다. 또 교회 음악에 빠지기도 하고 유명한 사람을 따라다니기도 하는 것입니다. 우리가 다른 종교를 보면 어떤 극단적인 체험을 하여 도가 통했다고 해서 유명한 사람도 보고, 그 종교에서 가장 높은 위치에 있기 때문에 유명한 사람도 있고, 어떤 사람은 아주 청빈

하다고 해서 존경받는 사람도 있습니다. 그런데 하나님의 신앙에서 가장 중요한 것은 성령을 받는 것입니다.

> 3:2. "내가 너희에게서 다만 이것을 알려 하노니 너희가 성령을 받은 것이 율법의 행위로냐 혹은 듣고 믿음으로냐"

기독교 신앙에서 가장 중요한 것은 학문도 아니고 음악도 아니고 대교회를 이루는 목회의 성공도 아닙니다. 우리에게 가장 중요한 것은 성령이 임하시는 것입니다. 사도 바울은 갈라디아 교인들에게 "누가 너희를 꾀더냐?"고 질책하면서 이것 하나만 물어보자고 질문하고 있습니다. 즉 "너희가 성령을 받은 것이 율법의 행위로냐? 아니면 복음을 듣고 믿음으로냐?" 하는 것입니다. 그런데 우리는 성령이 눈에 보이지 않기 때문에 성령 받는 것이 무엇인지 모르는 경우가 많이 있습니다. 여기서 성령 받는다는 것은 그리스도께서 십자가에 못 박히신 것이 내 마음에 밝히 보이고 내가 하나님의 사랑에 인격적으로 항복하는 것입니다. 그때 누구든지 다 성령을 받게 됩니다.

그런데 우리는 한 번만 성령을 받고 끝나는 것이 아니라 계속적으로 성령을 받게 됩니다. 그래서 우리 안에 임하신 성령은 점점 그 양이나 강도가 커지게 됩니다. 어떤 때 우리 안에 성령이 꽉 차게 될 때 우리는 기쁨에 충만해지기도 합니다. 어떤 때는 강한 결단의 의지가 생기기도 합니다. 우리가 하나님의 말씀을 자꾸 많이 듣고 믿음의 용량이 커짐에 따라서 우리의 지혜나 능력이 엄청나게 커지기도 합니다. 모세나 엘리야나 사도 바울 같은 사람은 하나님의 지혜나 능력을 거의 자유자재로 사용할 정도로 믿음이 큰 사람들이었습니다. 이런 성령의 역사는 하나님의 말씀을 사랑하는 겸손한 사람들 안에서 가장 강하고 풍성하게 역사하게 됩니다. 이것이 바로 기독교의 매력이요 능력입니다. 즉 개인적으로 하나님의 말씀을 들을 때보다 열 배나 백

배 정도 강한 능력으로 말씀이 임하고, 깊이도 훨씬 깊이 있고 또 성도들이 교제를 나눌 때도 엄청난 기쁨과 자유로움을 느끼게 되는 것입니다.

사도 바울은 갈라디아 교인들에게 물어보고 있습니다. 즉 너희가 큰 교회를 다닌다고 해서 그런 기쁨이 임하더냐, 아니면 공부를 한 사람들이 많이 있어서 학적으로 토론한다고 해서 그런 기쁨이 임하더냐, 아니면 누가 돈을 많이 벌었다고 해서 그런 기쁨이 임하더냐 하는 것입니다. 그러나 그것은 온전히 복음 때문이었습니다. 모인 사람들이 모두 복음에 갈급해 있었고 누군가가 오직 하나님의 말씀만 가지고 이야기할 때 거기에는 잘난 인간도 못난 인간도, 성공한 인간도 실패한 인간도 없이 그렇게 행복했던 것입니다. 이것은 큰 교회나 작은 교회나 아무 차별이 없었습니다. 그러나 이제는 교회 안에 성령의 역사 대신에 누군가가 프로그램을 만들었고 크고 유명한 교회와 그렇지 못한 교회 사이에 그들이 믿는 예수가 엄청나게 다르게 된 것입니다.

물론 교회 안에 신학도 있고 정치, 음악, 체험도 있고 구제나 봉사도 있지만 가장 중요한 것은 복음을 듣고 믿는 것입니다. 그때 성령이 주시는 기쁨이 충만하게 됩니다. 이것이 바로 참 교회의 본질이고 살아 있는 신앙의 본질입니다. 그러나 지금은 교회 안에 너무나도 많은 걸림돌이 있게 되었습니다. 그것은 바로 성공의 우상입니다. 우리는 가장 기뻐해야 하고 가장 부러움을 사야 할 성령이 있는 사람들인데 이것을 누군가가 꾀어서 다 빼앗기고 있는 것입니다.

3. 성령으로 시작했다가 육체로 마침

우리가 사람을 볼 때 외모나 덩치만 보는 것이 아니라 그 사람의 인격이나 사람 됨됨이 전체를 보게 됩니다. 그러나 요즘은 특히 방송

매체나 인터넷이 발달해서 사람들의 외모만 중요하게 볼 때가 많이 있습니다. 그래서 여성들을 볼 때도 얼마나 늘씬하고 말랐느냐 하는 것으로 보고, 남자들을 볼 때도 남자가 얼마나 여자같이 생겼느냐 하는 것을 보고 감탄할 때가 많습니다. 그러나 이것은 대단히 사람을 잘못 보는 것입니다. 사람을 외모로만 보고 판단하는 것은 사람을 고깃덩어리로 보는 것밖에 되지 않습니다. 그래서 예수님은 사람은 속에 든 것이 아주 중요하다고 말씀하셨습니다. 예수님은 제자들에게, 사람이 마음에 쌓은 선에서 선한 말을 내고 마음에 쌓은 악에서 악한 말을 한다고 말씀하셨습니다. 그래서 어떤 의미에서는 그 사람의 코가 높으냐 낮으냐, 키가 크냐 작으냐 하는 것보다는 그 사람이 얼마나 아름다운 말을 하느냐 아니면 얼마나 사람의 마음을 상하게 하느냐 하는 것이 더 그 사람의 됨됨이를 잘 나타낸다고 할 수 있습니다.

사도 바울은 여기에서 기독교 신앙의 치명적인 문제를 지적하고 있습니다. 그것은 바로 너희가 성령으로 시작했다가 육체로 마치려고 하느냐 하는 것입니다. 처음 갈라디아 교회는 모두 작은 모임이었고 그중에는 많은 지식을 가진 사람들도 없었습니다. 그들은 모두 전도자들이 전해준 복음을 듣고 성령을 받았습니다. 그래서 그들의 생활은 성령의 삶이었고 그들의 모임은 성령의 모임이었습니다. 그들은 모여서 말씀 듣는 것이 좋았고 그러고 나서 서로 먹을 것이 있으면 나누어 먹었습니다. 그리고 그들은 서로를 소중하게 생각했습니다. 모든 형제나 자매가 다 성령의 사람들이었기 때문입니다.

그런데 예수 믿는 사람들이 점점 많아지게 되었습니다. 예수 믿는 사람들이 많아지는 것은 좋은데 그 안에는 빈부의 차이와 건물의 차이와 직분의 차이가 생기게 되었습니다. 결국 교회가 너무 커지게 되면 사람들은 작고 초라한 건물로는 만족하지 못하게 됩니다. 그래서 헌금을 많이 내서 아주 큰 건물을 짓게 되고 그렇게 되면 목사나 장로도 아주 높은 직책이 되어버리고 나중에는 의식적인 예배만으로 만족하게 되는 것입니다. 그리고는 사업이 많아지게 되고 무슨 대외적인 활동이 많아지게 됩니다. 그것은 결국 육체적인 것이 되고 마는 것입니다. 처음에는 사람으로 시작했다가 나중에는 고깃덩어리로 마치는 것처럼, 교회도 처음에는 성령의 모임이었는데 나중에는 고깃덩어리들이 모여서 싸우고 다투고 잘난 체하는 곳이 되고 마는 것입니다.

갈라디아 교인들은 바른 신앙을 찾는데 굉장히 오랜 시간이 걸렸고 모두 많은 방황을 했습니다.

3:4, "너희가 이같이 많은 괴로움을 헛되이 받았느냐 과연 헛되냐"

갈라디아 교인들은 바른 신앙을 찾는데 많은 시간이 걸려야 했습니다. 그들은 여러 종교 사이에 떠돌아다니기도 했고 전쟁이나 지진을 겪기도 했으며 물질적인 가난이나 질병이나 많은 고통 가운데서 전도를 받았던 것입니다. 그리고 그들은 예수를 믿고 난 후에도 상당한 기간 가난으로 고생을 많이 했던 것 같습니다. 그래도 그들이 끝까지 주님을 믿고 하나님의 말씀을 지키니까 예배 때마다 성령이 임하고 큰 기쁨의 신앙생활을 할 수 있었습니다. 그리고 부흥이 일어나면서 더 많은 사람이 예수님을 믿게 되었습니다.

그러다가 교회도 안정이 되고 물질적으로도 안정이 되고 사회적으로도 어느 정도 높아지니까 그들의 마음이 교만해지게 되었습니다. 그래서 그들은 옛날같이 유치하게 믿는 것을 부끄러워하게 되었고, 무엇인가 외형이 있고 다른 사람들에게 자랑할 것이 있는 신앙을 원하게 되었던 것입니다. 그래서 그들은 늦게 열심히 율법의 행위를 지키게 되었습니다. 이것을 한두 사람이 한 것이 아니라 갈라디아 전체에 퍼져 유행이 되었습니다. 그러면서 갈라디아의 부흥의 불은 꺼지고 성령의 역사는 소멸되고 말았습니다.

한국 교회도 "좋은 것이 좋다"는 생각을 많이 가지고 있습니다.

작은 교회보다는 큰 교회가 낫고, 가난한 교회보다는 부자 교회가 좋고, 감투가 없는 것보다는 감투를 쓰는 것이 더 낫다는 생각을 가지고 있는 것입니다. 또 사람들에게 인정받지 못하는 것보다는 인정받는 것이 훨씬 낫다고 생각하고 있습니다. 그러나 결국 그것은 사람으로 시작했다가 고깃덩어리로 마치는 셈이 되는 것입니다.

교회는 하나님의 말씀으로 시작해서 하나님의 말씀으로 마쳐야 합니다. 고깃덩어리들이 들어와서 설치는 것에 속아서는 안 됩니다. 우리는 열등감을 느낄 필요가 없을 뿐 아니라 더 인정받으려고 할 필요도 없습니다. 왜냐하면 성령은 최고의 영이시기 때문입니다. 우리 모두 성령으로 행복한 신앙생활을 하시기 바랍니다.

08

축복의 상속자

갈 3:6-14

마이크로소프트사의 빌 게이츠는 지금 세계 제일의 부자로 알려지고 있습니다. 그는 기자회견을 하면서 자기 자녀들에게는 얼마 되지 않는 돈만 물려 줄 것이라고 했는데, 그 얼마 되지 않는 금액이 백억이었습니다. 우리로서는 눈이 튀어나올 만한 금액인데 말입니다. 우리나라에도 많은 돈을 가진 대기업체 회장들이 있어서 그 자녀들은 부모로부터 부와 회사 경영을 물려받는 것을 볼 수 있습니다. 이 세상의 복이 이 정도라면 하나님의 복은 어느 정도이겠습니까?

그런데 이 세상에서 하나님의 복을 독점적으로 물려받았고 그것을 상속까지 하는 사람이 생겼습니다. 그 사람은 바로 아브라함이었습니다. 이스라엘 백성들은 그야말로 아브라함이라는 조상 하나를 잘 두는 바람에 노예 상태에 있던 애굽에서 나오게 되었고 수많은 기적과 하나님의 능력을 체험하게 되었습니다. 그런데 이것이 예수님이 오신 이후에 변하게 되었습니다. 즉 이방인들에게도 하나님의 복이 상속되게 된 것입니다.

오늘 우리는 하나님의 복을 상속받은 자들입니다. 우리는 정말 어마어마한 복을 상속받은 자라는 것을 알 필요가 있습니다. 오늘의 우리는 부자인가 아닌가, 혹은 성공했는가 아닌가 하는 것을 가장 중요하게 생각하는 것 같습니다. 그러나 우리가 예수를 믿음으로 얼마나 복 받은 자인가를 생각하지 못하는 것 같습니다. 이것은 초대교회 당시의 교인들에게도 마찬가지 문제였습니다. 갈라디아 교인들은 예수만 믿는 것은 보잘것없는 것이고 율법까지 지켜야 더 훌륭하게 멋있게 하나님을 믿는 것이라고 생각했던 것입니다.

1. 아브라함의 믿음

이스라엘 자손들은 약 천오백 년 이상 율법을 지켰습니다. 그들이 할례받은 역사를 따진다면 이천 년 이상이 됩니다. 그래서 이스라엘 백성들의 머릿속에는 하나님의 백성들은 할례를 받아야 하고 율법을 지켜야 한다는 것이 철저하게 새겨져 있었습니다. 그런데 이스라엘 백성들은 율법이 오기 전에 또 그들이 할례를 받기 전에 무슨 일이 있었는지 생각하지 않았습니다. 그런데 이 문제를 온전하게 깨달은 사람이 바로 사도 바울이었습니다. 사도 바울은 이것을 공개된 비밀이라고 했습니다. 즉 이천 년 이상 비밀로 묶여 있다가 불과 얼마 전에 비밀이 해제된 특급 비밀이었던 것입니다.

아브라함의 생애를 보면 특별한 것이 없는 평범한 생애인 것 같습니다. 어떻게 보면 아브라함의 생애는 아들 하나 낳기 위해서 아들을 주시겠다는 하나님의 약속 하나 믿고 평생을 기다린 세월의 연속이었습니다. 아브라함이 75세가 되었을 때 하나님은 아브라함에게 나타나셔서 언약의 말씀을 주셨습니다. 그것은 너는 고향과 친척과 아버지의 집을 떠나라는 것이었습니다(창 12:1). 그리고 하나님은 아브라함에게 "너를 복의 근원이 되게 하겠다"(창 12:2, 개역한글역)고 약속하셨습니다. 즉 하나님은 아브라함에게 하나님의 복을 독점적으로 주시겠다고 약속하신 것입니다. 아브라함은 하나님의 이 명령에 순종해서 하란을 떠나서 가나안 땅으로 갔지만 무슨 특별한 복을 받은 것 같지는 않아 보입니다. 오히려 아브라함은 가나안 땅에서 흉년을 만나서 애굽으로 내려갔다가 바로에게 부인을 빼앗겼다가 간신히 찾아서 가나안 땅으로 돌아오게 됩니다.

하나님은 아브라함에게 두 가지 약속을 하셨습니다. 그것은 가나안 땅을 그와 그의 후손에게 주시겠다는 것과 그의 자손을 하늘의 별처럼 많이 주시겠다는 것이었습니다. 그러나 하나님은 이 두 가지 약속을 모두 다 이루어주시지 않았습니다. 아브라함은 자기 나이가 많아지니까 아들에 대한 기대를 포기하려고 했습니다. 그래서 아브라함은 하나님께 하나님이 자손을 주시지 않으니까 자기 집에 있는 종을 아들로 삼아서 재산을 물려줄까 한다고 말씀을 드렸습니다. 그러니까 하나님은 그 사람은 네 후손이 아니라고 하면서 반드시 네 몸에서 날 자가 네 후손이 될 것이라고 하셨습니다.

그리고 하나님은 아브라함을 밤에 밖으로 나가게 하셔서 밤하늘의 별들을 헤어보라고 하셨습니다. 윤동주나 알퐁스 도데 이전에 밤하늘의 별을 헤아렸던 사람은 아브라함이었습니다. 아브라함은 별을 헤아리면서 생각을 했습니다. 아브라함은 '전에 별이 하나도 없을 때가 있었는데 하나님이 이 많은 별을 만드셨다. 이처럼 하나님은 아무 것도 없는 무에서 유를 만드시는 분이시다'는 것을 믿었던 것입니다. 아브라함은 별을 헤아려보라는 하나님의 말씀에 은혜를 받았습니다. 그래서 아브라함은 무조건 하나님을 믿기로 결심했습니다. 이때 하나님은 아브라함의 이 믿음을 보시고 그를 의롭다고 인정하셨습니다(창 15:6).

3:6. "아브라함이 하나님을 믿으매 그것을 그에게 의로 정하셨다 함과 같으니라"

　여기서 "의로 정하셨다"는 것은 '그의 의로 전가시키셨다' 는 뜻을 가지고 있습니다. 즉 아브라함은 죄성을 가진 인간이지만 그가 하나님을 전적으로 믿을 때 하나님은 그를 의인으로 간주해주셨던 것입니다. 그런데 아브라함이 가나안을 땅으로 받거나 많은 아들을 둔 것은 아니지만 그에게 하나님의 말씀은 계속되었습니다. 그렇다고 해서 아브라함이 손을 얹고 기도하면 귀신이 떠나거나 사람들의 병이 척척 낫는 것은 아니었습니다. 아브라함은 오직 떠돌이 목자에 불과했습니다.

　그리고 아브라함에게도 시행착오가 있었습니다. 아브라함은 가나안 땅에 온 지 무려 십 년이 되어도 아들이 생기지 않으니까 자기 아내의 말을 듣고 아내의 여종을 첩으로 받아들여서 아들을 낳았습니다. 이상한 것은 하나님의 말씀을 믿고 기다릴 때는 그렇게도 아들이 생기지 않더니만 인간적인 방법을 쓰니까 즉시 아들이 생겼다는 점입니다. 그러나 하나님은 이 아들이 열네 살이 되었을 때 할례까지 다 받게 해 놓고는 그 아이는 아들이 아니라고 하면서 내보내게 했습니다. 그런데 아브라함이 얼마나 무책임하고 맹목적인 사람인가 하면 자기가 그렇게 아끼던 첩의 아들 이스마엘을 하나님이 내보내라고 한다고 해서 아무 대책 없이 그냥 내보내 버렸던 것입니다.

　하나님은 아브라함에게 이름을 바꾸라고 하셨습니다. 원래는 '아브람(아비람)'이었는데 '아브라함'(많은 민족의 아버지)으로 바꾸게 하셨습니다. 그리고 부인도 '사래'에게 '사라'로 바꾸게 하셨습니다. 이때까지만 해도 아브라함에게는 많은 민족은 고사하고 아들이 없었습니다. 그러나 하나님은 이런 긴 기다림을 통해서 자기가 낳은 자손이 자기 자손이 아니라는 것을 깨닫게 하셨습니다. 그의 육신의 아들

이스마엘은 약속의 아들이 아니었습니다. 오직 하나님의 말씀으로 만들어지는 아들만이 진짜 자손이었던 것입니다.

이삭은 아브라함이 백 세에 낳은 아들이었습니다. 하나님은 이 아들이 어느 정도 자라니까 이번에는 자신이 지정한 산에 올라가서 번제물로 바치라고 말씀하셨습니다. 그 말씀에 순종해서 아브라함이 모리아 산에서 이삭을 칼로 찔러 죽이려고 하니까 하나님이 "아브라함아! 아브라함아!" 하면서 급히 그를 말렸습니다. 아브라함은 제정신이었을까요? 아니면 미친 아버지였을까요? 왜 하나님은 아브라함에게 사랑하는 아들을 죽이라는 시험을 하셨을까요? 아브라함은 하나님께서는 없는 자를 있게 하시며 죽은 자를 살리시는 하나님이신 것을 믿었다고 했습니다.

그런데 무려 이천 년 동안 이 비밀이 감추어지게 됩니다. 왜냐하면 이방인들에게 믿음으로 의롭다 하는 하나님의 비밀이 나타나지 않았기 때문입니다. 즉 아브라함은 하나님의 복을 독점적으로 상속했지만 아직까지는 인간의 죄를 완전히 제거하는 방법이 개발되지 않았던 것입니다. 그러나 하나님의 계획 속에는 이방인들도 아브라함같이 하나님을 믿음으로 축복을 상속하는 중요한 계획이 있었습니다.

2. 하나님의 구별

아브라함은 하나님으로부터 많은 복을 받은 부자였습니다. 그러나 그가 받은 물질적인 복은 하나님의 복에 비하면 아무것도 아니었습니다. 하나님은 아브라함과 그 자손들을 이방인들과 완전히 구별하셨습니다. 그 방법이 바로 할례였습니다. 그런데 이 할례가 절대적인 것은 아니었습니다. 아브라함의 아들 이스마엘은 할례를 받았지만 하나님은 내보내게 하셨습니다. 그리고 아브라함 집에 있는 종들도 할례를 받게 했습니다. 그리고 사백 년 동안 이스라엘 백성들은 애굽에서 아무 소리가 없습니다. 그러다가 갑자기 이스라엘 백성들이 애굽에서 그 존재를 드러내기 시작하는데, 처음에는 노예로서 엄청 핍박을 당하다가 그 다음에는 모세가 나타나서 능력의 지팡이로 기적을 행하고 이스라엘 백성들을 애굽에서 이끌어냅니다. 이때 하나님은 이스라엘 백성들에게 조상들의 하나님이라고 소개를 하십니다. 즉 이스라엘 백성들은 아브라함을 조상으로 두었기 때문에 하나님의 구원을 받는 것이었습니다. 그런데 하나님은 이스라엘 백성들을 시내산으로 데리고 가셔서 십계명을 위시한 계명과 율법을 주시면서 그들이 이 율법을 지키면 복을 받고 이 율법을 어기면 저주를 받을 것이라고 여러 번 말씀을 하셨습니다.

하나님께서는 일단 이스라엘 백성들이 아무리 목이 곧고 고집이 센 사람들이라 하더라도 하나님의 백성으로 간주하십니다. 그런데 이스라엘 백성들이 하나님의 백성으로 있으려고 하면 율법의 가이드라인 안에 있어야 합니다. 예를 들어서 우리가 차를 몰고 고속도로를 통해서 어느 곳에 가려고 하면 가드레일 안으로 달려야 안전할 수 있습니다. 만일 어떤 사람이 자기가 운전을 잘한다고 해서 가드레일을 받고 그 밖으로 뛰쳐나가 버린다면 중상을 입든지 아니면 죽을 것입니다. 마찬가지로 율법이라는 것은 아브라함을 통하여 하나님의 백성들이 된 이스라엘 사람들의 가드레일이었습니다. 이스라엘 백성들이 이 율법의 범위 안에서 하나님의 말씀에 순종해서 살 때 그들은 하나님의 복을 받았습니다. 그러나 그들이 다른 민족을 흉내 내려고 이 가드레일 밖으로 뛰쳐나가서 바알을 섬기고 아세라 신을 섬기면 망하는 것입니다.

3:10, "무릇 율법 행위에 속한 자들은 저주 아래에 있나니 기록된 바 누구든지 율법 책에 기록된 대로 모든 일을 항상 행하지 아니하는

자는 저주 아래에 있는 자라 하였음이라"

고속도로에 있는 가드레일은 고속도로의 일부분이고 안전한 길을 가게 하는 아주 중요한 수단이 되지만, 그 자체로는 차가 앞으로 가도록 할 수 없습니다. 차를 안전하게 달리게 하는 것은 자동차 엔진과 운전자의 운전 실력입니다. 마찬가지로 운전자가 가드레일 위에만 서 있다면 이 사람은 절대로 목적한 곳까지 갈 수가 없습니다. 그가 하나님의 말씀과 믿음으로 앞으로 달리다 보면 안전하게 집으로 갈 수 있는 것입니다. 그래서 운전면허 시험장에서 합격한 것으로 바로 도로에서 달릴 수는 없습니다. 왜냐하면 그 사람은 이제 겨우 율법만 통과했을 뿐이지 거리 위를 실제로 운전해서 달려본 적이 없기 때문입니다. 그런데 그 실력만 믿고 거리를 달리다가는 대형 사고를 내게 됩니다. 그래서 운전면허를 받아도 상당 시간 운전 연수를 받아야 하는 것입니다. 믿음이라고 하는 것이 자동차 엔진이고 운전 실력이라면, 율법은 운전면허증이나 가드레일밖에 되지 않는 것입니다. 그래서 율법을 어기면 저주를 받는 것이지 율법을 잘 지킨다고 해서 앞으로 나가는 것은 아닙니다. 또 율법으로는 사람을 의롭게 할 수 없습니다.

3:11, "또 하나님 앞에서 아무도 율법으로 말미암아 의롭게 되지 못할 것이 분명하니 이는 의인은 믿음으로 살리라 하였음이라"

"의인은 믿음으로 살리라"고 하는 것은 하박국 선지자가 한 말씀이고(합 2:4) 나중에 사도 바울이 로마서에서 인용하게 됩니다(롬 1:17). 의인은 율법을 지키지만 율법을 가지고는 사람을 의인으로 만들 수 없습니다. 믿음이라고 하는 것은 하나님을 절대적으로 믿는 것입니다. 그런데 눈에 보이지 않는 하나님을 아무리 믿으려고 해도 믿어지지 않는다는 것입니다. 하나님이 믿어지지 않는 사람에게 아무리 억지로 믿게 하려고 해도 안 되는 것입니다. 나중에는 이스라엘 백성들조차도 하나님이 믿어지지 않는다고 하면서 세상의 바알이나 아세라를 믿다가 멸망하고 말았습니다. 그런데 그들은 죽어도 하나님이 안 믿어진다고 하니까 어떻게 하겠습니까?

그런데 하나님은 이 믿음의 도를 율법 안에 깊이 감추어 놓으셨습니다. 율법이 겉으로 보면 전부 딱딱하고 재미없는 법으로 되어 있지만, 그 안에는 달콤한 하나님의 사랑이 들어 있었습니다. 그래서 다윗은 율법의 맛을 보고 율법이 송이꿀보다 더 달다고 했고, 율법은 순금이나 보석보다 더 가치가 있다고 했습니다(시 19:10). 그러나 율법을 깨보지 않고 문자적으로만 지키려고 하는 자들은 늘 저주한다는 소리만 듣기 때문에 너무나도 끔찍했던 것입니다.

그래서 이스라엘 백성들이 아브라함의 복을 상속하려고 하면 율법의 행위를 강요받기 이전에 하나님의 말씀을 배우면 저절로 믿음이 생기게 되고 결국 하나님의 복을 받게 됩니다. 모세 같은 경우에는 율법의 껍질을 깨는데 사십 년이라는 방황의 세월이 걸렸습니다. 그 껍질을 깨고 나니까 모세는 하나님이 두렵지 않았고, 그의 지팡이에서 능력이 나와서 바다를 갈랐으며, 시내산에서 불 가운데서 하나님과 대면하여 이야기를 나누었고, 율법의 돌비를 받을 때도 사십 일 동안 먹지도 않고 마시지도 않고 그 돌비를 받았던 것입니다.

그런데 하나님의 계획 안에는 수많은 이방인이 이 아브라함의 복을 받는 것이 들어 있었습니다.

3:7-8, "그런즉 믿음으로 말미암은 자들은 아브라함의 자손인 줄 알지어다 또 하나님이 이방을 믿음으로 말미암아 의로 정하실 것을 성경이 미리 알고 먼저 아브라함에게 복음을 전하되 모든 이방인이 너로 말미암아 복을 받으리라 하였느니라"

하나님은 아브람의 이름을 아브라함으로 고쳐주시고 장차 많은 민족이 너에게서 복을 받을 것이라고 약속하셨습니다. 그런데 사실 이스라엘 백성들 자신도 믿어지지 않는 하나님을 어떻게 이방인들이 믿을 수 있겠습니까? 그래서 하나님은 율법보다 아주 강력한 것을 준비하셨습니다. 그것은 결국 돌보다 더 단단한 인간의 마음을 깨고 믿음을 가지게 하는 것이었습니다.

3:11하, "이는 의인은 믿음으로 살리라 하였음이라"

우리 인간에게 가장 어려운 문제는 눈에 보이지 않는 하나님이 믿어지는 것입니다. 그래서 하나님의 아들이 이 세상에 인간의 몸으로 오셨습니다. 그런데 이 하나님께서 다른 인간과 똑같은 사람의 모습이었기 때문에 외모로는 그가 하나님의 아들인지 알 수 없었습니다. 그런데 그가 하나님의 아들인 것을 확신하게 하는 것이 세 가지가 있었습니다. 그 하나는 그가 하신 말씀의 능력이었습니다. 예수님의 말씀에 많은 병자가 치료받았고 귀신들이 떠났으며 물이 포도주로 변하기도 하였고 죽은 자가 살아나기도 했습니다.

또한 그가 하나님의 아들이신 가장 중요한 증거는 죽은 자 가운데서 살아나신 것이었습니다. 예수님의 제자들도 예수님이 하나님의 아들이시란 사실을 확실하게 믿게 된 것은 그가 죽은 자 가운데서 부활하셨을 때였습니다. 예수님의 동생들도 예수님이 하나님의 아들인 것을 믿지 않았다가 그가 부활하신 것을 보고는 하나님의 아들로 믿었습니다. 그래서 사도 바울도 로마서 1:4에서 "죽은 자들 가운데서 부활하사 능력으로 하나님의 아들로 선포되셨으니"라고 했습니다.

그리고 또 한 가지 증거는 예수를 믿으니까 하나님의 성령이 우리에게 임하시는 것입니다. 성령이 임하시면 우리는 기뻐하게 됩니다. 말로 표현할 수 없는 기쁨이 생깁니다. 그 이유는 너무나도 소중한 자기 자신을 찾았기 때문입니다. 그리고 하나님의 기쁨이 우리 마음에 임하게 되고 하나님의 지혜가 우리에게 임하게 됩니다. 그래서 예수님이 오셔서 십자가 위에서 죽으시기까지 믿음의 도는 비밀이었습니다. 성경에 "아브라함이 하나님을 믿으니 이를 그의 의로 인정하셨다"고 쓰여 있지만 아무도 그것을 깨닫지 못했던 것입니다.

> 3:13, "그리스도께서 우리를 위하여 저주를 받은 바 되사 율법의 저주에서 우리를 속량하셨으니 기록된 바 나무에 달린 자마다 저주 아래에 있는 자라 하였음이라"

하나님의 아들이 나무에 달리심으로 우리의 모든 저주를 다 가져가 버리셨습니다. 그렇게 그동안 철통같이 지켜지던 율법의 벽이 허물어지면서 우리가 하나님의 세계 안으로 당당하게 들어가게 된 것입니다.

3. 하나님의 복을 받은 사람

우리가 예수 믿는다는 것은 더 멋있고 사색적이며 고상한 종교인이 되는 것을 말하지 않습니다. 또한 자기 욕망을 버리기 위해서 굶고 고행을 하거나 먼 곳에 가서 선교하다가 죽는 것을 말하지도 않습니다.

예수님은 영생이 무엇이냐는 질문에 "영생은 하나님과 그가 보내신 자 예수 그리스도를 아는 것"(요 17:3)이라고 대답하셨습니다. 그런데 놀라운 것은 우리가 하나님만 믿으려고 하면 도저히 믿어지지 않는데 예수를 믿으면 하나님이 자동적으로 믿어진다는 것입니다. 그것도 그냥 하나님이 아니라 나를 사랑하시는 하나님, 나의 아버지이신 하나님이 믿어지는 것입니다. 이것이 패역한 인간에게는 가장 어려운 일이고 불가능한 일입니다. 그런데 놀라운 것은 우리가 십자가에 못 박히신 예수를 믿을 때 하나님이 믿어지고 성경이 믿어지고 내 모든 것을 하나님께 맡길 수 있게 되는 것입니다.

그래서 우리가 예수 믿는다는 것은 멋진 종교인이 되는 것을 말하지 않습니다. 멋진 목사나 선교사나 자신의 몸을 불사르게 내주는 자원봉사자가 되는 것이 아닙니다. 우리는 예수님을 믿는 것이고 하나님을 믿는 것입니다. 그러면 우리는 자동적으로 아브라함의 복을 상속하는 것이며 하나님의 복을 독점적으로 물려받는 것입니다. 그러므로 우리는 예수 믿는다고 하면서 세상적으로 성공한 사람을 부러워하거나 그런 사람들을 흉내 내려고 하거나, 교회 안에 세상의 성공이나 지식을 가지고 들어와서 유식한 체하려고 하는 것이 얼마나 복음을 업신여기는 것인가를 알 필요가 있습니다.

그러면 하나님의 복을 상속한다는 것은 무엇을 말하는 것일까요? 우리는 아직 이 세상에서도 많은 복을 가지지 못했습니다. 그런데 우리는 어떻게 하나님의 복을 물려받았다고 말할 수 있을까요? 우리는 인간이기 때문에 이 세상의 복을 좋아하고 이 세상의 복 받기를 원하는 것은 사실입니다. 그러나 하나님의 눈에는 이 세상에 있는 복들은 진짜 복이 아닌 것입니다. 왜냐하면 우리가 이 세상에 아무리 재산이 많고 동산, 부동산이 많다고 해도 영생할 수 있는 것이 아니기 때문입니다. 이 세상에 있는 것들은 마치 어린이들이 좋아하는 딱지나 구슬과 같은 것입니다. 부모는 아이들이 그런 것을 잔뜩 가지고 있는 것보다는 그 아이들이 공부를 잘해서 좋은 학교 들어가는 것을 더 원할 것입니다.

하나님은 하나님의 복을 상속한 자들에게 하나님의 말씀을 계속 부어주십니다. 왜냐하면 하나님의 말씀이 우리로 하여금 죄를 이기게 만들고 속사람을 아름답게 만들기 때문입니다. 그리고 하나님은 우리에게 성령을 주십니다. 성령이 우리 안에 오시면 우리의 지각과 감정과 생각하는 수준이 백 배, 천 배로 높아지게 됩니다. 그리고 우리가 기도할 때 하나님은 우리의 기도를 들으십니다. 즉 하나님은 우리와 의논하는 것을 기뻐하시는 것입니다.

하나님은 아브라함을 자신의 벗이라고 말씀하셨습니다. 예수님도 제자들에게 내 말을 다 들은 너희는 종이 아니고 친구라고 말씀하셨습니다(요 15:15). 우리는 하나님과 친구같이 가까운 사람들입니다. 하나님은 소돔과 고모라가 멸망할 것을 아브라함에게 알려주셨고, 아브라함은 소돔과 고모라가 멸망하지 않도록 하나님과 협상을 했습니다.

하나님의 복에 가장 중요한 것은 우리에게 항상 새로운 하나님의 말씀이 임하고 있고 영감이 임하고 있다는 사실입니다. 아브라함은 다른 어떤 것보다 자기가 가는 앞에 하나님의 천사가 간다는 사실을 알고 있었습니다. 나중에 다윗은 그 천사의 정체까지 알아내게 되었습니다. 다윗은 믿음으로 무궁무진한 하나님 말씀의 세계에 뛰어 들어가서 그 말씀을 시로 끌어왔습니다. 그런데 오늘 우리에게는 성령의 역사가 있습니다. 그 어떤 기독교 행사에도 성령의 역사가 없으면 그것은 거짓 행사입니다. 우리에게 성령이 오신다는 것은 날개를 다는 것과 같습니다. 옛날에는 세상에 딱 붙어서 오직 땅에 있는 것만 찾아서 살았는데 이제는 무한한 하늘을 마음껏 날 수 있게 된 것입니다.

이제 이방인과 유대인의 구별은 의미가 없게 되었습니다. 왜냐하면 율법보다 더 강력한 성령의 능력이 우리 안에 들어왔기 때문입니다. 물론 그렇다고 해서 우리가 전혀 죄를 짓지 않는 것은 아닙니다. 우리는 때때로 운전 미숙으로 가드레일을 들이받을 때도 있습니다. 그런데 성령이 있는 사람의 중요한 특징은 진실하고 겸손한 것입니다. 위선적이고 거짓말하는 사람은 성령이 없는 사람입니다. 교만하고 자기 잘난 체만 하는 사람도 성령이 없는 사람입니다. 아무리 천사의 방언을 하고 아무리 뛰어난 학식을 자랑한다 하더라도 그는 죄인이고 아직 저주에 갇힌 사람입니다.

우리는 과연 우리가 세상에 저주받은 사람들을 부러워해야 하는가 깊이 생각해 볼 필요가 있습니다. 즉 예수님이 십자가에 못 박혀 죽은 것이 그렇게 시시한 것인가 하는 점을 생각해 볼 필요가 있다는 것입니다. 우리는 모세와 엘리야같이 하나님의 놀라운 복의 세계를 파고 들어가서 온 세상으로 하여금 하나님 앞에 무릎 꿇게 하는 성도들이 되어야 합니다.

09

더 중요한 약속

갈 3:15-18

우리가 서로 약속할 때도 우선순위의 차이가 있습니다. 만약 친구와 만나서 차를 마시기로 약속했는데 갑자기 어떤 직장에서 인터뷰하자는 연락을 받게 되면 친구 사이의 약속은 뒤로 미루게 될 것입니다. 마찬가지로 법원의 판결에도 중요성의 차이가 있습니다. 지방 법원에서 판결한 것을 고등법원이나 대법원에서 다르게 결정하면 앞에서 결정한 것이 무효가 되기도 합니다. 이것은 하나님 앞에서도 마찬가지입니다.

초대교회 당시에는 과연 예수만 믿으면 죄 사함을 받고 영생을 얻느냐, 아니면 할례를 받고 율법을 지켜야 영생을 얻느냐 하는 것이 아주 심각한 문제였습니다. 많은 이방인은 사도 바울의 전도를 받고 복음을 듣고 예수만 믿고 구원을 받았다고 믿었습니다. 그러나 사도 바울 뒤에 찾아온 사람들은 예수만 믿는 것은 아무 소용이 없고 구원을 받으려고 하면 할례를 받고 율법을 지켜야 한다고 주장했습니다. 그래서 사람들이 가만히 생각을 해보니까 그 당시 복음은 새로운 것이었습니다. 즉 새로 시작된 지 몇십 년 되지 않았고 검증이 되지 않은 것이었습니다. 거기에 비해 율법과 할례는 천오백 년의 역사를 가지고 있는 역사와 전통을 자랑하는 의식이었습니다. 그래서 이 당시 이방인 기독교인 중에서는 역사와 전통을 자랑하는 유대교를 믿는 것이 더 낫겠다고 생각하는 사람이 아주 많아지게 되었습니다. 그러나 그것은 놀랍게도 천국을 잃어버리는 것이고 사기를 당하는 것이었습니다.

예를 들어서 어떤 사람이 나라의 왕위를 물려받게 되어 있었는데 속아서 왕위를 놓치게 되었다면 너무나도 원통할 것입니다. 우리가 신앙생활을 잘못하면 한평생 나름대로는 잘 믿는다고 믿었는데 결국 하나님의 나라는 사기를 당해버리고 구원까지도 받지 못하고 쫓겨나게 되는 것입니다. 요즘 우리나라에서는 목회자가 자기 나름대로는 특징을 살려서 많은 교인을 모으고 큰 교회를 이루는 것을 볼 수 있습니다. 그러나 교인들은 무조건 유명하다거나 많이 몰린다고 해서 따라갈 것이 아니라 과연 그 교회의 가르침이 복음적이며 내가 영생을 얻을 수 있고 천국을 얻을 수 있는지 확인을 해 보아야 합니다. 그렇지 않으면 천국을 사기당하는 수가 있기 때문입니다.

하나님은 아브라함에게 하나님의 복을 주시겠다고 약속하셨습니다. 이것은 이 세상의 기업과는 비교되지 않는 복입니다. 그리고 이 하나님의 복은 그 자손에게 상속되게 되어 있었습니다. 그러나 이 약속은 무조건 아브라함의 자손이라고 해서 상속받는 것이 아니라 믿음의 자손이어야 상속받을 수 있었습니다. 이스마엘은 아브라함의 큰아들이었지만 믿음의 아들이 아니었기 때문에 그 복을 상속받지 못하고 이삭이 상속받았습니다. 그리고 에서와 야곱은 이삭의 쌍둥이 아들이었지만 에서는 팥죽 한 그릇에 장자의 명분을 팔아버려서 결국 그 복을 상속받지 못하고 야곱이 상속받았습니다. 그런데 하나님께서는 이방인도 이 복을 상속할 수 있다고 말씀하셨습니다. 그래서 하나님은 아브람의 이름을 아브라함으로 고쳐주셨습니다. 아브라함은 '많은 민족의 아버지' 라는 뜻입니다. 그래서 이 하나님의 복은 오늘 이방인 출신인 우리에게까지 오게 되었습니다.

그런데 초대교회 교인들에게는 이 복을 차지하는데 큰 혼동과 혼란이 생기게 되었습니다. 그것은 하나님의 약속이 이중으로 되어 있었기 때문입니다. 어떤 사람은 누구든지 예수를 믿기만 하면 하나님의 자녀가 되고 그 복을 받는다고 하는데, 어떤 유대인들은 하나님의 자녀가 되려고 하면 할례를 받고 율법을 지켜야 한다고 가르쳤던 것입니다. 모든 이방인은 오직 예수님의 십자가만 믿으면 모든 죄 용서 받고 성령 받고 하나님의 자녀가 된다고 믿었는데, 어떤 유대인들은 그래 가지고는 안 되고 원래 하나님의 약속대로 할례받고 율법을 지켜야 구원받는다고 가르쳤던 것입니다.

그래서 갈라디아 교인들에게는 과연 어떻게 믿는 것이 바로 믿는 것인지 큰 혼란이 생기게 되었습니다. 많은 갈라디아 교인은 하나님을 더 잘 믿는 길은 그냥 예수만 믿는 것보다는 할례를 받고 율법을 지키는 것이라고 생각하게 되었습니다. 그러나 이것은 하늘나라의 복을 사기당하는 것이었습니다. 그러므로 우리는 예수를 믿을 때도 그냥 무턱대고 유명한 사람이 말한다고 해서 따라갈 것이 아니라 정신을 바짝 차리고 대비해야 천국의 복을 잃어버리지 않게 됩니다.

1. 하나님의 약속들

구약 성경에 보면 하나님의 약속들이 많이 나오는 것을 볼 수 있습니다. 하나님의 약속 중에서 가장 먼저 나오는 것은 '생명나무' 약속입니다. 즉 인간이 하나님의 말씀에 완전 순종하면 생명나무 열매를 따 먹고 죽지 않는다는 약속입니다. 그러나 인간은 뱀에게 속아서 이 영생의 복을 사기 당하게 됩니다. 얼마나 억울한 일인지 모릅니다. 그런데 인간은 뱀에게 속아서 이 약속을 깨트리는 바람에 가인이 아벨을 죽이는 일만 일어난 것이 아니라 그 뒤에 너무너무 악해져서 노아 때에는 전 인류와 짐승과 새들이 노아의 식구 여덟 명을 제외하고는 전멸당하는 결과를 겪게 됩니다. 이것이 바로 하나님의 복을 사기당한 결과입니다.

그리고 또 다른 언약은 '노아'의 언약입니다. 즉 하나님이 다시는 인간을 홍수나 다른 천재지변으로 모두 몰살시키지는 않는다는 약속입니다. 그래서 지금도 지구는 보존되고 있고 해도 뜨고 달도 뜨고 있습니다.

그리고 하나님의 세 번째 약속이 아브라함에게 하늘의 복을 주시겠다는 것이었습니다. 하나님은 이 복을 오직 아브라함의 믿음만을 보시고 주시겠다고 약속하셨습니다. 아브라함은 하나님 앞에서 아무 공로도 없었지만 그가 하나님의 말씀을 듣고 하나님을 믿었을 때 하나님은 그를 의롭다고 인정하셨고, 하늘의 복을 약속하셨습니다. 그런데 이 축복을 맹세로 보증하셨습니다. 하나님은 아브라함에게 짐승과 새를 잡아서 벌려 놓으라고 하신 후에 하나님의 횃불이 죽은 짐승 사이를 지나가는 의식을 행하셨습니다(창 15:9-10). 이것은 이 당시 왕과 신하 사이에 하는 의식으로 약속을 지키지 않으면 당사자가 죽는 것을 상징합니다.

그런데 아무리 하나님이 약속을 지키지 못하신다고 해서 하나님이 죽으실 수 있겠습니까? 그러나 결국 하나님의 아들이 죽으심으로 이 약속은 확정적인 것이 됩니다. 하나님이 이 맹세를 하신 후 이천년 후에 하나님의 아들은 십자가에 못 박혀 죽으심으로 이 약속을 확정하셨습니다. 그래서 '언약'(디아데케)이라는 말은 '생명을 건 언약'이라는 뜻도 있고, '유언'이라는 뜻도 있습니다. 즉 이 '언약'은 어기면 약속한 당사자가 죽어야 하지만 다른 한편으로는 죽음으로 이 약속은 효력을 나타내는 것이었습니다. 그런데 아브라함의 언약은 이 두 가지 의미를 다 가지고 있었습니다. 즉 구약 시대 이스라엘 백성들도 믿음으로 얼마든지 하나님의 복을 상속받을 수 있었습니다. 그러나 예수님이 죽으심으로 이 약속은 더 완전한 효력을 나타내게 된 것입니다.

그런데 이스라엘 백성들 가운데 아브라함의 언약은 그렇게 빛을 보지 못했습니다. 왜냐하면 아브라함의 자손들은 곧 애굽에 내려가서 사백 년 동안 잠잠하게 지내다가 노예가 되어버렸기 때문입니다. 그리고 하나님은 모세를 보내어서 기적으로 이스라엘 백성들을 애굽에서 건져내시고 하나님의 계명이 폭발적으로 나오게 됩니다. 그것이 바로 율법이었습니다. 하나님은 이스라엘 백성들에게 어떤 일이 있어도 율법은 지켜야 하고 다른 신을 숭배해서는 안 된다고 강조하셨습니다.

하나님은 모세를 통해서 또 수많은 선지자를 보내셔서 이것을 강조하셨습니다. 그러나 이스라엘 백성들은 이 모세의 율법을 지키지 못해서 하나님으로부터 많은 징계를 당하고 결국은 나라가 망하고 말았습니다. 그리고 신약 시대로 넘어와 세례 요한이 나타나서 물로 세례를 주더니 예수님이 오셔서 "회개하라 천국이 가까이 왔느니라"고 말씀하시고 십자가 위에서 죽으신 것입니다.

이것이 중요한 이유는 무엇입니까? 과연 우리가 믿는 이 신앙이 하나님의 축복을 틀림없이 받는 신앙인가 하는 것과 왜 하나님은 애매하게 두 가지 축복을 주셨을까 하는 점입니다. 이것을 풀어낸 사람이 바로 사도 바울이었습니다. 사도 바울은 복음과 율법은 뿌리가 다르다고 했습니다. 율법은 그 뿌리가 모세이지만, 복음은 그 뿌리가 아브라함이라고 설명하고 있습니다. 즉 이스라엘 자손들이 별로 중요하게 생각하지 못한 아브라함의 약속이 더 중요한 약속이고, 수많은 기적과 능력이 나타났던 모세의 율법은 오히려 보충적인 약속이었던 것입니다.

    사실 모세의 율법이 아브라함의 약속보다 더 엄청났습니다. 하나님이 이스라엘 백성들에게 율법을 주실 때는 시내산에서 온통 불이 붙었고 나팔 소리가 나고 빽빽한 구름과 불 가운데서 모세는 무려 사십일 동안이나 먹지도 않고 자지도 않고 하나님께서 직접 돌비에 적으신 율법을 받았던 것입니다. 그리고 이 율법은 그 후 천오백 년 동안 이스라엘 사회를 지배하는 법이 되었습니다. 이스라엘 백성들은 율법에 따라 하나님께 제사를 드렸고 한센병을 진단했고 종들을 풀어주었고 죄가 무엇인지 깨달았던 것입니다. 그리고 이스라엘 백성들은 율법을 어기는 자들을 돌로 쳐 죽이기도 했습니다.

    그러나 결국 이스라엘 백성들은 이 율법을 지키지 않음으로 멸망을 당했습니다. 그러니까 율법이라는 것은 이스라엘 백성들에게는 살고 죽는 것을 결정하는 법이었던 것입니다. 하나님은 이스라엘 백성들에게 율법을 지키면 들어가도 복을 받고 나가도 복을 받고 떡 반죽 그릇도 복을 받고 적과 싸울 때 적이 한 길로 왔다가 일곱 길로 도망칠 것이라고 말씀하셨습니다. 그런데 이스라엘 백성들도 할 말이 없는 것은 이런 엄청난 율법을 가지고도 제대로 지키지 못해서 늘 하나님으로부터 터지고 징계를 당하다가 결국은 망하고 만 것입니다.

2. 아브라함의 약속과 율법의 관계

    이스라엘 백성들은 율법이 자신의 생사를 결정하는 가장 중요한 법이었기 때문에 율법만 중요하게 생각했습니다. 그런데 사도 바울은 율법 앞에 이미 더 중요한 약속이 있었다는 사실을 알아내었습니다. 그것은 바로 창세기 15장 6절의 "아브람이 여호와를 믿으니 여호와께서 이를 그의 의로 여기시고"라는 말씀입니다.

아브라함은 이미 믿음으로 하나님 앞에서 의롭다 함을 받았습니다. 여기서 믿음으로 의롭다 함을 받는다는 것은 무슨 뜻입니까? 나는 아무 공로나 자격이 없지만 하나님의 약속의 말씀을 무조건 믿는다는 것입니다. 하나님은 이 믿음을 보시고 아브라함의 죄를 다 용서하시고 그를 하나님의 축복의 상속자로 삼으셨습니다.

그러면 하나님이 모세를 통해서 주신 율법은 무엇입니까? 이것은 이스라엘 자손들이 아브라함의 자손이기 때문에 이미 전도가 되었다고 보는 것입니다. 그래서 그들이 진짜 하나님을 믿느냐 믿지 않느냐 하는 척도로 주신 것이 바로 율법을 주신 것입니다. 예를 들어서 사람의 몸에 열이 많이 나거나 혈압이 높아지면 죽게 됩니다. 그런데 옛날에는 보통 집에 체온계가 없으니까 손으로 머리를 짚어보았습니다. 그래서 열이 많이 나는 사람을 보고 '몸이 펄펄 끓는다'는 표현을 썼습니다. 그러나 지금은 체온계로 열을 재어보기 때문에 '이 환자분의 체온은 39도입니다'와 같은 정확한 말을 하는 것입니다. 그리고 옛날에는 혈압을 재는 기구가 별로 없었기 때문에 병원에 가지 않는 이상 자기 혈압을 알 수 없었습니다. 그래서 갑자기 고혈압으로 집에서 쓰러져서 돌아가시는 분들이 많이 있었습니다.

마찬가지로 율법은 이스라엘 백성들이 과연 하나님을 믿는지 측정하는 바로미터였습니다. 만약 이스라엘 백성들이 우상을 만들어서 섬기거나 부모의 성경적 가르침을 거역하거나 간음을 하면 그들은 하나님을 믿는 것이 아니었던 것입니다. 그래서 이스라엘 백성들은 하나님으로부터 경고의 표시로 기근이나 깜부기 재앙이 오거나 이방 민족의 학대를 받았던 것입니다. 그런데 이스라엘 백성들의 문제는 율법으로는 믿음이 잘 생기지 않는다는 것이었습니다. 오히려 하나님께서 이스라엘 백성들에게 자꾸 이것도 하지 말라, 저것도 하지 말라고 하시니까 그들에게는 반발심만 생겼고 하나님에 대한 믿음은 더 생기지 않았던 것입니다. 나중에 이스라엘 백성들은 하나님으로부터 축복만 가로채고 하나님의 말씀은 지키지 않는 이상한 신앙으로 변질되고 말았습니다. 이것은 바로 이스라엘 백성들의 게으름 때문에 생긴 결과였습니다.

　이스라엘 부모들이 자녀들에게 하나님을 바로 가르치려고 하면 무조건 외우게 하거나 하지 말라고 할 것이 아니라 그들의 질문을 들어주고 이야기로 자세하게 가르쳐주어야 합니다. 그리고 비록 아이들이 빗나갈 때도 믿음을 가지고 기다려주어야 합니다. 왜냐하면 인간 중에서 한 번도 방황하지 않고 반발하지 않고 하나님을 잘 믿는 사람은 아무도 없기 때문입니다. 그런데 이스라엘 백성들이 가나안 땅에 들어가니까 먹고 사는 문제로 바빠지게 되었습니다. 그러니까 부모들이 자녀들에게 가장 쉽게 가르치는 방법은 아이들에게 무조건 주입식으로 가르치고 잘못하면 처벌하는 것이었습니다. 그러나 이렇게 해서는 절대로 자녀들에게 믿음이 생기지 않게 됩니다. 결국 부모 자신들이 자녀들을 가르치는 것이 귀찮고 돈 버는 일에 바쁘니까 형식적으로만 율법을 가르쳤던 것입니다. 결국 이스라엘 백성들은 자신들이 심은 대로 거두게 되었습니다. 결국 이스라엘 백성들은 율법의 껍데기 신앙만 남고 실제로는 하나님을 믿지 않고 있었던 것입니다.

　이것은 예수님 당시에도 마찬가지였는데 유다 지도자들은 안식일을 지키지 않는 자들을 비난하고 처벌만 했지, 예수님처럼 안식일에 아픈 사람들을 직접 고쳐주시지는 않았던 것입니다. 오히려 그들은 예수님이 안식일을 범했다고 정죄했습니다. 그러니까 예수님 당시에도 유대교는 자부심만 남아있었지, 실제로 하나님의 말씀을 믿는 신앙은 아니었던 것입니다. 이렇게 유대교는 아브라함의 신앙이 아니었습니다.

　하나님께서 아브라함에게 하늘의 복을 상속하게 해주시겠다고 하신 것은 약속이었고 맹세였습니다. 하나님은 아브라함에게 여러 번 천국의 복을 약속하셨고 장엄한 맹세의 의식까지 행하셨습니다. 이것은 취소가 불가능한 것이었습니다.

3:15. "형제들아 내가 사람의 예대로 말하노니 사람의 언약이라도 정한 후에는 아무도 폐하거나 더하거나 하지 못하느니라"

여기서 "사람의 언약"이라는 것은 단순히 말로 하는 약속이 아니라 서류로 작성하고 공증까지 한 약속을 말합니다. 이런 약속은 일단 한번 공증이 끝난 후에는 마음대로 내용을 수정하거나 추가할 수 없습니다. 마찬가지로 하나님께서 아브라함에게 약속하신 것은 아무리 세월이 지나고 다른 약속이 생기더라도 결코 마음대로 변경하거나 취소할 수 없는 것이었습니다.

하나님에 대한 아브라함의 믿음은 나중에 두 가지 약속으로 압축되게 됩니다. 그 하나는 하나님은 무조건 아들을 주신다는 약속이었습니다. 그리고 또 하나는 가나안 땅을 이스라엘 백성들에게 주신다는 약속이었습니다. 아브라함은 밤하늘의 별을 헤아리면서 하나님은 무에서 유를 만드시는 창조자이시기 때문에 하나님은 무조건 사라를 통해서 아들을 주신다는 것을 믿었습니다. 그런데 하나님은 아브라함에게 하늘의 별처럼 많은 자손을 주시겠다고 약속하시고서는 단지 한 명 이삭밖에 주시지 않았습니다. 하늘의 별처럼 많은 자손과 한 명은 너무나도 차이가 납니다. 그래도 아브라함은 하나님을 믿었습니다. 그런데 얼마 후 하나님은 아브라함에게 하나밖에 없는 독자 이삭을 죽여서 하나님께 번제물로 바치라고 명령하셨습니다. 아브라함은 그 말씀을 도저히 믿을 수 없었습니다. 그러나 아브라함은 없던 자식 이삭도 주셨는데 죽은 이삭도 살리실 것이라고 믿고 이삭을 바치러 모리아 산으로 갔던 것입니다. 이것에 대하여 사도 바울은 명쾌하게 해석을 했습니다.

3:16. "이 약속들은 아브라함과 그 자손에게 말씀하신 것인데 여럿을 가리켜 그 자손들이라 하지 아니하시고 오직 한 사람을 가리켜 네 자손이라 하셨으니 곧 그리스도라"

하나님께서 아브라함에게 밤하늘의 별처럼 많은 자손을 주시겠다고 약속해 놓고는 단 한 명만 주신 것은 그 자손이 실제로는 예수님이었기 때문이라고 해석했습니다. 그래서 아브라함이 모리아 산에 바치러 갔던 아들도 실제로는 이삭이 아니라 그리스도의 죽음이었던 것입니다. 그런데 하나님이 율법을 주신 것은 모든 사람이 아브라함이 아니고 모든 자식이 그리스도도 아니기 때문에 이방인들은 아브라함 같은 믿음을 가질 수 없었던 것입니다. 그래서 하나님은 이스라엘 백성들을 율법 안에 가두어 놓으시고 율법을 지키는 이상 아브라함 같이 하나님을 믿는 것으로 인정해주셨던 것입니다. 또 사실 하나님을 믿지 않으면 율법을 지키는 것이 불가능했습니다. 왜냐하면 우리 인간에게는 시도 때도 없이 불같은 정욕과 탐욕이 솟구쳐 올라서 율법을 지킬 수 없었던 것입니다. 결국 그들은 이스마엘이나 에서와 같이 아브라함의 자손이 아니었던 것입니다. 그렇게 율법이라는 것은 환자가 다친 것을 붕대로 싸매어놓는 것 같이 치료할 수 있는 것이 아니었습니다.

그러나 구약 시대에도 부모가 사랑으로 율법과 선지자의 글을 가르치는 자들에게는 믿음이 생겼습니다. 그러니까 구약 시대에도 율법을 하나님의 말씀으로 잘 가르치면 사람들의 마음속에 믿음이 생겼습니다. 다윗은 하나님의 율법만 가지고 묵상했는데 그는 위대한 믿음을 가졌고 하나님의 축복을 상속받았습니다. 그는 하나님의 말씀은 송이꿀보다 더 달다고 했고 순금보다 더 귀하다고 했습니다. 그리고 다윗은 일개 목동의 처지에서 이스라엘의 왕이 되었습니다.

결국 하나님의 모든 복은 예수 그리스도께서 가지고 오셨습니다.

우리는 모두 예수 그리스도 안에서 하나님의 복의 경쟁자가 된 것입니다. 우리는 이것을 가지고 경쟁해야 합니다. 즉 우리는 누가 더 겸손하며 누가 더 하나님의 말씀을 사랑하며 누가 더 천국의 보물을 많이 가지고 있고 누가 더 사랑이 많은가 하는 것을 가지고 경쟁을 해야 하는 것입니다. 왜냐하면 세상 보물은 진짜 보물이 아니기 때문입니다. 우리는 유리구슬에 불과한 것들을 가지고 한평생을 허비할 수는 없습니다. 우리는 가짜 진주나 가짜 그림을 위해서 한평생을 허비할 수는 없습니다.

3. 더 우선적인 약속

우리는 여러 사람과 약속을 하지만 더 우선적으로 지켜야 할 약속이 있고, 그냥 입으로만 립 서비스 하듯이 하는 약속도 있을 것입니다. 예를 들어서 오랜만에 친구를 만나서 "언제 한번 만나서 식사나 하자"고 약속을 했다면 그 언제라는 것이 십년 후일 수도 있고 죽고 난 후일 수도 있기 때문에 그냥 인사치레로 하는 소리인 것입니다. 그런데 무엇인가 중요한 일이 있어서 다른 일은 다 제쳐놓고 "무슨 요일, 몇 시에 만나서 이것을 최우선적으로 해결합시다"라고 한다면 그것은 우선순위가 가장 높은 약속인 것입니다. 하나님께서 아브라함에게 하늘의 복을 상속해주시겠다고 약속하신 것은 율법을 주시기 430년 전에 한 약속이었습니다.

3:17, "내가 이것을 말하노니 하나님께서 미리 정하신 언약을 사백삼십 년 후에 생긴 율법이 폐기하지 못하고 그 약속을 헛되게 하지 못하리라"

우리는 어떤 경우에 삼십 분 먼저 약속을 하는 바람에 더 좋은 조건의 제안을 포기해야 할 때도 있습니다. 예를 들어서 어떤 분이 어떤 자리에 제안을 받아서 그곳으로 가겠다고 약속을 했습니다. 그리고 얼마 되지 않아서 훨씬 더 좋은 자리에서 제안이 온 것입니다. 그 때 우리는 눈물을 머금고 불과 삼십 분 전에 약속했기 때문에 취소하지 못하는 경우가 있습니다.

그런데 하나님께서 아브라함에게 하늘의 복을 주시겠다고 약속하신 것은 율법이 생기기 430년 전의 일이었습니다. 아브라함의 약속에 비하면 율법은 그야말로 새카만 후배인 것입니다. 그래서 율법을 가지고 복음이 맞다 틀리다 하는 것은 그야말로 새카만 후배가 하늘같이 높은 선배에게 감히 시비를 거는 것과 같습니다. 초대교회 당시 사람들은 복음은 새로 생긴 것이고 율법은 무려 천오백 년 동안 지켜왔다는 것을 강조했습니다. 그러나 복음은 율법에 비하여 오백 년 전에 발표가 되었고 하나님의 마음속에는 수만 년 전부터 계획이 된 것이었습니다. 그래서 율법은 복음 앞에서는 아무것도 말할 자격이 없는 것입니다.

오늘 하나님의 최고의 약속은 예수님을 믿고 하나님의 복을 상속하는 것입니다. 우리는 이 복 속으로 뛰어 들어가야 합니다. 만일 우리가 세상의 복과 하늘의 복 사이에서 머뭇머뭇한다면 그사이에 하늘의 복은 다른 사람이 차지하고 말 것입니다. 우리에게 중요한 것은 하늘의 복을 차지하는 비법이 무엇인가 하는 것입니다. 이제 더 이상 율법으로는 이 복을 상속할 수 없습니다. 왜냐하면 율법은 이미 옛날 법이기 때문입니다.

3:18, "만일 그 유업이 율법에서 난 것이면 약속에서 난 것이 아니리라 그러나 하나님이 약속으로 말미암아 아브라함에게 주신 것이라"

이젠 더 이상 행위로는 하나님의 복을 상속할 수 없습니다. 즉 기도를 많이 한다거나 규정을 많이 지킨다거나 교회 정치에 관여하거나 활동을 많이 한다고 해서 하나님의 복을 상속할 수 없습니다. 행위는 그 사람에게서 자연스럽게 나와야 하는 것입니다. 예를 들어서 어떤 사람에게 억지로 대학생 옷을 입힌다고 해서 대학생이 되는 것이 아니라 대학생이 되면 자연스럽게 대학생다운 행동이 나오게 되어 있는 것입니다. 마찬가지로 교회에서 교인들을 억지로 교인으로 훈련을 시킨다고 해서 교인이 되는 것이 아니라 우리가 믿는 자이면 자연스럽게 믿는 자의 행동이 나오게 되어 있는 것입니다.

그런데 중요한 것은 억지로 신자로 만들었을 때 그것은 믿음이 아니기 때문에 천국의 복을 사기당하게 된다는 것입니다. 우리는 아브라함처럼 하나님을 믿어야 합니다. 아무것도 없는 데서 내 인생을 만드신 하나님을 믿어야 하고 죽은 자도 살리시는 하나님을 믿어야 합니다. 우리는 내 주가 살아계신 것을 믿어야 하며 이 세상 눈에 보이는 것이 진짜 복이 아니라는 것을 믿어야 합니다. 우리는 지성소 휘장 안으로 들어가야 하고 다윗같이 하나님의 말씀을 사랑할 수 있어야 합니다. 우리 자신을 하나님의 사랑과 하나님의 영으로 채워야 합니다. 세상의 탐욕과 돈의 욕심은 우상입니다. 아브라함은 하나님의 약속을 엄청 기다렸습니다. 그리고 결국은 이삭을 품에 안았습니다. 우리도 아브라함과 같이 끝까지 참고 기다리는 성도들이 다 되시기 바랍니다.

10

믿음이 온 후
갈 3:19-29

일본 북쪽 홋카이도에 가면 삿포로 시가 있는데, 거기에는 옛날 그곳에 와서 일본 청년들을 가르쳤던 윌리엄 클라크(William Smith Clark, 1826~1886)의 동상이 있습니다. 그는 일 년 넘게 학생들에게 성경 공부와 농업을 가르친 후 미국으로 떠나면서 "Boys, Be ambitious"라는 유명한 말을 남겼습니다. 그런데 클라크 박사와 성경 공부를 했던 일본 청년 중에는 나중에 일본을 정신적으로 이끌었던 유명한 지도자들이 여러 명 나오게 됩니다. 오늘 우리나라에도 자라는 세대에 꿈을 심어주고 미래의 희망을 가지게 해줄 수 있는 지도자가 필요합니다.

　어린이나 청소년들은 어떤 훌륭한 선생님을 만난 이후 완전히 인생이 변할 때가 많이 있습니다. 대개 실력이 없는 사람들은 학생들이 잘못하는 점을 가지고 야단치고 벌을 주는 식으로 교육합니다. 그러나 실력이 있는 사람은 아이들이 잘할 수 있는 장점을 칭찬해주고 더 잘할 수 있도록 자신감을 심어주는 교육을 합니다. 인류 역사는 예수님이 오심으로 완전히 달라지게 되었는데, 예수님이 우리에게 가능성을 심어주셨고 자신감을 심어주셨기 때문입니다.

어떤 중학교 앞을 지나가는데 학생들이 안으로 들어가지 못하고 여러 명이 어떤 선생님에게 붙들려 있었습니다. 아마도 이 학생들은 지각을 한 학생들인 것 같은데 교실에 바로 들어가지 못하고 규율부 선생님에게 붙들려서 서 있다가 얼차려를 받은 후에 교실로 보내졌습니다. 아마 여러분 중에도 중고생 시절에 규율부라든지 학생 지도부에 한 번씩 걸려 본 사람들이 있을 것입니다. 사실 이런 규율은 학생들로 하여금 단정하고 지각하지 않게 한다는 좋은 의도를 가지고 있습니다. 그러나 학생들의 입장에서는 별로 기분이 좋지 않고 벌만 서게 되는 것입니다.

우리나라 사람들이 미국에 이민 가서 잘 어길 수 있는 것 중의 하나는 어린아이를 혼자 집에 두거나 차 안에 두고 볼일을 보러 가는 것입니다. 미국에서 어린아이만 혼자 집이나 차에 두는 것은 범죄로 되어 있습니다. 그래서 어떤 부부는 어린아이만 두고 새벽기도에 갔다가 신고가 들어와서 경찰에 잡혀가기도 하고, 어떤 부부는 아이들만 차에 두고 슈퍼에 갔다가 붙들리기도 했다는 뉴스를 보았습니다.

서양에서는 비록 나이는 어려도 파티에 갈 때가 있습니다. 이때는 어른이 후견인으로 따라가서 술도 마시지 못하게 하고 춤도 남자와 추지 못하고 구경만 하도록 하고 빨리 집에 돌아오게 하는 것을 볼 수 있습니다. 그러나 어른이 되면 그런 후견인 없이도 얼마든지 남자나 여자와 춤을 출 수 있고 술도 마시고 밤늦게 집에 돌아가기도 하는 것입니다.

이스라엘 백성들은 무려 천오백 년 동안이나 율법의 지배를 받았습니다. 율법은 이스라엘 백성들의 생사를 결정하는 법이었는데, 그들이 율법을 잘 지키면 집에 들어가도 복을 받고 들에 나가도 복을 받지만, 율법을 지키지 않으면 돌로 쳐 죽이는 경우도 있었고 이민족이 처들어와서 나라를 멸망시키기도 했습니다. 예수님이 오시기까지 율법 외에는 하나님을 믿을 수 있는 방법이 없었습니다. 그런데 예수님이 오신 후에는 모든 것이 달라지게 되었습니다. 즉 이방인들은 율법도 지키지 않고 바로 예수 믿고 하나님의 자녀가 되었습니다. 이것은 마치 학교에 규율도 없고 교복도 없고 모든 것을 제멋대로 해도 되는 것과 같이 보였습니다. 그래서 유대인 출신의 크리스천들은 이것은 안 된다고 생각했습니다. 즉 학교는 규율이 있어야 하고 교복도 있어야 하고 머리도 단정해야 학생이지, 자기 멋대로 옷 입고 다니고 학교 밖으로 나가는 것은 학교나 학생들을 망치는 것이라고 생각한 것입니다.

인류는 예수 그리스도가 오셔서 성령을 주시기까지 미숙한 어린아이였습니다. 그래서 하나님은 하나님의 백성들도 모세의 율법이라는 강한 규율로 매어놓으셨습니다. 왜냐하면 성령이 오시지 않은 상태에서 이스라엘 백성들에게 하고 싶은 대로 해라고 하면 다 사고를 치고 말 것이기 때문입니다. 그러나 예수님이 오시고 성령을 주신 후에는 인간의 생각이 어른이 될 수 있었습니다. 그래서 하나님은 마치 유치한 중고등학교에 교복이나 두발제한 같은 것은 다 없애버리는 것과 같이 본인이 알아서 믿도록 자유를 주셨습니다. 물론 복음이 온 후로 사람들이 더 유치해지고 더 방탕하게 된 것도 사실입니다. 그렇지만 이제 그들은 모든 것을 자기가 알아서 해야 하는 나이가 된 것입니다. 우리나라도 옛날에 남자가 결혼 전에는 터벅머리로 있지만 어른이 되면 상투를 올렸습니다. 마찬가지로 하나님은 지각이 어른이 된 사람들에게는 새 옷을 입혀주셨습니다. 그것은 바로 '그리스도'라는 옷입니다.

1. 이스라엘 백성들을 속박한 율법

이스라엘 백성들은 믿음의 조상 아브라함을 통하여 하나님을 알게 되었습니다. 인간으로서 하나님을 알고 하나님을 믿는다는 것은 엄청난 일이었습니다. 그럼에도 불구하고 이스라엘 백성들은 하나님에 대한 이해력이 너무 떨어졌습니다. 즉 이스라엘 백성들은 눈으로 보아도 보지 못하고, 귀로 들어도 이해하지 못하고, 마음으로도 하나님을 생각하지 못하는 상태였던 것입니다. 그래서 이스라엘 백성들은 모세가 하나님의 말씀을 듣자고 해도 두려워하면서 뒤로 물러가고 앞으로 가려고 하지 않았습니다. 왜냐하면 하나님께서 말씀하시는 음성과 불이 무서웠기 때문입니다. 어린아이들은 불도 무서워하고 물에 들어가는 것도 무서워하고 어른이 무엇을 이야기해도 알아듣지 못합니다.

하나님은 아브라함의 자손들에게 하나님의 복을 상속받게 해주겠다고 약속하셨지만, 이것은 어린아이가 너무 어리면 아무리 많은 재산을 상속해줘도 제대로 활용하지 못하고 다른 사람에게 이용당하는 것과 같았습니다. 그래서 하나님은 이스라엘 백성들에게 아브라함의 그 놀라운 복을 그냥 상속시켜줄 수 없었습니다. 이스라엘 백성들은 너무나도 하나님에 대한 이해력이 떨어졌기 때문입니다.

그래서 하나님은 이스라엘 백성들에게 규율을 주셨습니다. 이 규율이 바로 율법이었습니다. 하나님은 이스라엘 백성들이 이 규율을 잘 지키면 하나님을 믿는 것으로 인정해주시겠다고 약속하셨습니다. 그러나 이스라엘 백성들은 이 규율을 지키는 것이 너무나도 힘이 들었습니다. 왜냐하면 이때 이스라엘 백성들은 하나님에 대하여 이해력이 너무 떨어지고 하나님을 무서워했기 때문입니다. "여호와를 경외한다"는 것은 사실 하나님에게 버릇없이 구는 것이 아니라 예의 있게 사랑하는 것을 말합니다. 그러나 이스라엘 백성들은 하나님이 두려웠고 또 생떼를 부릴 때가 많았던 것입니다. 그래서 하나님은 그들이 하나님의 말씀에서 벗어나지 못하도록 말씀 외에 율법을 추가하여 주셨습니다. 이것은 그들이 사고를 치지 못하게 하기 위한 것이었습니다.

3:19, "그런즉 율법은 무엇이냐 범법하므로 더하여진 것이라 천사들을 통하여 한 중보자의 손으로 베푸신 것인데 약속하신 자손이 오시기까지 있을 것이라"

원래 하나님의 말씀은 하나님의 입으로 우리 마음속에 깊이 박히는 것입니다. 그러나 모세 때나 구약시대 때 이스라엘 백성들은 너무 정신적으로 어렸기 때문에 하나님의 말씀을 가르쳐줘도 알아듣지 못하고 다 흘려버리고 말았습니다. 그래서 하나님은 시내산에서 천사의 입을 통해서 모세를 후견인으로 삼아서 모세에게 하나님의 말씀을 주셨습니다. 즉 모세는 이스라엘 백성들에게는 보모와 같은 존재였던 것입니다. 사실 이스라엘 백성들에게는 보모가 둘이었습니다. 하나는 이스라엘 백성들이 출애굽할 때 인도했던 그 천사입니다. 그리고 모세였습니다. 하나님 쪽에는 불기둥 구름기둥으로 인도하신 그 천사였고, 이스라엘 백성들 쪽에서는 모세였습니다. 그러나 그 천사나 모세나 이스라엘 백성들의 불순종 때문에 엄청 애를 먹었습니다.

그 천사는 이스라엘 백성들이 금송아지 우상을 만들었을 때 이스라엘 백성들을 다 멸망시키고 모세의 후손으로 다시 시작하겠다고 했습니다. 그리고 그 천사는 이스라엘 백성들과 같이 가나안 땅에 가지 않겠다고 장담하기도 했습니다. 모세는 시내산 밑에서 두 돌비를 던져서 깨기도 했고 물이 없다고 불평하는 이스라엘 백성들 앞에서 반석을 두 번 치는 바람에 자신이 가나안 땅에 들어가지 못하게 됐습니다. 그러나 이스라엘 백성들이 광야에 있을 동안에는 하나님의 말씀을 들었습니다. 왜냐하면 다른 것이 아무것도 없었기 때문입니다.

그런데 이스라엘 백성들은 모압 여인들이 길에서 유혹했을 때 왕창 따라가서 우상의 제물을 먹고 음행을 저질렀습니다. 그리고 이스라엘 백성들이 가나안 땅에 들어간 후에는 눈에 보이는 것이 많고 귀에 들리는 것이 많았기 때문에 기회만 있으면 우상숭배를 따라 했습니다. 이스라엘 백성들에게는 우상숭배 하는 것이 그렇게 멋있게 보였던 것 같습니다. 사실 나중에 예루살렘이 멸망할 때 너무나도 비참하게 망하게 되는데 그때 그들은 사실 문란해질 대로 문란해져서 도저히 하나님의 백성이라고 할 수 없는 수준이었던 것입니다.

그런 이스라엘 백성들에게 모세나 엘리야나 다윗 같은 인물이 나올 수 있었다는 것은 놀라운 일이라고 할 수 있습니다. 이스라엘 백성 중에도 하나님의 말씀을 사랑하는 사람들이 있었습니다. 이 사람들은 율법을 지키려고 애쓰는 자들이 아니었습니다. 이들은 하나님 자신을 사랑하는 자들이었습니다. 하나님 자신을 사랑하는 자들에게는 부흥이 일어났습니다.

그래도 이스라엘 백성들은 이방인들보다는 나은 편이었습니다. 그리스도가 오시기까지 전 인류는 하나님에 대하여 완전히 까막눈이었습니다. 그 대신 악하고 남을 지배하고 괴롭히는 쪽으로는 머리가 잘 돌아갔던 것입니다. 그래서 예수님이 오실 때까지 전 세계는 하나님에 대하여 캄캄했던 것입니다.

사실 학생이 성숙하고 착실하면 규율 같은 것은 필요 없을 것입니다. 마찬가지로 이스라엘 백성들이 하나님의 말씀만 가지고는 도저히 하나님의 백성답게 살 수 없었기 때문에 하나님은 이스라엘 백성들에게 율법을 주신 것입니다.

3:21, "그러면 율법이 하나님의 약속들과 반대되는 것이냐 결코 그럴 수 없느니라 만일 능히 살게 하는 율법을 주셨더라면 의가 반드시 율법으로 말미암았으리라"

그렇다고 해서 규율이 학생을 망치려고 있는 것은 아닙니다. 규율은 학생들로 하여금 단정하고 시간을 잘 지키는 학생이 되라고 있는 것입니다. 그러나 규율 자체가 훌륭한 학생을 만드는 것은 아닙니다. 훌륭한 학생이 되려고 하면 우선 자기 자신이 스스로에 대하여 깊이 생각하고 어떤 목표를 정해서 열심히 노력해야 합니다. 이런 학생들에게 규율이라고 하는 것은 전혀 문제가 되지 않을 것입니다. 오히려 이런 목표를 가진 학생은 공부면 공부, 음악이면 음악, 자신이 목표로 한 것에 대하여 죽자 살자 매달리고 공부할 것입니다.

사실 모세나 엘리야나 다윗 같은 이들은 하나님을 목표로 해서 죽자 살자 매달려서 하나님의 복을 받아낸 사람들이었습니다. 그래서 그들에게 중요한 것은 하나님이었고 하나님의 말씀과 씨름하는 것이었지, 율법을 잘 지키느냐 안 지키느냐 하는 문제가 아니었던 것입니다. 따라서 율법은 하나님의 뜻이고 하나님의 말씀이었습니다. 단지 겉으로 나타난 표현만 이스라엘 백성들의 수준에 맞게 규율로 표현된 것이었습니다. 그런데 이스라엘 백성들은 오히려 말씀의 알맹이는 다 빼버리고 규율만 남게 되었던 것입니다. 그러면 이 규율은 하나님의 축복을 받는 데 아무런 도움이 되지 않는 것입니다. 이것은 오직 불량 이스라엘 백성들을 정죄하는 수단밖에 되지 않는 것입니다.

이것은 오늘 우리에게도 마찬가지입니다. 우리가 하나님의 복을 받는 데 있어서 종교 생활을 잘하고 어떤 의무를 지키는 것은 아무 도움이 되지 않습니다. 우리는 오히려 하나님의 말씀을 통해서 자신을 성찰하고 하나님을 목표로 해서 죽을 등 살 등 달음질해야 하나님의 그 놀라운 복을 상속받을 수 있는 것입니다.

2. 믿음이 오기 전까지

3:23, "믿음이 오기 전에 우리는 율법 아래에 매인 바 되고 계시될 믿음의 때까지 갇혔느니라"

사도 바울은 여기서 아주 독특한 표현을 쓰고 있습니다. 그것은 "믿음이 오기 전"이라는 말입니다. 이것은 우리 모두에게 '믿음이 오는 새로운 시대'를 언급하는 것입니다. 즉 예수님이 오셔서 하나님의 말씀을 전해주시고 성령이 우리를 깨닫게 하셔서 본격적인 믿음의 시대가 열리는 것을 말합니다. 이 믿음의 시대가 오기 전까지 이스라엘 백성이나 이방인이나 모두 하나님의 진리에 대하여 거의 다 죽어 있었습니다.

특별하게 죄를 지어서 죄인으로 낙인찍힌 사람이 아닌 이상 사람들은 자신이 그렇게 악하지는 않다고 생각합니다. 다시 말해서 이 세상에서 죄인은 사회에서 정한 법을 어기고 처벌받는 사람들을 말하기 때문입니다. 그래서 세상에서 죄라고 정한 죄를 범하지 않았거나 들키지 않은 자는 죄인이 아닌 것입니다. 그런데 성경은 인간의 심리를 다루고 있습니다. 즉 우리가 피조물로서 조물주인 하나님을 인정하지 않고 자기가 하나님이 되어서 멋대로 산 그 자체가 전부 다 죄인 것입니다. 그래서 우리 인간은 십계명에 전부 다 죄인으로 걸릴 수밖에 없습니다. 우리는 하나님만이 하나님인데 우리는 내가 하나님이 되려고 했고 돈을 하나님처럼 절대적으로 생각했고 음란하고 방탕하고 탐욕스러운 생활을 살아오지 않은 사람이 단 한 명도 없는 것입니다. 그 이유는 우리 마음이 타락했기 때문입니다.

우리 인간에게는 잠재의식이 있는데 잠재의식이 타락했고 미쳤기 때문에 모든 사람은 언제 그 광기가 터져 나올지 모릅니다. 우리는 처음에는 수양을 쌓거나 공부를 많이 하거나 종교적인 의무를 잘 지키면 완전할 수 있으리라고 생각해서 열심히 수양을 쌓고 공부를 하고 도를 닦거나 종교 생활을 하지만, 우리 마음속에서 일어나는 정욕이나 분노는 화산이 폭발하는 것 같은 힘을 가지고 있기 때문에 우리 인간의 힘으로는 도저히 다스릴 수 없습니다.

이처럼 모든 인간의 마음속에는 광기가 있습니다. 사람 중에는 이것이 이미 터져서 죄에 빠진 사람도 있고 다른 사람 몰래 죄를 짓는 사람도 있고 아직 이것이 억눌려 있어서 폭발하려고 하는 사람도 있습니다. 결국 우리의 인생은 술 취한 사람이 자동차를 운전하는 것처럼 이리저리 박으면서 달려온 것입니다. 그런데 우리가 이런 자신을 보면 도저히 예수님의 십자가 보혈을 의지하지 않고는 대형사고를 치고야 말 것 같다는 생각이 들게 됩니다. 최근에 우리 사회에서 유명한 분 중에 대형사고를 친 이들이 얼마나 많은지 모릅니다. 이것이 바로 모든 사람 속에 들어있는 광기인 것입니다.

> 3:22, "그러나 성경이 모든 것을 죄 아래에 가두었으니 이는 예수 그리스도를 믿음으로 말미암는 약속을 믿는 자들에게 주려 함이라"

누구든지 성경을 읽으면 모든 인간이 죄인이고 예수 믿지 않고는 자기 힘으로는 그 어떤 노력을 한다 해도 깨끗하게 살 수 없다는 것을 알게 됩니다. 원래 바른 인간의 모습은 사납고 공격적이고 이기적인 인간이 아니었습니다. 인간은 처음 만들어졌을 때 사랑이 많고 남의 입장에서 이해해주고 겸손한 존재였습니다. 그러나 인간은 죄를 지은 후 굉장히 위험해지게 되었습니다. 그래서 성경이 모든 것을 죄 아래에 가두었다고 하는 것은 모든 사람이 죄인이라고 선포한 것을 말합니다. 즉 의인은 없나니 하나도 없다는 말씀입니다(롬 3:10).

3:23, "믿음이 오기 전에 우리는 율법 아래에 매인 바 되고 계시될 믿음의 때까지 갇혔느니라"

여기서 "우리"라는 것은 사도 바울을 포함한 모든 유대인과 모든 인간을 말합니다. 우리 인간 중에서 행위로 의롭게 될 수 있는 사람은 아무도 없습니다. 왜냐하면 우리의 행위 안에 이미 죄와 탐욕이 들어 있기 때문입니다. 그래서 모든 인간이 다 하나님 앞에 죄인이었습니다. 유대인이나 이방인이나 모두 다 죄인이었습니다. 단지 이것을 깨닫지 못하고 있었을 뿐입니다. 그래서 모든 인간은 못 한다고 율법의 채찍질을 당해야만 했습니다.

3:24-25, "이같이 율법이 우리를 그리스도께로 인도하는 초등교사가 되어 우리로 하여금 믿음으로 말미암아 의롭다 함을 얻게 하려 함이라 믿음이 온 후로는 우리가 초등교사 아래에 있지 아니하도다"

미성년자에게는 초등교사나 후견인의 보호와 감시가 반드시 필요한 것처럼, 예수님이 오시고 복음이 오기 전까지는 인간은 언제나 율법의 감시와 도덕이나 법의 감시가 필요했습니다. 그러나 예수님이 오시고 복음이 선포된 이후에 우리는 우리 자신을 보게 되었습니다. 우리는 우리의 본성 안에 죄가 가득 차 있는 것을 알게 되었습니다. 그때 예수님은 십자가에 박힌 채로 우리를 부르셨습니다.
"내가 너의 번민과 고민과 죄책감 때문에 이렇게 십자가에 못 박혔노라."
이때 우리는 예수님 앞에서 내 힘으로 의로워지려는 노력을 포기하고 항복하면 됩니다. 내 힘으로는 절대로 의로워질 수 없다는 것을 인정하고 두 손 두 발 다 들고 항복하면 됩니다. 그때 우리는 성령을 마시게 됩니다.

3. 그리스도로 옷 입다

지금도 마찬가지이지만 옛날에 어린아이들은 성인보다 모든 행동에 제약이 따랐습니다. 즉 어린아이나 청소년들은 이성과도 함부로 어울릴 수 없고 집에 들어오는 것도 정해진 시간에 들어와야 하고 어디 여행을 떠날 때도 부모의 허락을 받아야만 갈 수 있었습니다. 결혼도 하지 않은 청소년 남녀가 같이 사는 것은 아무도 허락하지 않을 것입니다. 그러나 성인이 되면 부부가 함께 잘 수도 있고 밤늦게 들어올 수도 있고 또 부모의 허락을 받지 않고 얼마든지 여행을 몇 달 동안 떠날 수도 있습니다. 그래서 성인이 되면 가장 아름다운 옷을 입고 결혼식을 올리게 됩니다.

마찬가지로 우리가 예수 믿는 것은 예수님으로 옷을 입는 것입니다. 예수님으로 옷을 입는 것은 이 세상에서 가장 아름다운 옷을 입는 것이며, 이제는 더 이상 자신이 유치한 어린아이가 아니고 성인이며 이제는 더 이상 규율이 필요 없는 사람이라는 것을 하나님께서 인정하시는 것입니다.

3:27. "누구든지 그리스도와 합하기 위하여 세례를 받은 자는 그리스도로 옷 입었느니라"

우리가 복음을 듣고 예수 믿고 성령을 받는 순간 우리는 이제 무한히 성숙할 수 있는 지각과 능력을 받은 것입니다. 그래서 이제는 더 이상 보모나 유모가 언제나 지키고 있어야 하는 어린아이가 아니라 본인이 바른 목표를 정하고 노력하면 옛날의 모세나 엘리야나 다윗같이 성숙하고 능력 있는 성도가 될 수 있게 된 것입니다. 그래서 사도 바울은 우리에게 예수 그리스도의 장성한 분량까지 자라라고 말씀했습니다(엡 4:13). 즉 우리가 정신을 차리고 바른 목표를 향해서 노력하면 거의 예수님 같은 능력이나 축복을 받을 수 있는 것입니다. 이것은 누가 잔소리를 한다고 해서 되는 것도 아니고 어떤 행동을 강조한다고 해서 되는 것이 아니라 자기 자신이 깨닫고 노력해야 하는 것입니다. 그래서 이제 더 이상 우리의 인생은 다른 사람이 만들어주는 것이 아닌 것을 알아야 합니다. 우리는 남들과 비교할 필요가 없습니다. 왜냐하면 이미 나의 목표는 정해졌고 그것을 위해서 살든지 죽든지 노력해야 하기 때문입니다.

그리고 여기서 성경의 가장 위대한 선언이 나오게 됩니다.

3:28, "너희는 유대인이나 헬라인이나 종이나 자유인이나 남자나 여자나 다 그리스도 예수 안에서 하나이니라"

여기서 "하나"라는 말은 '동등하다'는 뜻입니다. 이 당시 자유인과 종의 차이는 엄청났습니다. 자유인이 인간이라면 종이나 노예는 인간이 아니었습니다. 노예는 주인의 소유물에 불과했습니다. 그러나 그리스도 안에서는 자유인이나 노예나 모두 다 똑같은 성도였고 아무런 차별이 없었습니다.

유대인과 헬라인은 신앙 안에서는 엄청난 차이가 있었습니다. 헬라인은 세상 지식을 많이 알고 있었고 유대인은 하나님의 율법을 가진 택함 받은 백성이었습니다. 헬라인은 율법의 기준으로 보면 완전히 이방인이었습니다. 그러나 그리스도 안에서는 유대인이나 헬라인이나 아무 차별이 없었습니다. 모두 예수만 믿고 성령 받으면 무한정으로 성숙할 수 있는 능력을 받았던 것입니다. 지금은 남자나 여자나 차이가 없지만 옛날에는 여자는 남자에 비하여 차별을 많이 받았습니다. 심지어 여자는 숫자에도 들지 못했고 이름도 없는 경우가 많았습니다. 그러나 그리스도 안에서는 남자와 여자도 아무런 차이가 없습니다.

또한 복음이 오고 성령이 온 이후 우리 인간성 자체가 얼마나 달라지게 되었는지 알 수 있습니다. 우리 인간은 복음이 오기 전에는 항상 간섭하고 벌을 주어야 하는 대상에서 마음껏 자기 하고 싶은 대로 해도 될 정도로 인정받는 사람들이 된 것입니다. 그러나 본인의 책임은 더 무거워지게 되었습니다. 이제 자기가 허송세월하면 아무도 책임져줄 사람이 없는 것입니다. 오늘 우리는 아무도 원망할 수 없습니다. 왜냐하면 하나님이 우리에게 거의 무제한의 말씀과 성령과 기회를 주셨기 때문입니다. 자기가 세상일을 하고 세상을 따라간다고 허송세월한 것은 자기 책임이기 때문입니다. 그러나 이런 기회가 주어졌을 때 죽자 살자 하나님의 말씀을 연구하고 기도하고 하나님의 말씀대로 살면 그는 모세나 엘리야 같은 능력을 받게 될 것입니다.

오늘 우리나라 사람들은 직장이나 사회에서 안정되고 인정받는 자리를 무척 중요하게 생각합니다. 그런 자리에 올라가서 어영부영 시간을 때우면 성공한 줄로 생각합니다. 만일 예수님께서 우리가 그런 수준으로 만족하라고 죽으셨다고 생각한다면 그것은 큰 오산입니다. 우리는 모두 하나님을 향하여 경주해야 하는 사람들입니다. 이 세상에서 어느 한 가지 가지고 성공했다고 우쭐하기에는 하나님의 복은 너무나도 엄청납니다.

3:26, "너희가 다 믿음으로 말미암아 그리스도 예수 안에서 하나님의 아들이 되었으니"

우리는 고용인이 아니고 하나님의 아들입니다. 아마 세상에서도 대기업체 직원으로 취직이 되거나 임원으로 뽑히면 자랑스러울 것입니다. 사람들은 이런 사람들을 성공한 사람이라고 말을 합니다. 그러나 우리는 하나님의 나라에 취직을 한 사람들이 아니라 아들이 된 자들입니다. 우리는 전 세계의 경영자가 된 것입니다. 우리는 너무 작은 것으로 만족하면 안 됩니다.

> 3:29, "너희가 그리스도의 것이면 곧 아브라함의 자손이요 약속대로 유업을 이을 자니라"

우리는 그리스도의 것이고 그 위대한 하나님의 복의 상속자입니다. 우리는 이미 이 세상에서부터 그 유업을 사용해야 합니다. 하나님의 나라는 먹는 것과 마시는 것이 아니라 성령 안에서 의와 평강과 기쁨이라고 했습니다(롬 14:17). 우리는 기쁨의 나라를 만들어야 합니다. 하나님의 나라는 말에 있지 않고 능력에 있다고 했습니다(고전 4:20). 하나님의 능력이 나타나야 하겠습니다. 예수님은 "두세 사람이 내 이름으로 모인 곳에는 나도 그들 중에 있느니라"(마 18:20), 또 "너희에게 믿음이 겨자씨 한 알 만큼만 있어도 이 산을 명하여 여기서 저기로 옮겨지라 하면 옮겨질 것이요"(마 17:20)라고 하셨습니다. 그리고 우리의 머리털까지 다 세신 바 되었다고 하셨고(마 10:30), 이 세상에 보물을 쌓아두지 말라고 말씀하셨습니다(마 6:19).

하나님을 향하여 믿음으로 달음질해서 모세와 엘리야 같이 능력 받는 성도들이 다 되시기 바랍니다.

11

때가 차매

갈 4:1-11

운동 감독이나 지휘관들에게는 "때를 잘 맞춘다"(타이밍)라는 것이 아주 중요합니다. 경기 중에 선수를 교체해야 하는데 그 시기를 놓치는 바람에 경기에 지는 감독들이 많이 있습니다. 그런데 어떤 감독은 중요한 경기에서 수비 위주로 경기를 하다가 선수들이 지쳤다고 생각될 때 과감하게 공격수들을 집어넣어서 경기를 이기는 경우를 보게 됩니다. 지휘관들도 모든 군대를 다 동원해서 전투하는 것이 아니라 일부 병력을 가지고 전투하다가 상대방의 전력이 떨어졌다 판단되었을 때 새로운 예비 병력을 투입해서 전투를 이기는 경우를 볼 수 있습니다.

이것은 하나님도 마찬가지입니다. 하나님께서는 오랜 세월 동안 사람들을 마치 흑백 사진같이 미숙한 어린아이 상태로 두셨습니다. 그래서 사람들이 아무리 소크라테스니 공자니 해도 그 미숙한 상태를 벗어날 수 없었습니다. 그런데 하나님은 때가 되었을 때 과감하게 하나님의 아들을 이 세상에 보내셔서 사람들로 하여금 자신의 무능함을 보게 하시고 예수를 믿고 변할 수 있게 하셨습니다. 이것이 바로 복음의 능력입니다. 물론 하나님의 아들이 오셨지만 믿지 않는 사람들은 여전히 미숙한 상태에 있을 수 있습니다. 그러나 하나님의 아들을 알고 진리를 아는 사람은 엄청난 상태로 성숙할 수 있게 되었습니다.

우리나라는 오랫동안 유교 경전이나 외우고 양반과 상놈이나 따지는 낙후된 나라였습니다. 더구나 일제강점기를 경험하고 6.25 전쟁도 겪으면서 나라 전체가 잿더미가 되어버렸습니다. 그런 가운데 우리나라는 복음을 받아들임으로써 엄청난 부흥을 경험하게 되었고, 거기에다 눈부신 경제적인 발전도 할 수 있게 되었습니다. 지금 당장 우리나라는 정신적으로 혼란스럽고 기독교 신앙도 쇠퇴하고 있는 모습을 보여주고 있지만, 아직도 우리에게는 상당한 정신적인 잠재력이 남아있다고 생각합니다.

그럼에도 불구하고 아직 전혀 정신을 차리지 못하고 있는 사람들이 있습니다. 그중의 하나가 수저 타령하는 사람입니다. 금수저니 은수저니 하는 것은 얼마나 못난 사람들이 하는 짓인지 모릅니다. 젊은 사람들은 자기 인생을 자기가 만들어내야지 부모의 돈을 가지고 잘 살려고 하는 것은 수치스러운 것입니다. 더욱이 우리나라에서는 부모의 덕으로 자기가 귀족인 줄 아는 사람들이 이상한 짓을 하는 것을 종종 볼 수 있습니다. 최근 우리나라 어느 대기업 아버지의 부를 물려받은 딸이 직원들을 종 부리듯이 하다가 사회적인 물의가 빚어지기도 하고 온 가족이 갑질을 하다가 고생하기도 했습니다. 그렇게 되면 그 회사의 이미지는 아주 나빠지게 되고 더 좋은 서비스를 제공하는 회사가 생기면 고객들은 그쪽으로 가게 될 것입니다.

그런데 최근에는 교회도 귀족적인 생각을 가진 목회자가 있어서 많은 경우 자식에게 교회를 세습한다는 것입니다. 이런 경우에 무슨 문제가 생깁니까? 이들은 어렸을 때부터 아버지가 특별한 사람인 것을 보았기 때문에 자기도 모르게 자신을 특별한 사람으로 생각하게 된다는 것입니다. 그래서 외국 같은 경우에는 자식에게 기업을 물려주기는 하지만 그 전에 철저하게 다른 사람 밑에서 훈련받게 해서 자기가 우월하다는 생각을 하지 못하게 하고, 오히려 더 책임의식을 가지도록 훈련을 받게 한 후 회사를 경영하게 한다는 것입니다.

사람이 다른 사람 위에 올라간다는 것은 대단히 어렵고 중요한 일입니다. 그래서 군대에서는 간부가 되기 전에 먼저 철저하게 군인이 되는 훈련을 시킵니다. 그렇지 않으면 그 수많은 생명을 자기 멋대로 부릴 수 있기 때문입니다. 이것은 목회에서도 마찬가지입니다. 목회자는 개척 교회를 해봐야 교인 한 명이 오는 것이 얼마나 어렵고, 또 교인 한 명 한 명을 대하는 것이 얼마나 어려운 일인지 잘 압니다. 그래서 나중에 큰 교회를 맡더라도 아주 조심조심해서 목회를 하게 됩니다. 그러나 그런 경험 없이 갑자기 유명해지거나 큰 교회를 맡게 되면 자기 생각이나 말 하나면 모든 것이 다 되는 줄 알고 자기 멋대로 경영하듯이 목회를 하다가 낭패를 보게 되는 것입니다.

이것은 하나님의 나라에서도 마찬가지입니다. 하나님의 복이라는 것은 어마어마한 것이었습니다. 이것은 수많은 사람의 생명을 좌우하는 문제입니다. 하나님은 이 복을 아브라함과 그 후손들에게 주시겠다고 약속하셨습니다. 그러나 구약 시대 이스라엘 백성이나 이방인은 너무나도 정신적으로 어려서 도저히 하나님의 복을 물려주실 수 없었습니다. 그래서 하나님은 때가 될 때까지 그 복을 주시지 않고 묶어 놓으셨습니다.

그런 중에도 모세나 엘리야, 다윗같이 하나님의 복을 자유자재로 쓸 수 있는 사람이 있었다는 것은 놀라운 일입니다. 이들이 이럴 수 있었던 것은 바른 목표를 가지고 나갔기 때문입니다. 이 사람들은 하나님의 말씀을 가지고 하나님을 향하여 나갔기 때문에 얼마든지 성숙할 수 있었고 그 결과 하나님의 복을 물려받을 수 있었습니다. 그러나 하나님의 복을 받았지만 잘못 쓴 사람들도 많이 있었습니다. 그중에 사울 왕도 있었고 발람 같은 선지자도 있었고, 엘리의 두 아들 홉니와 비느하스 같은 제사장도 있었습니다.

예수님이 오실 때까지 전 세계는 유치한 가운데 있었습니다. 그러나 하나님께서 생각하신 때가 되었을 때 하나님은 드디어 하나님의 아들을 직접 이 세상에 보내서 인류로 하여금 엄청나게 성숙하게 하셨습니다. 이것이 바로 복음입니다.

1. 성인이 될 때까지

사람들이 제대로 성숙하지 못한 상태에서 많은 부나 지위나 권력을 물려받으면 본인은 물론이고 다른 사람에게도 큰 독이 된다는 것을 알 필요가 있습니다. 예를 들어서 어린아이에게 수천억의 돈을 맡긴다면 그 아이는 그 돈을 받는 즉시 사기꾼의 수작에 말려들어서 그 돈을 다 날려버리고 말 것입니다. 그래서 부모가 큰돈을 남기고 죽게 되었는데 물려받을 아이가 너무 어리면, 후견인이나 변호사를 세워서 아이가 성인이 될 때까지 최소한의 생활비만 지급하게 하든지 아니면 아예 돈을 한 푼도 받지 못하고 기다리도록 유언을 할 것입니다.

사도 바울은 하나님의 복에 있어서도 세상의 이런 예를 들어서 설명하고 있습니다.

> 4:1-2, "내가 또 말하노니 유업을 이을 자가 모든 것의 주인이나 어렸을 동안에는 종과 다름이 없어서 그 아버지가 정한 때까지 후견인과 청지기 아래에 있나니"

어떤 갑부에게 어마어마한 재산과 돈이 있는데 그 재산을 물려받을 상속자가 아직 어린아이에 불과하다면 그 아이는 너무 어려서 아버지의 재산이나 돈을 관리할 능력이 없을 것입니다. 그러면 이 상속자는 성인이 될 때까지 아버지의 재산을 관리하지 못하고 후견인이나 청지기 종의 관리 아래서 경영이나 주인의 할 일을 배워야 할 것입니다. 그는 아버지의 돈을 자기 마음대로 쓰지 못할 뿐 아니라 잘못하면 후견인이나 청지기의 야단을 들어가면서 공부도 해야 하고 일하는 것을 배울 것입니다. 옛날에는 주인에게 자식이 없는 경우 친척이나 젊은 종을 아들로 입양하는 경우가 있었습니다. 이때 주인은 집 전체를 관리하는 청지기에게 이 아들을 아주 엄격하게 훈련시키라고 지시를 합니다. 그러면 이 아들은 아침에 일어날 때부터 저녁에 잘 때까지 이 청지기에게 야단을 맞기도 하고 욕도 얻어먹고 터져가면서 인생 수업을 받게 되는 것입니다.

그러나 때가 되어서 이 아들이 성인이 되면 모든 재산이나 권리를 다 물려받게 됩니다. 이제는 자기가 관리를 하게 되는데 그 동안 워낙 엄격하게 훈련을 받았기 때문에 돈도 함부로 쓰지 않고 모든 것을 조심해서 바르게 관리를 하게 되는 것입니다. 사람이라는 존재는 참 이상해서 자기에게 무슨 특권이 있다고 생각하는 순간 급격하게 부패해지게 됩니다. 그래서 나이 든 사람에게도 예의 없이 함부로 대하고 자기가 말만 하기만 하면 모든 것이 자기 말대로 되어야 하는 줄로 생각합니다. 이런 사람은 이미 버려진 사람이나 마찬가지입니다. 이런 사람은 부모가 아주 잘못 키운 것입니다. 자기 자식이 귀하고 나중에 큰 권한을 가지게 될 것 같으면 먼저 그를 거의 죽을 정도로 인생 밑바닥에서 고생하게 만들어야 인간이 되는 것입니다.

옛날 로마 황제를 보면 얼마나 엄청난 권한과 부가 집중되어 있습니까? 그런데 황제는 대부분을 전쟁터에 나가 있어서 그런지 자식 복이 별로 없었습니다. 그러면 친척이나 부하 중에서 똑똑한 사람을 입양해서 황제 자리를 물려주었습니다. 그때 황제들은 그 자리에 엄청 부담을 느꼈지만 그런대로 로마는 덜 부패했습니다. 그런데 나중에 자식에게 황제 자리를 물려주고 갑자기 그에게 엄청난 부와 권력이 주어지니까 이 사람이 미치는 것입니다. 그래서 별 이상한 짓을 다 하고 사람들을 마음대로 죽이고 정신을 차리지 못했던 것입니다. 그리고 그 자리를 차지하기 위해서 별의별 짓을 다 했습니다.

지금도 높은 자리에 있으면 좋을 것 같지만 사실 좋은 것이 하나도 없습니다. 오직 자기 자신만 큰 방 안에 갇혀서 혼자 고립되어 있는 것입니다. 그래서 평범한 것이 얼마나 좋은지 모릅니다. 만약 어떤 아이가 대재벌 아들이라면 드라마〈꽃보다 남자〉에서와 같이 여학생들이 좋아할 것 같지만 사실은 아이들 사이에도 '저 애는 어느 재벌 아들이래.' 하면서 따돌림을 당하게 되는 것입니다. 그러나 평범한 아이는 누구나 사귈 수 있고 배낭여행도 마음대로 떠날 수 있고 운동도 얼마든지 즐길 수 있는 것입니다.

4:3. "이와 같이 우리도 어렸을 때에 이 세상의 초등학문 아래에 있어서 종 노릇 하였더니"

그래서 하나님께서는 때가 될 때까지 모든 인간을 초등학문 아래 종노릇하게 하셨습니다. 여기서 "초등학문"이라는 것은 어느 사회든지 근간이 되는 도덕을 말합니다. 이스라엘 백성들에게는 이것이 율법이었습니다. 이스라엘 백성들은 안식일을 지켜야 했고, 모든 첫 새끼는 하나님께 바쳐야 했고, 십일조를 드리고, 절기를 지켜야 했습니다. 우리나라 경우에는 유교가 초등학문이었다고 볼 수 있습니다. 우리는 어른들과 조상들을 공경해야 했습니다. 그리고 남녀관계는 엄격했고 양반과 상민의 관계도 철저했습니다. 이것은 다른 모든 나라가 다 마찬가지였습니다.

옛날 그리스도 노예가 평민보다 훨씬 많았고, 로마는 로마인과 이민족의 차이가 엄격했고, 자유인과 노예의 차이도 엄격했다고 합니다. 그런데 사실 황제를 제외하고는 아무도 자유가 없었습니다. 그러나 황제라 해도 거의 권력이나 부에 미쳤기 때문에 자유가 없었습니다. 그중에서 그나마 자유롭고 아름다운 나라 사람들이 이스라엘 백성이었는데 그들은 또 이방인들처럼 미친 것이 좋다고 생각해서 율법을 너무나도 답답하게 여기고 싫어했던 것입니다.

그러나 사실 이스라엘 백성들은 하나님의 복을 받는데 엄청 유리한 입장에 있었습니다. 왜냐하면 율법은 어디까지나 후견인이나 청지기에 불과했기 때문입니다. 이스라엘 백성들이 율법을 잘 배워서 신앙적으로 성숙하기만 하면 얼마든지 아브라함이나 요셉이나 모세나 엘리야같이 될 수 있었을 것입니다. 그런데 이스라엘 백성들은 너무 억지로 율법의 규정만 지키려고 하다가 그 안에 있는 알맹이를 다 놓치고 말았던 것입니다. 그래서 우리가 알아야 할 것은 세상에서 아무리 공부를 하고 높은 자리에 있고 권력을 가지고 있다 하더라도 모두 종의 노예에 불과하다는 사실입니다. 우리가 하나님의 말씀으로 성숙하면 얼마든지 하나님의 복을 받을 수 있는 것입니다.

2. 하나님의 아들을 보내심

아브라함은 자신이 받은 복이 얼마나 어마어마한 것인지 잘 알지 못했습니다. 그래서 아브라함은 자기가 나이 들어가도 아들이 생기지 않으니까 이 복을 자기 집의 종에게 주려고 하기도 했고, 또 첩의 자식인 이스마엘에게 주려고 하기도 했습니다. 그러나 하나님은 아브라함에게 절대로 안 된다고 말씀하셨습니다. 그런데 하나님은 인류에게 이제 진짜 성숙할 수 있는 때가 되었다고 생각하셨습니다. 왜냐하면 인간이 죄를 지은 지 오래되었고 또 율법으로도 자신들은 완전해질 수 없다는 것을 충분히 깨달을 수 있었기 때문입니다. 이것은 세상의 도덕이나 철학에서도 마찬가지입니다. 인간은 스스로 힘으로는 어떤 수양이나 수도나 공부로도 완전히 성숙할 수 없다는 것을 깨달을 만하게 되었습니다.

이때 하나님은 드디어 이 세상에 창조자이신 하나님의 아들을 보내셨습니다. 만약 하나님의 아들을 너무 일찍 보내셨다면 인간은 자신의 힘으로 충분히 성숙할 수 있는데 하나님께서 우리의 기회를 박탈하셨다고 항의했을 것입니다. 또한 하나님의 아들을 너무 늦게 보내신다면 인간은 아무도 하나님의 복을 상속하지 못하고 한평생 실컷 종노릇만 하다가 다 죽고 말 것입니다.

> 4:4, "때가 차매 하나님이 그 아들을 보내사 여자에게서 나게 하시고 율법 아래에 나게 하신 것은"

"때가 차매" 하나님의 타이밍이 되었을 때, 하나님은 복의 진짜 상속자인 아들을 직접 이 세상에 보내셨습니다. 이것은 진짜 엄청난 일이었습니다. 하나님께서 이렇게 하신 이유는 하나님과 우리 사이를 가로막고 있는 죄의 담을 허물고 우리를 진짜 하나님의 놀라운 복의 세계 안으로 데리고 들어오시기 위함이었습니다. 그래서 예수님이 십자가에 못 박혀 죽으심으로 율법의 권세는 완성이 되면서 없어지게 되었습니다. 그래서 모든 유대인은 이제 예수 믿고 얼마든지 성숙할 수 있었고 자유할 수 있게 되었습니다.

> 4:5, "율법 아래에 있는 자들을 속량하시고 우리로 아들의 명분을 얻게 하려 하심이라"

예수님은 율법의 시대에 사셨습니다. 그러나 예수님은 율법을 규정으로 지키신 것이 아니라 창조적으로 지키셨습니다. 즉 예수님은 안식일에 아무것도 하지 않고 가만히 계신 것이 아니라 적극적으로 병자들을 고치셨습니다. 이것은 유대 지도자들을 당황하게 만들었습니다(요 5:18). 예수님은 십자가 위에서 죽으심으로 성전을 깨트리시고 다시 세우셨습니다. 예수님 당시 하나님의 아들이라고 하면 천사를 의미했습니다. 그러나 누구든지 예수 믿는 자는 하나님의 아들이 될 수 있었습니다. 그 증거가 예수 믿는 자들에게 성령이 임하신 것입니다.

4:6, "너희가 아들이므로 하나님이 그 아들의 영을 우리 마음 가운데 보내사 아빠 아버지라 부르게 하셨느니라"

우리가 예수님을 마음에 영접하기 전까지만 해도 하나님이 그렇게 무서울 수가 없었습니다. 그리고 하나님은 정말 멀게 느껴집니다. 그러나 예수님을 내 마음에 영접했을 때 그 즉시 우리는 하나님이 하나도 무섭지 않습니다. 우리는 하나님이 나를 사랑하신다는 것을 느끼게 됩니다. 그리고 기도하거나 묵상할 때 "사랑하는 하나님 아버지"라는 말이 자연스럽게 나오게 됩니다. 이것은 하나님이 우리를 아들이요 상속자로 인정을 하셨다는 증거입니다. 이때 우리는 그리스도 안에서 무한정으로 성숙하면 됩니다.

그런데 이때 우리에게 가장 좋지 못한 것은 다른 사람의 눈을 의식해서 신앙생활을 하려고 하는 것입니다. 이것은 종의 영이지, 아들의 영은 아닙니다. 아들은 세상과 하나님에게 있는 것 중에서 어느 것이 더 가치 있는 것인지를 생각해야 합니다. 그리고 과연 하나님의 유업은 무엇이며 내가 그것을 받으면 내 지위나 내 모습은 어떻게 변하게 되며 나는 어떻게 될 것인지를 생각해야 합니다. 그리고 지금 나에게 주어진 형편에서 모세나 엘리야나 다윗같이 되려고 하면 어떤 쪽을 뚫고 들어가야 하는지를 생각해야 합니다. 지금 내가 희생해야 할 것은 무엇이며, 고생을 감수해야 할 것은 무엇인지를 생각해보아야 합니다.

예수님께 어떤 부자 청년이 찾아와서 "제가 어떻게 하면 영생을 얻을 수 있습니까?" 물었을 때 "네가 가진 재물을 다 팔아서 가난한 자에게 주고 나를 따르라"고 말씀하셨습니다(마 19:16-22). 만약 예수님께서 나에게 그렇게 하라고 하시면 나는 할 수 있겠는가 생각해보아야 합니다.

3. 믿음을 헛되게 하는 것

사도 바울은 우리 이방인이 예수를 믿음으로 얼마나 그 위상이 달라지게 되었는지 말씀하고 있습니다.

> 4:8, "그러나 너희가 그 때에는 하나님을 알지 못하여 본질상 하나님이 아닌 자들에게 종 노릇 하였더니"

우리가 예수를 믿지 않을 때는 율법이 아니라 마귀의 종이었고, 그것도 마귀의 종인 사람에게 종노릇 하였기 때문에 마귀의 종의 종이었던 것입니다. 즉 하나님을 알지 못하는 자들은 이중적인 종입니다. 하나는 사상적으로 미신이나 세상 관습의 종이고, 또 다른 하나는 그런 사상을 가진 사람들의 종이었던 것입니다. 그러나 우리가 예수를 믿는 순간 예수님께서 강한 사탄의 세력을 결박하시고 하나님의 자녀로 삼아주셨을 뿐 아니라 축복의 상속자가 되게 하셨습니다.

하나님께서는 우리가 미숙할 때 우리에게 꼭 필요한 것밖에는 주시지 않습니다. 왜냐하면 아직 아무것도 모르는 자들에게 세상 것들을 잔뜩 안겨주면 너무나도 버릇이 나쁜 귀족의 자식같이 되기 때문입니다. 하나님은 우리를 이 세상에서 가난이나 여러 가지 어려움으로 낮아지게 하십니다. 그래서 우리 자신이 아무것도 아니라는 것을 철저하게 깨닫게 되고 난 후에 하나님은 우리에게 하늘의 신령한 능력들을 부어주시는 것입니다. 그때 우리는 겸손하면서도 아주 지혜롭고 따뜻한 마음을 가진 사람이 됩니다. 그리고 우리는 세상에서 무엇인가를 가지고 사람에게 인정을 받는 것보다는 하나님을 가까이하는 것을 좋아합니다. 왜냐하면 모든 것은 다 하나님께 있기 때문입니다. 그러나 우리가 예수 믿는다고 하면서도 미숙할 때에는 여전히 세상의 것들을 가지려고 하고 사람들의 인정을 받고 싶어 할 것입니다.

4:9, "이제는 너희가 하나님을 알 뿐 아니라 더욱이 하나님이 아신 바 되었거늘 어찌하여 다시 약하고 천박한 초등학문으로 돌아가서 다시 그들에게 종 노릇 하려 하느냐"

우리가 예수를 믿고 난 후에는 개인적으로 하나님을 알게 됩니다. 내가 하나님을 개인적으로 알고 또 하나님도 나를 개인적으로 아는 것이 얼마나 대단한 일인지 모릅니다. 이것은 바로 내가 하나님의 상속자가 되는 것입니다. 만일 내가 하나님의 상속자가 된다면 시시한 것을 위해서 살 생각을 버려야 합니다.

물론 우리가 너무 어릴 때는 하나님보다는 세상 사람들의 인정이나 세상의 성공이 훨씬 더 좋게 느껴질 때가 있습니다. 그래서 우리는 한편으로는 예수를 믿으면서도 다른 한편으로는 사람들의 인정을 받기 위하여 열심히 노력하게 됩니다. 그리고 우리가 세상에서 성취한 것을 엄청나게 자랑하게 됩니다. 예를 들어서 세상에서 돈을 많이 벌었거나 유명하게 되었거나 학문적으로 성공을 했거나 교계에서 유명하게 된 것을 대단하게 생각하게 되는 것입니다. 그렇다면 그것이 과연 하늘의 복을 상속한 자로서 합당한 일일까요? 그것은 합당한 일이 아닙니다. 왜냐하면 그것은 하늘의 상급에 비하면 정말 아무것도 아니기 때문입니다. 단지 우리는 이 세상일을 성실하게 할 뿐이고 잠시 그 일을 봉사하고 있을 뿐이지, 그것은 우리가 누릴 상급이 아니기 때문입니다. 그러나 만일 우리가 이 세상의 명예나 인정에 집착하고 그것에 종노릇 한다면 우리의 구원은 어떻게 될까요? 그는 이미 하나님 자녀의 모습이 아닌 모습을 너무 많이 보여주었습니다. 하나님의 자녀들은 이 세상에 봉사할 뿐이지 그것이 하늘의 복은 아닙니다.

그런데 오늘 우리는 믿는다고 하면서도 세상일에 너무 많이 집착하는 모습을 보게 됩니다. 우리가 세상일을 지배해야지 지배를 당한다면 이것은 마치 에서가 팥죽 한 그릇에 장자의 명분을 판 것밖에 되지 않는 것입니다. 우리는 이 세상 어떤 일을 하더라도 멋있게 할 수 있어야 합니다. 그리고 우리는 다른 사람의 무식함에 의해서 위축될 필요가 없습니다. 왜냐하면 우리는 하나님의 장자들이기 때문입니다.

이 당시 갈라디아 교인 중에는 유대인들을 흉내 내어서 인정을 받으려는 자들이 많이 있었습니다.

4:10, "너희가 날과 달과 절기와 해를 삼가 지키니"

유대인들은 지켜야 하는 날들이 많았습니다. 이방인 신자들은 자기들도 그런 날을 지키면 유대인들로부터 인정받을 줄 알고 자기들도 지켰던 것입니다. 어떤 사람들은 어떤 성자의 날을 지키고 무슨 성경적이지 않은 날을 지키면서 세련된 줄 알고 있습니다. 예를 들면 믿는 사람들도 밸런타인데이나 화이트데이, 백일주 같은 날을 지키면 세련된 것으로 생각하는 것입니다. 물론 우리가 동짓날 재미로 팥죽을 먹고 대보름이 되어서 찰밥을 먹는 것을 나쁘다고 말할 수 없을 것입니다. 오히려 세상 학교나 직장, 돈이라든지 부자가 사는 동네 같은 것에 생각 이상으로 집착하는데 그것은 장자권을 팔아먹는 것이 될 수 있습니다.

우리는 남들이 하는 것을 따라 할 필요가 없습니다. 이것은 교회도 마찬가지입니다. 다른 교회들이 한다고 해서 우리도 따라 할 필요가 없습니다. 우리는 지금 여기서 어떻게 하면 하나님의 장자의 당당한 모습을 찾으며 모세와 엘리야와 다윗 같은 능력을 가질 수 있느냐 하는 것이 훨씬 중요한 것입니다.

11절, "내가 너희를 위하여 수고한 것이 헛될까 두려워하노라"

사도 바울의 수고한 것이 헛되다면 이 사람들의 믿은 것이 헛된 것이 되는 것입니다. 우리 나름대로는 실컷 잘 믿었다고 생각했는데 하나님 앞에 섰을 때 "나는 너를 도무지 알지 못한다"고 하신다면 그 믿은 것은 아무 소용이 없을 것입니다. 우리의 믿음이 과연 헛될 수 있을까요? 사도 바울은 얼마든지 헛수고가 될 수 있다고 강조하고 있습니다. 우리가 행위를 따라서 외적인 모습을 자랑하고 사람들의 인정을 받으려고 한다면 그것은 다시 종이 되는 것이고 이 사람의 믿음은 헛된 것이 되는 것입니다.

예수님은 "만일 맹인이 맹인을 인도하면 둘이 다 구덩이에 빠지리라"고 말씀하셨습니다(마 15:14). 예수님은 우리에게 좁은 문으로 들어가라고 하시면서 멸망으로 가는 문은 넓어 그리로 가는 자가 많다고 말씀하셨습니다(마 7:13-14). 우리는 엄청난 복의 상속자들입니다. 우리는 이 세상 것에 좌우될 필요가 없습니다. 오직 하나님의 뜻만 이루어드리는 성도들이 다 되시기 바랍니다.

12

신분이 다르다

갈 4:12-31

≪소설 동의보감≫을 보면 주인공 허준은 양반의 아들로 태어나기는 하지만 어머니가 천민이기 때문에 양반이 되지 못하고 사생아로 멸시 천대를 받으면서 자라나게 됩니다. 허준은 그것에 대한 반항심으로 술이나 마시고 못된 짓만 하다가 어느 날 어머니를 모시고 경남 산청까지 도망치게 됩니다. 허준은 거기서 온갖 고생 하면서 한의학을 배워 나중에 ≪동의보감≫이라는 아주 유명한 한의학 서적을 쓰게 되는데 지금까지도 이 책은 한의학에서는 큰 영향을 미치고 있다고 합니다. 요즘은 그 사람의 부모가 어떻든지 본인만 똑똑하기만 하면 얼마든지 출세하고 성공할 수 있는 세상이 되었습니다. 그러나 옛날에는 세계 어디를 가더라도 어머니가 정식으로 결혼한 부인이 아니면 사생아라고 해서 전혀 사회적으로 인정을 받지 못했습니다.

갈라디아서는 굉장히 이론적인 편지입니다. 이것을 요즘 식으로 표현하면 아주 이론적이고 변증적인 서신이라고 할 수 있습니다. 사도 바울은 편지의 서두부터 자기가 어떻게 해서 사도가 되었는지를 변증적으로 설명하면서, 자기가 전한 복음 외에 다른 복음을 전하는 자는 자신이나 천사라도 저주를 받을 것이라고 강변하고 있습니다.

그런데 사도 바울은 갈라디아서 4장 중간쯤에 와서 갑자기 톤을 바꾸어서 갈라디아 교인들과 사도 바울 사이의 아름다웠던 과거의 관계에 대하여 언급하고 있습니다. 이렇게 하는 것이 강의나 설교에서 아주 효과적인 것 같습니다. 예를 들어서 어떤 유명한 학자나 목사가 아주 교리적이고 어려운 내용을 계속 강의하거나 설교를 하면 처음에는 사람들이 알아들으려고 긴장을 해서 듣지만 시간이 조금 지나면 머리가 딱딱해져서 도무지 그 강의 내용이 들어가지 않게 됩니다. 이때는 자기가 체험했던 개인적인 경험이나 사적인 이야기를 하면 듣는 사람들의 마음에 여유가 생기면서 웃기도 하고 정신을 차려서 다시 강의나 설교에 집중할 수 있게 되는 것입니다. 그렇지 않고 계속 오랜 시간 긴장을 해서 어떤 일에 집중한다는 것은 효율성도 떨어질 뿐 아니라 벌써 머리가 굳어져서 상대방의 말이 귀에 들어오지 않게 될 것입니다.

한때 우리 사회에서 친부 소송이 일어난 적이 있었습니다. 엄청난 재벌가인 한 아버지가 상속자가 없는 줄 알았는데 그동안 감추어져 있던 자식이 있었던 것입니다. 만일 이 아들이 돌아가신 재벌의 진짜 아들이라는 것이 법적으로 인정된다면 그 아들은 갑자기 어마어마한 재산을 상속받게 될 것입니다. 그런데 이것은 다른 사람의 이야기가 아니라 바로 우리의 이야기입니다. 즉 우리는 하나님 앞에서 진짜 하나님의 상속자인가 아니면 가짜 상속자인가 하는 것이 언젠가는 문제가 될 것이기 때문입니다. 우리는 신앙이 아주 좋다고 생각하고 있었는데, 막상 하나님 앞에 가보니까 하나님께 인정받지 못하는 사람이 있는가 하면, 하나님께서 안아주시면서 인정해주고 상속을 약속해 주는 사람도 있을 것이기 때문입니다.

1. 양들을 속임

　사람들 사이에는 '오해'라는 것이 있습니다. 이 '오해' 때문에 어떤 때는 아주 오래 친했던 친구가 원수 되기도 하고, 부모와 자식 사이가 멀어지기도 합니다. 또 어떤 때는 그렇게 한 이불 속에서 장난치면서 친하게 자랐던 형제도 서로 만나지 않는 불편한 사이가 되기도 합니다. 그런데 '오해'라는 것은 대개 그것이 사실이 아닌데 누군가 중간에서 말을 잘못 전달하거나 혹은 본인의 의사가 잘못 전달이 되어서 나쁜 쪽으로 확신하게 되었기 때문에 생기는 것입니다.

　원래 사도 바울과 갈라디아 교인들 사이는 정말 존경하고 사랑하는 친밀한 관계였습니다. 그것은 바로 사도 바울이 전한 복음을 듣고 갈라디아 교인들이 은혜를 받았기 때문입니다. 사도 바울이 전한 복음은 오랜 시간 하나님의 진리에 목말라 했던 갈라디아 교인들에게는 그야말로 복음 중의 복음이었던 것입니다. 사도 바울은 갈라디아 교인들에게 참 하나님이 살아 계시며 하나님은 갈라디아 교인들을 사랑하신다고 전했습니다. 그리고 누구든지 하나님의 아들 독생자 예수 그리스도를 믿기만 하면 구원을 얻는다고 전했습니다. 갈라디아 교인들은 사도 바울의 설교를 들으면서 예수님이 십자가에 못 박히신 것을 눈으로 보는 것 같았고, 그들에게 엄청난 성령의 역사가 부어졌던 것입니다. 아마 그들은 사도 바울의 설교를 들으면서 울고 웃고 기뻐했을 것입니다. 그리고 갈라디아 교인들에게는 성령의 역사가 불길같이 퍼져나갔습니다. 이것은 대부흥의 역사였습니다.

　그런데 사도 바울이 처음 갈라디아에서 복음을 전했을 때는 그의 건강 상태가 결코 좋은 것이 아니었습니다.

　4:13, "내가 처음에 육체의 약함으로 말미암아 너희에게 복음을 전한 것을 너희가 아는 바라"

사도 바울이 갈라디아에서 복음을 전할 때 그에게는 병이 있었습니다. 사도 바울이 가지고 있던 병이 무엇이었는지는 끝내 자신이 말하지 않고 있어서 알 수는 없습니다. 그러나 그 병은 사도 바울 자신이나 갈라디아 교인들에게 시험 거리가 될 수 있는 것이었습니다. 그리고 자칫 갈라디아 교인들이 사도 바울을 업신여길 수도 있는 병이었습니다. 그러나 갈라디아 교인들은 사도 바울을 업신여기지도 않았고 그를 버리지도 않았고 천사나 예수님처럼 영접했다고 밝히고 있습니다.

사도 바울이 앓았던 병이 무엇이었을까 하는 것에 대하여는 몇 가지 추측만 있습니다. 그 하나는 그가 루스드라에서 돌에 맞아 죽게 되었을 때 후에 낫기는 했지만 상당한 후유증이 남았던 것이 아닌가 하는 것입니다. 바울은 얼굴에 상처도 있고 허리 척추도 돌에 상했을 수 있고 만성두통에 시달렸을 수도 있습니다. 그렇지 않으면 사도 바울이 덥고 습한 지역을 다니면서 선교하던 중에 말라리아에 걸렸다가 그것이 낫지 않고 오랫동안 몸에 고통을 주었을 것이라고 추측하는 사람도 있습니다. 갑자기 몸에 고열이 나서 온몸이 추워서 견디지 못하고 혼수상태에 빠지다가 약을 먹으면 조금 나았다가 하는 일이 매일같이 반복되었던 것입니다. 사도 바울이 주님께 병이 낫도록 세 번이나 간절하게 기도했던 것이(고후 12:8) 말라리아였을 수도 있습니다. 그리고 어떤 분은 말하기를 이방인들이 보기에 시험들 정도였다고 하니까 간질이었을 것이라고 주장하기도 합니다. 사실 옛날에는 간질을 사탄의 역사로 오해하는 경우가 많이 있었습니다.

하여튼 사도 바울은 갈라디아에서 복음을 전하면서도 건강이 아주 좋지 못해서 자주 드러누워야 했고 교인들의 보살핌을 받아야만 했습니다. 그런데 놀라운 것은 그 사도 바울의 복음을 통하여 갈라디아 교인들의 마음속에는 엄청난 부흥과 은혜의 역사가 일어났다는 것입니다. 그래서 갈라디아 교인 중에서 사도 바울을 싫어하거나 업신

여기는 사람은 단 한 명도 없었습니다.

> 4:14, "너희를 시험하는 것이 내 육체에 있으되 이것을 너희가 업신 여기지도 아니하며 버리지도 아니하고 오직 나를 하나님의 천사와 같이 또는 그리스도 예수와 같이 영접하였도다"

갈라디아 교인들은 고린도 교인들과 달리 사도 바울의 인간적인 측면을 전혀 보지 않았던 것입니다. 사도 바울은 외모가 잘 생겼던 것도 아니었던 것 같습니다. 요즘 사람들은 목회자의 외모를 얼마나 따지는지 모릅니다. 또 학벌이나 출신지방 같은 것을 얼마나 따지는지 모릅니다. 그러나 갈라디아 교인들은 오직 사도 바울이 전하는 하나님의 말씀만 들었습니다. 그리고 사도 바울의 병을 가지고 그를 업신여기지도 않았고, 고린도 교인처럼 돈이나 그의 지식 문제를 가지고 따지지도 않았고, 자신에게 은사가 있다고 잘난 체하지도 않았습니다. 갈라디아 교인들은 사도 바울을 하나님이 보낸 천사로 생각했습니다. 그러니까 갈라디아 교인들 자체가 너무나도 복 받은 사람들이었고 그곳에 엄청난 부흥이 일어나게 되었습니다.

사람들이 하나님의 말씀에 붙들리게 되면 인간적인 모습 같은 것은 전혀 눈에 들어오지도 않고 생각도 나지 않게 됩니다.

> 4:15, "너희의 복이 지금 어디 있느냐 내가 너희에게 증언하노니 너희가 할 수만 있었더라면 너희의 눈이라도 빼어 나에게 주었으리라"

갈라디아 교인들은 정말 복 있는 사람들이었습니다. 그들은 어떻게 보면 인간적으로 무시할 수 있고 업신여길 수도 있는 사도 바울의 외모나 병을 전혀 생각하지 않고 오직 하나님의 말씀만 생각했습니다. 그리고 그들은 사도 바울이 약하고 아픈 것이 안타까워서 할 수만

12 신분이 다르다

있으면 자신의 눈까지도 빼줄 정도로 도와주려고 생각했던 것입니다.

그런데 사도 바울과 갈라디아 교인 사이의 그 좋은 관계에 '오해'가 생기게 된 것이었습니다. 사도 바울은 갈라디아 교인들이 그렇게 복 있는 사람들이었는데 지금 그 복이 어디에 있느냐고 묻고 있습니다. 그것은 갈라디아 교인들의 좋은 열심을 나쁜 쪽으로 돌려서 복음이 아닌 것에 열심을 내게 하는 자들이 생겼기 때문입니다. 이 사람들은 갈라디아 교인들에게 사도 바울을 오해하게 만들었습니다. 양들은 단순하기도 하지만 오해하기도 잘하는 것 같습니다.

4:16-17, "그런즉 내가 너희에게 참된 말을 하므로 원수가 되었느냐 그들이 너희에게 대하여 열심 내는 것은 좋은 뜻이 아니요 오직 너희를 이간시켜 너희로 그들에게 대하여 열심을 내게 하려 함이라"

갈라디아 교인들이 사도 바울에게 자기들의 눈까지도 뽑아줄 정도로 사랑하고 존경했는데 이제는 그 관계가 원수처럼 되고 말았습니다. 그 이유는 이간시키는 사람이 들어왔기 때문입니다. 즉 갈라디아 지방에 아주 열심 많고 인기 있는 설교자들이 들어오게 되었는데, 이들은 시시하게 복음만 믿어서는 구원을 얻지 못하고 정식으로 할례도 받고 율법도 다 지켜야 한다고 가르쳤던 것입니다. 그들은 또 사도 바울을 향해 정식 사도가 아니라 엉터리 사도이고 순 사기꾼에 불과하다고 중상모략했던 것입니다. 이 사람들이 사도 바울을 비난할 때는 단골로 사용하는 말들이 있었습니다. 즉 바울은 예수님의 생전에 가르침을 받지 못했고 예루살렘 사도들에게도 인정받지 못하는 자라는 것이었습니다. 그런데 갈라디아 교인들이 이들의 중상모략에 넘어가 버리게 되었던 것입니다. 그래서 그들은 사도 바울을 믿을 수 없는 사람이고 거짓말하는 사람으로 생각하고 원수처럼 대하게 되었던 것입니다.

사도 바울은 자기 자신만 오해받고 끝나면 그냥 넘어갈 수도 있는 문제이지만, 갈라디아 지방 전 교인들의 신앙을 부정하고 전부 사기를 당하고 있으니까 그냥 넘어갈 수 없었던 것입니다. 즉 교인과 목회자는 신실하고 정직해야 합니다. 누가 뭐라고 해도 흔들리지 않는 믿음을 가지고 있어야 하는 것입니다.

2. 신분이 다르다

사도 바울은 우리가 복음을 듣고 예수 믿는 것이 얼마나 엄청난 신분을 얻는 것인지 옛날 아브라함의 아들의 예를 들어서 설명하고 있습니다. 옛날 신분 사회였을 때에는 자식들은 아버지가 같다고 해서 다 같은 아들이 아니었습니다. 아들의 신분에 결정적인 영향을 미치는 것은 어머니가 누구냐 하는 것이었습니다. 아무리 아버지가 같다고 해도 어머니가 다르면 아들의 신분은 근본적으로 달라지게 됩니다.

> 4:21-23, "내게 말하라 율법 아래에 있고자 하는 자들아 율법을 듣지 못하였느냐 기록된 바 아브라함에게 두 아들이 있으니 하나는 여종에게서, 하나는 자유 있는 여자에게서 났다 하였으며 여종에게서는 육체를 따라 났고 자유 있는 여자에게서는 약속으로 말미암았느니라"

하나님은 아브라함에게 하늘의 복을 주시겠다고 약속하셨습니다. 우리가 이 세상에서 왕자가 되어서 나라를 물려받거나, 재벌의 아들이 되어서 큰 회사를 물려받는다고 하면 그 자체가 대단한데 하늘의 복이라고 하면 얼마나 엄청난 것이 되겠습니까? 그런데 아브라함은 아무리 기다려도 자식이 생기지 않았습니다. 결국 아브라함은 기다리고 기다리다가 아내 사라의 말을 듣고 여종을 첩으로 받아들여서 아들을 낳았습니다. 이스마엘이었습니다. 아브라함은 자식이 없다가 아들이 생기니까 너무 좋아했습니다. 그러나 하나님은 그 아들을 인정하지 않으셨습니다. 왜냐하면 그 아들은 사라의 자식이 아니었기 때문입니다. 하나님은 사라에게서 낳은 자식이 아브라함의 복을 상속할 자식이기 때문에 그때를 기다리지 못해서 여종에게서 낳은 아들은 하늘의 복을 상속할 수 없다고 말씀하셨습니다. 하나님은 아브라함에게 꼭 사라가 아들을 낳아야 진짜 상속자가 된다고 말씀하셨습니다.

그런데 하나님의 말씀대로 사라가 구십 세 되었을 때 기적적으로 이삭을 낳게 됩니다. 이제는 아브라함에게는 아들이 두 명 생기게 되었습니다. 그러나 하나님은 큰아들인 이스마엘과 그 엄마를 내보내라고 말씀하셨습니다. 왜냐하면 여종에게서 난 아들은 하나님의 복을 상속할 수 없기 때문이었습니다. 이스마엘은 아브라함의 아들이었지만 그는 하늘의 복은 상속하지 못했습니다.

나중에 이스라엘 백성들이 애굽에서 나온 후 하나님은 시내산에서 무시무시한 율법을 주셨습니다. 하나님은 모세에게 아예 시내산에 표시를 해서 사람이나 짐승이나 그곳에 접근하지 못하게 하셨습니다. 그들이 만일 그 선을 넘어오면 돌에 맞아죽든지 화살에 쏘여 죽을 것이라고 하셨습니다. 이스라엘 백성들은 시내산에서 받았던 그 무시무시한 율법이 여종의 법 하갈이라는 것을 알지 못했습니다.

아버지가 같다고 해서 같은 아들이 아닌 것처럼 같은 하나님을 믿는다고 해서 같은 신앙이 아니라는 사실입니다. 중요한 것은 아버지가 아니라 어머니이고 법이 중요한 것입니다.

4:25-26, "이 하갈은 아라비아에 있는 시내 산으로서 지금 있는 예루살렘과 같은 곳이니 그가 그 자녀들과 더불어 종 노릇 하고 오직 위에 있는 예루살렘은 자유자니 곧 우리 어머니라"

우리가 굳이 이런 신분을 이야기하지 않아도 직장인을 통해서 생각해보면 좋을 것입니다. 오늘 젊은이들은 구글, 삼성, 현대 같은 대기업체 사원으로 뽑혀서 목에 출입증을 걸고 근무하는 것을 보면 너무나도 부러울 것입니다. 옛날이나 지금이나 젊은이들은 좋은 대학 나와서 좋은 직장에서 사원증을 목에 걸고 봉급 받으면서 일하는 것보다 더 부러운 것은 없을 것입니다. 그들은 옷도 좋은 옷을 입고 교양과 실력도 있고 일을 시키면 얼마나 잘하는지 모릅니다. 그런데 이런 직원과 회장의 아들은 완전히 차원이 다릅니다. 왜냐하면 회장의 아들은 이런 식으로 공개 채용을 하는 것이 아니라 어머니를 통해서 태어났기 때문입니다. 그래서 이런 아이들은 자라면서 저절로 부모의 엄청난 부와 신분을 물려받습니다. 물론 어렸을 때는 아무것도 아니지만 자라기만 자라면 회사를 다 물려 받아 경영하게 되는 것입니다.

최근에 우리나라는 이런 자녀들이 자질이 갖추어져 있지 않다고 해서 엄청난 비난을 받고 있습니다. 이것은 우리 크리스천에게는 더 심각한 문제입니다. 즉 우리는 하나님의 어마어마한 재산과 능력과 신분을 물려받은 자들인데 너무 자질이 떨어지는 행동을 하고 있다는 것입니다. 그것에 대하여 성경은 그들이 이스마엘이라서 그렇다고 말하고 있습니다. 이들은 언약의 자식이 아니라 종의 자식이기 때문에 그렇게 세상 돈이나 명예에 욕심을 내고, 자기보다 약한 자들을 보면 짓밟고 욕하고 무시하고 업신여긴다는 것입니다.

3. 두 종류의 여인

이스라엘에는 두 종류의 여인이 있었습니다. 하나는 자식을 주렁주렁 달고 있어서 언제나 큰소리를 치고 힘도 세고 말도 독하게 하는 여자였고, 다른 하나는 자식을 낳지도 못하고 어리숙하고 언제나 박해받는 여인이었습니다. 그런데 이상한 것은 언제나 하나님의 말씀을 믿고 믿음으로 사는 여인들은 이런 자식이 없는 여인이었다는 사실입니다. 그 대표적인 여성이 '사라' 였습니다. 사라는 나이가 무색하게 아름다운 여성이었습니다. 사라는 애굽에서 바로에게 후궁으로 뽑혔을 때 나이가 육십이었는데, 아마 여성들이 이렇게만 젊어 보일 수 있다면 얼마나 좋겠습니까? 그러나 이 아름다운 사라에게는 아이가 없었습니다.

그래서 정말 나이가 자기보다 새카맣게 어린 애굽 여종(하갈)을 남편 품에 주었는데, 이 여종이 자기가 임신했다는 사실을 알자마자 자기가 본부인처럼 행세하려고 했습니다. 사라가 얼마나 속이 상했으면 남편에게 이 문제를 가지고 따졌겠습니까? 남편도 이 문제는 어떻게 해야 할지 몰라서 '당신이 좀 버릇을 가르치라'고 했더니 이 여종은 그만 가출해버렸습니다. 이 여종은 아브라함과 사라의 아킬레스건이 자식인 것을 알고 임신한 자기가 집을 나가면 집안이 발칵 뒤집힌다는 것을 알았던 것입니다. 하갈은 사라에게는 암 덩이와 같았고 시한폭탄과 같았습니다. 그래서 아이를 낳고 난 후에도 아브라함은 기분이 좋아서 싱글벙글했지만 사라는 웃음이 없는 여자가 되고 말았습니다. 사라는 얼마나 속이 곪았던지 웃음이 사라지고 말았던 것입니다.

그러나 사라는 약속의 여인이었습니다. 하나님은 사라 나이 구십세에 이삭을 낳고 그동안 웃지 못했던 것을 실컷 웃게 하셨습니다. 그래서 그 아이의 이름이 웃음이었습니다. 그런데 아이들의 행실도 서로 달랐습니다. 이삭이 젖을 떼는 날 사라가 우연히 보니까 이스마엘이 가나안 사람들에게 못된 것을 배워서 어린 이삭에게 성추행 같은 짓을 하고 있었습니다. 사라가 그것을 보고 가만히 있을 리가 없었습니다. 사라는 아브라함에게 이 암 덩어리 같은 여종 하갈과 이스마엘을 내보내야 한다고 했습니다.

또 대표적인 예가 사무엘상 2장에 나오는 한나과 브닌나의 관계입니다. 아마도 한나가 본부인이었던 것 같은데 아이를 낳지 못하니까 남편 엘가나는 브닌나라는 부인을 또 얻었던 것입니다. 그런데 이상한 것은 믿음으로 기다릴 때는 몇십 년씩 기다려도 안 되던 것이 인간적인 방법을 쓰니까 너무 잘 되는 것입니다. 그래서 한나는 자식이 없는데 브닌나는 자식들이 있었습니다. 그러나 그냥 그대로 사이좋게 지내면 좋은데 브닌나는 한나를 시기해서 거의 식사를 못할 정도로 심하게 구박했습니다. 이것은 브닌나가 마음속으로 한나가 죽기를 바라는 것이었습니다. 한나는 하나님 앞에 통곡하며 기도하고 결국 사무엘을 가집니다.

나중에 이 아이들도 서로 달라지게 됩니다. 브닌나의 아이들은 어떤 사람이 되었는지 모릅니다. 그러나 사무엘은 처음 아기였을 때는 성전의 심부름꾼이었다가 후에 하나님의 선지자로 이스라엘을 지키게 됩니다. 이것은 또 삼손의 어머니 마노아의 부인에게도 마찬가지였고, 세례 요한의 어머니 엘리사벳에게도 마찬가지였습니다. 이 신앙의 어머니들은 자식을 낳지 못하는 설움 때문에 하나님께 죽으라고 매달렸고 결국은 위대한 신앙의 인물들을 낳게 되었던 것입니다.

4:27, "기록된 바 잉태하지 못한 자여 즐거워하라 산고를 모르는 자여 소리 질러 외치라 이는 홀로 사는 자의 자녀가 남편 있는 자의 자녀보다 많음이라 하였으니"

여기에 보면 같은 이스라엘 여인 중에도 자식을 낳지 못하는 여인과, 남편도 있고 아이들도 많은 여인이 비교되고 있습니다. 사실 남편도 아이도 없는 여인이라면 얼마나 무시를 당할 수 있는 사람이겠습니까? 그러나 그들에게 즐거워하라고 했습니다. 왜냐하면 남편도 있고 자식도 많지만 그들이 다 별 볼 일 없는 자들이었기 때문입니다. 즉 인간적인 방법으로 자식이 많고 성공해 봐야 하나님 앞에서는 인정되지 않기 때문입니다.

여기서 잉태하지 못한 여인은 유다 백성들이 바벨론에 포로 되었을 때의 사람들을 말합니다. 그리고 자녀가 있는 여인은 바벨론에 포로되기 전의 유다 백성들을 의미한다고 볼 수 있습니다. 먼저 잉태한 여인은 북쪽 이스라엘이었습니다. 이스라엘 사람들은 금송아지 신앙을 만들어서 인간적인 방법으로 성공했습니다. 그래서 이스라엘은 경제적으로 얼마나 부강했는지 모릅니다. 이스라엘은 자식들이 주렁주렁 달린 여인이었습니다. 그러나 자신들은 하갈과 이스마엘이라는 것을 알지 못했습니다. 그러다가 이스라엘은 앗수르에 의해 갑자기 망하게 됩니다. 수도 사마리아는 철저하게 짓밟히게 됩니다. 그것도 모르고 유다와 예루살렘 사람들도 인간적인 방법으로 성공하는 길을 따라갔습니다. 그들은 원래 사라의 아들이었고 이삭의 자손이었는데 그 특권을 팽개치고 하갈과 이스마엘의 길을 택했던 것입니다. 그 결과 유다도 바벨론에 의해서 망하고 온 백성이 포로로 끌려가게 됩니다. 그러나 유다 백성들은 칠십년 포로 생활을 한 뒤에 약속의 백성으로 돌아오게 됩니다.

우리 한국 교회는 어느 순간 성장과 성공이라는 하갈의 자식이 되어서 세상 축복으로 성공을 누리고 있고 엄청나게 많은 교인이 생겼는데 그것은 바로 하갈이 낳은 이스마엘이라는 것을 모르고 있는 것입니다.

여기에 보면 이스마엘은 세상 성공으로 만족하지 못하고 약속의 사람들을 박해하는 것을 보게 됩니다.

4:29, "그러나 그 때에 육체를 따라 난 자가 성령을 따라 난 자를 박해한 것 같이 이제도 그러하도다"

육체를 따라 난 자는 힘도 세고 기질도 강합니다. 그러나 성령으로 난 자는 힘도 없고 자랑할 것도 없고 외적으로도 보잘것없습니다. 그래서 육체로 난 자들이 성령으로 난 자들을 박해하는 것입니다. 오늘도 교계의 실권을 육체로 난 자들이 다 잡고 쥐고 흔드는 것을 볼 수 있습니다. 성령으로 난 자는 그 근처에도 갈 수 없습니다.

4:30, "그러나 성경이 무엇을 말하느냐 여종과 그 아들을 내쫓으라 여종의 아들이 자유 있는 여자의 아들과 더불어 유업을 얻지 못하리라 하였느니라"

만약 우리가 물려받을 유업이 이 세상의 권리나 인기라고 한다면 우리는 실패한 사람들일 것입니다. 그러나 이 세상에 있는 것들은 아무것도 아닙니다. 우리는 이 세상에서 가지고 갈 것이라고는 아무것도 없습니다. 아브라함은 소돔 왕에게 내가 너희들의 물건은 실 한 톨, 신발 끈 하나 가져가지 않겠다고 말합니다(창 14:23). 하나님 앞에 섰을 때 하나님께서 "너는 이스마엘이야. 여기에 오지 못해."라고 말하는 자들도 있을 것입니다. 그들은 어리석은 자들입니다. 사도 바울은 갈라디아 교인들에게 약속의 아들이 되었다가 왜 율법의 아들로 돌아가려고 하느냐고 책망을 했습니다.

우리의 어머니는 율법이 아닙니다. 우리의 어머니는 복음입니다. 세상에 있는 것에 집착하거나 세상일에 힘을 쓰지 마시기 바랍니다. 이 세상의 작은 것들은 우리의 관심의 대상이 아닙니다. 우리는 하나님의 어마어마한 상속자입니다. 큰 스케일을 가지고 하늘의 복으로 사는 성도들이 다 되시기 바랍니다.

13

자유의 소중함

갈 5:1-15

사람들은 누구나 자유로울 때는 자기에게 주어진 자유가 얼마나 소중한지 모릅니다. 그러나 범죄해서 감옥에 들어가거나 자유를 잃게 되면 옛날 자기가 원하는 대로 마음대로 살 수 있을 때가 얼마나 소중했는지 깨닫게 됩니다. 그럼에도 불구하고 수많은 사람은 그 소중한 시간을 빈둥거리면서 보내든지 유익하지 않은 일을 하면서 허비하는 것을 보게 됩니다.

언젠가 한 번 피아니스트를 소재로 한 영화를 보고 큰 감동받았던 적이 있습니다. 그 영화는 독일군이 폴란드를 지배할 때에 유대계 피아니스트가 어려움을 극복하고 끝까지 살아남는 내용입니다. 그 피아니스트는 쇼팽의 음악을 연주하는 천재였는데, 폴란드에 독일군이 들어오면서 유대계는 모두 잡혀 아우슈비츠에 들어가 가스실에서 죽게 됩니다. 그러나 그 사람의 천재성을 아낀 사람들이 그를 빼돌리고 숨겨서 나중에는 자기 혼자 숨어 살아남습니다. 나중에 그는 완전 거지가 되어서 사람들이 남긴 음식을 먹으면서도 손이 굳어지지 않도록 손을 놀리는 연습을 합니다. 그러다가 독일군 장교에게 들키게 되는데, 독일군 장교는 피아노를 칠 줄 아는 사람이었습니다. 그는 이 유대인 피아니스트에게 무엇을 했느냐고 물으니까 피아노를 쳤다고 대답합니다. 그리고 그 독일군 장교는 빈집에 있는 피아노를 가리키면서 쳐보라고 하고 그 유대인은 피아노를 칩니다. 그러고 난 후 독일군 장교는 "만일 네가 살아남는다면 무엇을 할 것이냐?"고 물으니까 그는 사람들 앞에서 쇼팽의 음악을 연주할 것이라고 대답합니다. 결국 독일군 장교는 이 사람의 재능이 아까워서 살려주고 몰래 양식도 주고 자기 군복도 벗어 줍니다. 마지막에 소련군이 폴란드에 와서 독일군은 모두 물러가고 이 피아니스트는 많은 사람이 모인 앞에서 쇼팽의 음악을 연주하는 것으로 영화는 끝이 납니다.

저는 그 영화를 보면서 눈물을 흘렸습니다. 정말 음악이라는 것이 이렇게 대단한 것이구나 생각을 했습니다. 이차대전이 끝나면서 수용소에 갇혀서 죽을 줄 알았던 많은 유대인이 풀려나게 되었습니다. 그들은 거의 해골이나 다름이 없었고 그중에는 어린아이들도 있었습니다. 그들은 풀려난 후 자유의 소중함을 깨달았고 거의 자신들의 재능을 살리고 행복하게 살아갈 수 있었습니다.

최근 우리나라의 교도소 수감자 중의 많은 사람이 감옥에서 풀려난 후에 다시 죄를 지어서 재수감되는 경우가 많다고 합니다. 그들이 감옥 안에서 좋은 것을 배우기보다 나쁜 것을 배우기 때문에 감옥에서 나와도 다시 죄를 지을 수밖에 없는 구조라는 것입니다. 사실 사람들이 자기에게 주어진 시간을 유익하게 쓰거나 바르게 쓴다는 것은 굉장히 어려운 일입니다. 왜냐하면 사람의 행동은 마음먹은 대로 몸이 움직여지는 것이 아니기 때문입니다. 공부를 못 하는 학생이 공부를 잘하게 되고, 피아노를 못 치는 사람이 잘 치게 되고, 축구를 못 하는 사람이 잘하게 되는 것은 자신의 의지만으로 되는 것이 아닙니다. 또 책을 읽는 것이 쉬울 것 같지만 쉬운 일이 아닙니다. 그러나 계속

해서 책을 읽다 보면 그것이 습관이 되고 좋아지게 되면서 나중에는 옆에서 다른 사람들이 무슨 짓을 하든지 집중해서 책을 읽을 수 있게 됩니다. 마찬가지로 사람들의 행동이 바뀌려고 하면 열심히 자기 자신을 훈련하고 길들여야 합니다.

우리 예수 믿는 사람들은 옛날에는 마귀의 종이었고 죄의 종이었고 욕심의 종이었는데, 예수를 믿음으로 완전한 자유를 얻게 되었습니다. 그러나 문제는 우리가 예수를 믿었다고 해서 당장 훌륭한 사람이 될 수 있는 것이 아니라는 데 있습니다. 왜 예수 믿는 사람들이 이렇게 많은데 세상은 좋아지지 않느냐고 말을 하는데, 그것은 죄수가 감옥에서 나왔다고 해서 당장 음악가나 교수가 될 수 있는 것은 아닌 것과 마찬가지이기 때문입니다.

사람은 죄의 종이었다가 자유를 얻게 되었을 때 세 가지 방향으로 나가게 됩니다. 첫째는 여전히 옛날 습관을 버리지 못하고 또 죄를 짓다가 다시 감옥에 들어가서 죄수가 되는 것입니다. 이런 사람은 감옥을 계속 들락거리다가 나중에 인생을 완전히 망치고 허비하게 됩니다. 두 번째는 자기에게 주어진 자유를 가지고 자신을 위해서 사는 것입니다. 이 정도만 해도 대단하다고 할 수 있습니다. 즉 이제는 공부도 하고 장사도 하고 결혼도 해서 어느 정도 안정된 삶을 사는 것입니다. 세상에서는 이 정도로 사는 사람을 완전히 새사람이 되었고 성공한 삶을 살았다고 합니다. 그리고 세 번째는 자기에게 주어진 자유가 너무 귀해서 자신을 위해서 살지 못하고 하나님을 위해서 사는 것입니다. 즉 하나님의 뜻을 생각해보고 하나님의 말씀에 자신을 맞추고 그것을 위해 자신의 인생을 바치는 것입니다. 이런 사람은 무엇을 먹을까 무엇을 입을까 대책이 없기 때문에 아주 불안정한 삶을 사는 것 같습니다. 그러나 이런 사람이 끝까지 순수할 수 있고 열정적일 수 있으며 가장 후회 없는 인생을 산다고 말할 수 있습니다.

우리는 예수를 믿고 난 후 죄에서 해방되어 누구의 간섭도 받지 않고 무한정으로 자유롭게 살 수 있는 자유를 얻게 되었습니다. 예수님은 우리의 영원한 죽음의 문제를 해결해주셨습니다. 즉 우리는 죽어도 영생을 얻게 되었습니다. 그럼에도 불구하고 우리의 삶을 보면 여전히 자기의 유익을 위해서 살고 다른 사람들과 아무것도 다를 것 없이 자기 위주로 자기 유익과 재미를 위해 사는 것을 볼 수 있습니다. 물론 우리가 인간인 이상 그렇게 살 수밖에 없을지도 모릅니다. 그러나 그 귀한 하나님의 아들이 천국의 영광을 버리고 이 세상에 오셔서 우리를 위하여 고통스럽게 죽은 결과가 결국 우리 자신을 위해서 사는 것밖에 안 되는 것이라면 기독교는 너무 이기적인 종교가 되고 마는 것입니다.

1. 그리스도께서 주신 자유

구약 성경을 읽으면서 강하게 느낀 것 중의 하나는 하나님께서 이스라엘 백성들에게 "내가 너희를 큰 팔과 능력으로 애굽에서 건져내었다"는 것을 항상 말씀하고 계신다는 사실이었습니다. 이스라엘 백성들에게 출애굽 사건은 애굽에서 종노릇 하던 조상들의 문제만이 아니었습니다. 즉 이스라엘 백성 전체는 애굽의 노예였다가 하나님의 능력으로 해방되었고 자유를 얻은 백성이었던 것입니다. 이스라엘 백성들은 애굽에 있을 때 그 뜨거운 태양 빛 아래서 남녀노소 할 것 없이 벽돌을 만들어야 했고 강제노동을 해야만 했습니다. 그들은 애굽에서 천민 중의 천민이었습니다. 그러나 하나님은 그들을 하나님의 강한 능력으로 이끌어내셨습니다. 하나님은 무려 열 가지 재앙을 퍼부으셨고 애굽의 장자들을 다 죽이면서까지 이스라엘 백성들을 노예 상태에서 건져내셨습니다. 그래서 하나님은 이스라엘 백성들이 이 자유를 소중하게 사용하기를 원하셨습니다. 물론 이스라엘 백성들도 그렇게 살려고 생각은 했습니다.

그러나 이스라엘 백성들이 막상 출애굽하여 가나안 땅에서 살다 보니까 다른 민족들과의 경쟁도 있었고 먹고 사는 문제도 있었고 성공하고 싶은 욕망도 있었던 것입니다. 하나님은 이스라엘 백성들이 율법의 길을 걷기를 원하셨고 이웃을 내 몸처럼 사랑하기를 원하셨지만 이것은 그들의 성에 차지 않았습니다. 이스라엘 백성들은 다른 민족처럼 우수하게 되기를 원했고 더 유능하고 더 강하기를 바랐습니다. 그래서 그들은 늘 우상을 섬겼고 이웃의 땅이나 물건을 빼앗았으며 강한 나라가 되려고 했습니다.

이것은 우리도 마찬가지입니다. 우리는 일제강점기 때 종노릇 하던 자들이었는데 하나님께서 해방을 주셨습니다. 그런데 우리는 하나님이 우리에게 자유를 주셨다는 사실을 그렇게 절실하게 느끼지 못합니다. 우리는 항상 내 문제에 집착해서 내가 더 돈을 벌어야 하고 내가 더 똑똑해야 하고 내가 더 안정되게 살아야 한다고 생각하는데 빠져 있고 매여 있는 것입니다.

5:1상, "그리스도께서 우리를 자유롭게 하려고 자유를 주셨으니"

예수님께서 우리에게 주신 자유는 엄청난 것입니다. 신문이나 텔레비전을 보면 불과 얼마 전까지만 해도 정말 자유롭게 지내던 사람들이 무슨 죄를 지었다고 해서 죄수복을 입고 수갑을 차고 포승줄까지 묶여서 재판받으러 차에서 나오는 모습을 보게 됩니다. 사람이 죄를 지어서 감옥에 가거나 경찰에 붙들려 가면 수갑을 채워서 아무것도 하지 못하게 합니다. 그런데 눈에 보이지 않는 수갑도 있습니다. 그것은 환자의 몸에 있는 병입니다. 사람이 병들게 되면 병원에 갇혀서 먹는 것도 제대로 먹지 못하고 밖에 나가서 활동도 하지 못하고 주사를 맞아야 하고 수술을 받아야 하고 피를 뽑아야 하고 자신이 아무것도 할 자유가 없게 됩니다. 더욱이 이 병을 고치지 못하면 죽게 됩니다.

마찬가지로 우리가 예수 믿지 않을 때는 우리 마음속에 죄라는 병이 있어서 사실 옳은 것을 할 수 있는 자유가 없었습니다. 우리는 더 나빠지고 더 악해질 수는 있었지만 옳은 것을 할 수 없었습니다. 그런데 예수님은 우리에게 자유를 주셨습니다. 예수님은 우리에게 자유를 주시기 위해서 하나님 아들의 자리를 박차고 이 땅에 내려오셨고 십자가 위에서 가장 고통스러운 방법으로 죽으셨습니다. 이제 우리는 우리 안에 있는 죄의 사슬을 끊게 되었고 옳은 것을 할 수 있는 자유를 얻게 되었습니다. 그래서 사도 바울은 이렇게 강조하고 있습니다.

5:1하, "그러므로 굳건하게 서서 다시는 종의 멍에를 메지 말라"

예수님은 우리에게 너무나도 소중한 자유와 인생을 주셨기 때문에 다시는 옛날의 종의 멍에를 메지 말라고 말씀하셨습니다. 만일 어떤 사람이 해적에게 붙들렸다가 엄청난 몸값을 주고 풀려났는데 다시 똑같은 장소에 갔다가 또 붙들려 노예가 되었다면 너무나도 안타깝고 억울할 것입니다.

그런데 성경에 그런 사람이 있습니다. 바로 그 유명한 삼손이라는 사사입니다. 삼손은 하나님이 주신 능력으로 나귀 턱뼈 하나로 무려 블레셋 사람 천 명을 죽였으며 가드 성에 갔다가 포위되었을 때 성 문짝을 뜯어서 들고나온 괴력의 사람입니다. 그런데 그가 정욕의 종이 되어서 들릴라라는 여인과 잘못된 사랑에 빠지게 되었습니다. 그녀는 이미 블레셋 사람들에게 넘겨주면 돈을 주겠다는 약속을 받고 집요하게 삼손의 힘의 비밀을 파고드는데 그때 삼손의 마음이 굉장히 괴로웠다고 했습니다(삿 16:16). 이때 삼손이 하나님께 부르짖으면서 소리를 지르고 기도해야 이 올무에서 풀려날 수 있는데 그는 정욕의 포로

13 자유의 소중함

가 되어서 들릴라에게 자기 힘의 비밀을 말해버립니다. 삼손은 결국 머리털이 다 밀리고 눈알이 뽑히고 블레셋의 노예가 되어서 맷돌을 돌리게 됩니다. 이를 통해 하나님의 종이 타락했을 때 얼마나 비참해 질 수 있는지 잘 볼 수 있습니다.

이것은 야곱도 마찬가지입니다. 야곱은 형 에서를 피해 밧단 아람으로 도망치다가 빈 들에서 돌베개를 베고 자다가 하나님을 만나고 하나님의 놀라운 복을 약속받게 됩니다. 하나님은 야곱이 어느 곳에 가든지 함께 하시겠다고 약속하셨습니다. 그렇다면 야곱은 외삼촌 라반의 집에 갔을 때 거기서 라헬과 결혼하려고 종살이할 것이 아니라 그곳에서 계속 기도하고 말씀을 전해서 부흥을 일으켰어야만 했습니다. 그러나 야곱은 결혼하기 위해서 칠 년을 종살이 하겠다고 했다가 외삼촌의 속임수에 넘어가서 여자 두 명과 결혼하게 되고 무려 14년을 종살이하게 됩니다. 그리고 아이가 생기니까 재산을 모으기 위해서 6년을 더 종살이를 하게 됩니다. 야곱은 벧엘에서 하나님을 만났지만 먹고사는 문제와 결혼과 자녀 문제로 무려 20년의 인생을 허비하게 됩니다.

사도 바울은 이 문제를 갈라디아 교인들이 할례받는 문제에 적용하고 있습니다.

> 5:2, "보라 나 바울은 너희에게 말하노니 너희가 만일 할례를 받으면 그리스도께서 너희에게 아무 유익이 없으리라"

예수님께서 우리에게 십자가로 자유를 주셨으면 우리는 어떻게 하면 이 자유를 더 잘 사용할 것인가를 생각해야 하는데 오히려 신앙의 커리어를 높이고 모양을 좋게 하려고 할례를 받는다면 이것은 다시 형식의 종이 되는 것밖에 안 된다는 것입니다. 운동선수가 경기가 시작되었으면 경기에만 열중해야 하는데 자꾸 머리 스타일과 옷에 신경을 쓴다면 그 경기를 망치게 될 것입니다.

오늘 우리나라 사람들은 실제적인 것보다는 외적인 경력에 너무 많은 시간과 돈을 투자하는 것을 보게 됩니다. 사실은 아무 도움도 되지 않는데 외국의 유명한 학교 박사학위라든지 유학 경력 같은 것을 쌓으려고 하는 것입니다. 복음이라고 하는 것은 아흔아홉 명의 양들에게 잘 보이려고 하는 것이 아니라 한 마리의 양을 찾아가는 것이고 살리는 것인데, 오히려 모양만 잔뜩 내려고 하는 것입니다. 그런데 놀라운 것은 그리스도인들은 그리스도로부터 도움받는 비결을 터득해야 하는데 이것을 모른다는 사실입니다.

> 5:4, "율법 안에서 의롭다 함을 얻으려 하는 너희는 그리스도에게서 끊어지고 은혜에서 떨어진 자로다"

율법 안에서 의롭다 함을 얻는 것은 행위를 통해서 사람들로부터 엄청난 종교인이라고 인정받는 것을 말합니다. 그런데 실제로 보니까 이들은 그리스도에게서 끊어져 있었고 하나님의 은혜에서도 떨어진 자들이었던 것입니다. 전기장치는 전기선이 연결되어 있어야 하는데 자세히 보니까 그 선이 끊어져 있고 하나님의 은혜도 전부 다 고갈되어 있었던 것입니다.

2. 자기를 위해서 사는 것

우리는 모두 육체를 가진 사람이기 때문에 이 세상에서 돈을 벌어야 하고 집이 있고 양식이 있고 옷이 있어야 살아갈 수 있습니다. 그래서 사람들은 어떻게 해서든지 안정된 좋은 직장을 가지려 하고 돈을 많이 벌어야 하고 높은 자리에 오르려고 공부도 하고 노력도 많이 하게 됩니다. 그러나 예수님은 이 세상에서 다른 길이 있다는 것을 알려주셨습니다. 그 길은 바로 사람이 떡으로만 사는 것이 아니요 하나님의 말씀으로 사는 것입니다(마 4:4). 예수님이 세례 요한에게 세례를 받으시고 사십일을 굶으면서 광야에 계셨을 때 마귀는 시험했습니다. 마귀는 예수님에게 "네가 하나님의 아들이면 돌로 떡을 만들어 먹으라"고 했습니다. 그때 예수님은 신명기의 말씀을 인용해서 "사람이 떡으로만 살 것이 아니요 하나님의 입으로부터 나오는 모든 말씀으로 살 것이라"고 하며 물리치셨습니다.

　이 말씀이 얼마나 오랫동안 저에게는 이해가 되지 않았는지 모릅니다. 왜냐하면 저는 예수를 믿으면서 이 세상에서 좋은 직장을 가지고 교회에 열심히 봉사하고 학교나 길에서 전도하면서 살려고 생각했었기 때문입니다. 사람은 돈이 있어야 살 수 있고 음식을 먹어야 살 수 있습니다. 그런데 예수님은 떡으로만 사는 것이 아니라는 것입니다. 주님은 저에게 직장을 주시지 않고 수년을 살게 하셨습니다. 그때 제가 붙들 수 있는 것은 성경밖에 없었습니다. 그런데 어떻게 해서든지 살아남았습니다. 정말 힘들게 살아남았습니다. 그런데 이상하게 비참하지 않았고 늘 은혜가 충만했습니다. 왜냐하면 그때 하나님의 능력이 공급되고 있었기 때문입니다. 저는 하나님을 위해서 살고 싶었지만 그 길이 없었습니다. 그래서 죽으라고 성경을 읽었고 묵상을 했습니다. 그런데 세월이 흐른 후에 돌아보니까 그때 정말 후회 없는 인생을 살았다는 것을 알게 되었습니다.

　우리는 처음 예수 믿을 때는 어떻게 해서든지 주님을 위해서 자신의 삶을 사용하고 싶지만, 실제로 자유라는 것은 누가 뭐라고 강제하는 것이 아니기 때문에 자연스럽게 자기 자신을 위해서 한평생을 살게 되는 것입니다. 우리도 인간이기 때문에 학생은 공부해서 대학을 가야 하고 일반인은 직장을 가져서 돈을 벌어야 합니다. 그러다 보면 우리는 나이가 들게 되고 결국은 평범하게 자기를 위한 인생을 살다가 죽는 것입니다.

5:13, "형제들아 너희가 자유를 위하여 부르심을 입었으나 그러나 그 자유로 육체의 기회를 삼지 말고 오직 사랑으로 서로 종 노릇 하라"

우리는 우리에게 주어진 자유를 가지고 얼마든지 잠을 잘 수도 있고 텔레비전을 볼 수도 있고 경치 좋은 곳에 여행을 다닐 수도 있습니다. 사실 우리가 자유를 가지고 남을 해치지 않고 죄만 짓지 않아도 대단한 것입니다. 오늘날은 사람들이 너무 악해져서 입만 벌리면 말의 독으로 다른 사람에게 해를 끼치고 자칫하면 성추행을 하거나 다른 사람의 자존심에 상처를 주게 됩니다. 그렇게 생각하면 우리가 이런 것을 안 하는 것만 해도 대단한 것입니다.

그런데 그리스도인들에게는 남들이 모르는 비밀이 있습니다.

5:5, "우리가 성령으로 믿음을 따라 의의 소망을 기다리노니"

우리 그리스도인에게는 성령이 계셔서 언제나 우리 마음을 새롭게 하시고 새로운 깨달음과 영감을 주십니다. 그래서 우리는 육체의 즐거움보다 더 큰 기쁨이 있는데, 그것이 바로 성령이 주시는 기쁨입니다. 우리에게는 예배의 기쁨이 있습니다. "믿음"이라는 것은 하나님의 말씀 속에 들어있는 보물을 믿는 것입니다. 하나님의 말씀 속에는 어마어마한 보물이 들어있습니다. 우리는 그 보물을 캐낼수록 자신의 가치가 올라가게 됩니다. 그리고 "의의 소망"이 있다고 했습니다. 우리는 예전에 옳은 것을 행할 능력이 박탈되어 있었습니다. 그러나 우리는 조금씩 옳은 것을 할 수 있다는 희망이 생기게 됩니다. 예수님이 우리를 위하여 죽으시고 우리에게 자유를 주셨는데 그것으로 돈과 명예나 챙기고 세상 것만 잔뜩 가진다면 그것은 부끄러운 자유가 되는 것입니다.

우리에게 주어진 자유를 소중하게 사용하는데 가장 중요한 것은 우리가 영적으로 자라는 것입니다. 왜냐하면 우리가 자라지 않으면 아무리 노력을 해도 안 되기 때문입니다.

3. 스스로 종이 되는 인생

예수님께서 우리에게 자유를 주셨는데 가장 아름다운 삶을 사는 것은 스스로 주인이 되지 않고 종으로 사는 것입니다. 예수님은 서로 최고가 되려고 다투는 제자들에게 너희 중에 으뜸이 되는 사람은 가장 낮은 사람이 되는 것이고 가장 낮은 사람이 되는 것이 최고로 중요한 사람이 되는 것이라고 말씀하셨습니다(마 20:26-27).

본문 13절을 다시 보면 "형제들아 너희가 자유를 위하여 부르심을 입었으나 그러나 그 자유로 육체의 기회를 삼지 말고 오직 사랑으로 서로 종 노릇 하라"고 하셨습니다. 그러나 우리는 이 세상에서 어느 정도 세상에서 사는 것을 훈련받아야 합니다. 우리는 공부도 해야 하고 직장 생활도 해야 하고 장사도 하고 사업도 해야 합니다. 그렇게 해야 할 중요한 이유는 아무것도 가진 것이 없으면 남을 도울 수 없고 다른 사람과 만날 수도 없기 때문입니다. 우리는 학교를 다니면서 친구를 사귀고 직장 생활을 하거나 장사를 하면서 사람을 만나게 됩니다. 그리고 이 세상의 훈련을 통해서 자기 자신을 훈련받게 됩니다. 신앙은 강제가 아니기 때문에 자기 마음대로 모든 것을 할 때가 많이 있습니다. 그러나 학교 공부를 하면서 훈련을 받고 직장 생활이나 장사를 하면서 남에게 고개를 숙이는 법과 남을 이해하는 법도 배우게 되고 일을 처리하는 실력도 배우게 됩니다. 그렇지 않으면 우리는 모두 생각한 대로 되는 줄 알고 아주 비현실적인 생각을 하는 사람이 되는 것입니다.

하나님의 백성들은 세상 현실을 통하여 현실성이 있는 사람이 되게 됩니다. 그리고 우리는 세상일을 통해서 하나님의 살아계심을 체험하게 됩니다. 즉 하나님은 교회나 예루살렘에만 계신 것이 아니라 믿지 않는 세계에도 계시며 나를 사랑하시고 축복하시는 것을 체험하게 된다는 것입니다. 그래서 우리는 이 세상에서 현실을 경험해보는 것이 매우 중요합니다. 그러나 그것이 우리가 해야 할 전부는 아닙니다.

가장 중요한 것은 만일 내가 다른 사람을 위해서 종 된 인생을 살아도 먹고사는 문제가 해결될까 하는 것입니다. 우리가 남을 위해 종으로 산다고 먹고사는 문제가 해결될까요? 그들에게는 먹을 것이 떨어지지 않습니다. 왜냐하면 그가 종노릇하는 가난하고 어려운 형제나 자매들이 자꾸 까마귀가 날라다주는 것처럼 양식을 가져오기 때문입니다. 까마귀는 그렇게 하라고 존재하는 것입니다. 만일 우리가 그렇게 산다면 비전이 있을까요? 물론 우리에게는 아무 비전이 없을 것입니다. 그러나 하나님은 그 사람에 대하여 계획을 가지고 계십니다. 그래서 그렇게 무명으로 고생하면서 살다가도 어느 날 갑자기 유명하게 되기도 하고 또 다른 곳으로 옮겨지기도 하는 것입니다.

그래서 그리스도인에게 가장 중요한 생각이 있습니다. 그 첫째가 내 인생은 너무나도 소중하기 때문에 육신의 정욕이나 이 세상의 명예나 안정된 삶을 위해서 살기에는 너무 아깝다고 생각해야 한다는 것입니다. 그렇다고 해서 처음부터 하나님께서 나의 길을 보여주시는 것은 아닙니다. 그러나 우리는 그것을 위해 구하고 찾고 문을 두드려야 합니다. 그리고 그리스도인이라면 적어도 자기희생의 정신이 있어야 합니다. 우리는 너무 귀한 것을 가지고 있기 때문에 말도 함부로 해서는 안 되고 세상에서 함부로 정욕을 추구해서도 안 되고 모든 것에 남들을 이기려고 해서도 안 되고 모든 것에 손해를 보더라도 참고 감수할 수 있는 희생정신이 있어야 합니다. 이 희생정신이 없으면 아주 유치한 그리스도인이 될 수밖에 없습니다.

예수님은 자신의 인생이 얼마나 소중한 인생인 줄 알았기 때문에 쓸데없는 일에 허비하지 않으셨습니다. 예수님은 예루살렘에서 제자 훈련하고 병을 고치고 기적을 행했더라면 수십만 명의 지지자나 제자를 얻을 수 있었을 텐데, 무식하고 반항적인 갈릴리 지방에서 말씀을 전하고 사역을 하셨습니다. 그리고 예수님은 얼마든지 더 유명해지고 더 인기 있을 수 있었지만 십자가 위에서 죽으셨습니다. 그리고 예수님은 죄를 이기고 사망을 이기고 우리에게 성령을 보내주셨습니다.

사도 바울은 성공을 향하여 달리던 자신이 실패한 인생이라는 것을 알았습니다. 사도 바울은 예수님을 만나고 회심한 후 생각했습니다. '과연 나는 이 소중한 인생을 어떻게 살 것인가?' 그는 무려 십사 년 동안 기다리면서 주님의 손에 의해서 다듬어지게 됩니다. 그리고 사도 바울은 그 당시에 너무나도 인기가 없었던 이방인의 사도로 보냄을 받게 됩니다. 이것은 그야말로 아무도 알아주지 않는 것이고 오히려 욕만 얻어먹고 유대인들 전체로부터 미움을 받는 것이지만 끝까지 최선을 다했습니다. 그리고 사도 바울은 주님이 자기에게 가르쳐 주신 복음을 정리해서 서신으로 보내게 됩니다. 그 당시에는 크게 인정받지 못했던 사도 바울이 종의 인생을 살았을 때, 그는 전 세계 기독교 역사에 가장 큰 영향을 끼친 인물이 되었습니다.

5:14-15, "온 율법은 네 이웃 사랑하기를 네 자신 같이 하라 하신 한 말씀에서 이루어졌나니 만일 서로 물고 먹으면 피차 멸망할까 조심하라"

여기 이웃을 네 자신 같이 사랑하라는 말은 모든 사람은 행복할 자격이 있다는 뜻입니다. 내가 별로 좋아하지 않는 사람도 행복하게 살 자격이 있는 것입니다. 우리가 모든 사람을 행복하게 할 수는 없습니다. 그러나 다른 사람의 행복을 위해서 살려고 하면 생각을 많이 해야 합니다. 어떤 때는 아무것도 하지 않고 가만히 있는 것이 남을 도와주는 때도 있습니다. 그러나 자신의 열정만 믿고 물고 뜯고 싸우면 결국 같이 망하게 되는 것입니다.

우리에게 주어진 시간은 짧고 우리에게 주어진 인생은 너무 빨리 지나가는데, 우리에게 주어진 자유는 너무나도 소중합니다. 이것을 가지고 종노릇 하면 살게 됩니다. 그러나 최고가 되려고 하면 한때는 유명해질지 모르지만 결국은 인생을 허비하게 될 것입니다. 지금부터 자신을 성숙시켜 나가시기 바랍니다. 그래서 남들이 가는 길로 가지 말고 남들이 가지 않는 좁은 길을 찾아가는 성도들이 다 되시기 바랍니다.

14

성령의 사람

갈 5:16-26

옛날 문학 작품 중에서 인간의 본성을 가장 잘 보여주는 작품이 있다면 그것은 아마도 《지킬 박사와 하이드》가 아닐까 하는 생각이 듭니다. 지킬 박사와 하이드는 같은 사람인데 이 사람이 박사로 있을 때는 사람이 그렇게 친절하고 좋을 수가 없습니다. 그러나 그가 하이드로 변하는 순간 악하고 야비하며 약한 사람을 몽둥이로 때려서 죽이는 살인자가 되는 것입니다. 원래 지킬 박사는 화학자였는데 다른 사람으로 변하고 싶어서 약을 개발해서 먹는 중 부작용을 일으켜서 자신을 통제할 수 없게 되어버립니다. 그래서 평소에 박사로 있을 때는 전혀 문제가 없고 신뢰받고 존경받는 사람이지만, 발작을 일으켜서 하이드가 되는 순간, 모습도 아주 흉하게 딴사람이 되어버리고 분노를 참지 못해서 다른 사람을 죽이는 살인자로 변하고 마는 것입니다.

그런데 아마 모든 사람 속에는 이 두 가지 모습이 다 있는 것 같습니다. 그래서 자기가 좋아하는 사람에게는 너무나도 친절하고 잘해주지만, 자기 마음에 들지 않으면 벌써 인상부터 험악해지고 나쁜 말을 쏟아내는 경우가 너무나 많은 것입니다. 미국은 더 심각하지만 우리나라에서도 이미 분노조절이 안 되는 사람들이 꽤 많이 있습니다. 그래서 어떤 청년은 사귀는 여자가 자기와 헤어지자고 한다고 해서 그 집을 찾아가서 심하게 때리거나 심지어 죽여서 땅에 파 묻어버리는 일도 있습니다. 이런 사람은 거의 악마와 같은 사람이라고 볼 수 있습니다.

옛날 여인 중에는 남편이 구타해도 참으면서 사는 경우가 많이 있었습니다. 그런데 보면 남편이 술을 마시면 집에 와서 아내를 마구 때리지만 술만 깨면 미안하다고 하고 외식하자고 하고 또 옷도 사주고 목걸이도 사주고 하기 때문에 오히려 그 아내는 남편을 불쌍한 사람이라고 말을 합니다. 물론 화가 날 때 여자를 마구 때리고 그러고 난 후에 잘해주는 것은 악마 같은 사랑이지 정상적인 사랑이 아닙니다. 이런 사람이 학교 교사가 되면 학생을 때리다 화가 나서 정신없이 아이를 마구 때리는 경우가 있습니다. 이것은 더 이상 참교육이 아닙니다. 또 이런 사람이 군대나 직장에서 상사가 되면 부하나 부하 직원을 거의 잡아먹을 듯이 괴롭히는 것을 보게 됩니다. 그래서 이런 사람들에게 한번 당하고 나면 "저 사람은 인간이 아니고 악마야"라는 말을 하게 됩니다.

그런데 사실 모든 사람의 마음속에는 이런 악마적인 본성들이 도사리고 있습니다. 우리가 상식적으로 생각해보면 사람이 자살할 이유가 전혀 없습니다. 그런데 사실 많은 사람이 분노를 조절할 수 있는 장치가 파괴되어 있기 때문에 자기도 모르게 화가 나면 남을 공격하든지 아니면 건물에서 뛰어내려서 목숨을 끊는 것을 보게 됩니다. 남을 말이나 행동으로 공격하는 사람도 스스로 참을 수 없어서 그렇게 하는 것입니다.

사실 모든 인간의 잠재의식 속에는 언제 폭발할지 모르는 이런 악마적인 본성이 도사리고 있습니다. 그런데 예수님께서 오셔서 우리 안에 있는 이 폭탄을 해체시켜 주셨습니다. 그리고 우리 안에 있는 이 악마 같은 본성을 죽여 놓으셨습니다. 이제 우리는 얼마든지 아름답고 착하고 선하게 살 수 있게 되었습니다. 그럼에도 불구하고 우리 안에는 여전히 옛 악마 같은 본성의 후유증들이 남아 있어서 옛날과 같은 정욕적인 삶을 살도록 우리를 끌고 가려고 합니다.

이 세상에 많은 종교가 있고 많은 사상이 있지만 그것이 옳으냐 틀리냐 하는 것은 이론이나 의식을 가지고 말할 수 없습니다. 왜냐하면 이 세상의 모든 종교나 사상에는 나름대로 좋은 점들이 다 있기 때문입니다. 그러나 가장 확실하게 구별할 수 있는 한 가지는 성령이 임하느냐 임하지 않느냐 하는 것입니다. 천주교가 옳으냐, 개신교가 옳으냐, 유대교가 옳으냐 하는 것에 대하여 가장 확실한 것은 무엇입니까? 성령이 오시지 않으면 그 종교는 다 죽은 종교인 것입니다. 왜냐하면 그 종교는 우리 안에 있는 죄의 폭탄을 해체하지 못하고 미친 광기를 다스리지 못하기 때문입니다.

예수님의 십자가가 위대한 이유는 예수님의 그 보혈이 바로 이 미친 광기를 치료해서 우리로 하여금 새로운 인생을 살게 하기 때문입니다.

1. 성령은 억지로 하시지 않는다

우리 안에 하나님의 말씀에 비추어지면 어느 순간부터 성령이 우리 안에서 활동하시면서 우리는 정신적인 갈등과 방황을 겪게 됩니다. 즉 우리 마음속으로는 착하게 살고 싶은데 육신이 말을 듣지 않는 것입니다. 그때부터 우리는 정신적으로 방황하기도 하고 하나님께 반항하기도 하고 수양을 쌓으려고 노력하기도 하고 훌륭한 사람들의 강연을 듣기도 하고 나름대로 완전해지려고 노력을 많이 합니다. 그러나 우리의 정신은 날이 갈수록 황폐해지고 나중에는 아무것도 할 수 없는 상태까지 가게 됩니다.

그때 우리는 예수님의 음성을 듣고 그 앞에 두 손 두 발 다 들고 굴복하게 되는데 그제야 인격적으로 예수님을 만나게 됩니다. 그리고 그 순간 우리는 성령을 마시게 됩니다. 이때 우리는 하나님이 나의 아버지이신 것을 알게 되고 내가 사랑받는 사람이라는 것을 깨닫게 됩니다. 이때부터 우리 안에는 성령이 거하시게 됩니다. 그런데 우리 안에 계신 성령님은 우리를 강제로 하나님의 뜻대로 살도록 몰아가시지 않습니다. 우리는 예수 그리스도 안에서 자유를 얻었기 때문에 얼마든지 하나님의 뜻대로 살 수 있고 육체의 욕심대로 살 수도 있습니다.

그 대표적인 예를 아브라함과 그의 조카 롯에서 찾아볼 수 있습니다. 아브라함은 하나님의 말씀을 듣고 그동안 자신의 생활 기반이었던 고향 친척 아버지의 집을 떠나서 가나안 땅으로 이주를 하게 됩니다. 그때 조카 롯도 아브라함과 함께 떠났습니다. 그런데 두 사람 모두 부자가 되어서 가축이 많아지면서 그들의 목자 사이에 분쟁이 생기게 됩니다. 그때 아브라함은 땅이 이렇게 넓은데 우리가 좁은 데서 서로 싸우면서 있을 필요가 없다고 하면서 서로 헤어지자고 제안합니다. 그때 롯은 초장이 아주 기름지고 물이 많은 소돔의 들판을 택하고, 아브라함은 풀이 형편없는 헤브론 골짜기를 택하게 됩니다. 그런데 롯은 소돔 사람들이 하나님 앞에서 그렇게 악한 사람인데도 그것을 별로 중요하게 생각하지 않았던 것입니다. 그대신 롯은 부자가 되고 도시에서 성공하는 것만 생각했습니다. 그렇지만 하나님은 소돔이 유황불로 망하는 데서 롯을 억지로 끌어내십니다.

그런데 창세기 19장에 보면, 롯이 소돔 사람들과 어울려 얼마나 타락했는지 모릅니다. 천사 두 명이 롯을 찾아왔을 때 소돔 사람들이 몰려와서 남자들을 성폭행하겠다고 했습니다. 그때 롯이 나가서 소돔 사람들에게 결혼하지 않은 두 딸을 내어줄 테니까 그들을 건드리지 말라고 합니다. 그러면 롯은 자기 두 딸을 어떻게 생각하고 있었다는 것입니까? 롯은 자기 딸은 아무렇게 당해도 상관없다는 생각을 하고 있었던 것입니다. 그리고 롯은 멸망하는 소돔 성에서 천사가 강제로 내보내어서 겨우 옆에 있는 소알이라는 곳으로 도망쳐서 살게 됩니다. 그래도 불안하니까 산으로 올라가서 두 딸과 굴에서 사는데 두 딸이 롯에게 술을 엄청 취하게 해서 임신을 하게 됩니다. 롯이 그렇게 술에 취할 수 있었다는 것은 평소에도 술을 많이 마셨다는 것을 보여 주는 것입니다.

    롯이 만일 하나님의 말씀을 믿었더라면 소돔에서도 작은 교회를 개척해서 사람들을 살릴 수 있었을 것입니다. 그 사람들에게 나가자고 했으면 다 나갔을 것입니다. 만일 그 사람의 숫자가 열 명만 넘었더라면 소돔을 살릴 수도 있었을 것입니다. 롯이 소알에 갔더라도 사람들 앞에서 소돔에 있었던 일을 전하고 회개하라고 했더라면 산으로 도망칠 필요가 없었을 것입니다. 그러나 롯은 하나님의 은혜를 받았지만 그는 육신의 소욕을 따라 살았기 때문에 전혀 다른 사람들의 생명을 살리는 데 도움이 되지 못했습니다. 롯의 사위될 사람들도 소돔이 멸망한다고 하니까 농담으로 알았더라고 했습니다. 롯의 말은 그만큼 신뢰가 떨어졌던 것입니다.

    5:16, "내가 이르노니 너희는 성령을 따라 행하라 그리하면 육체의 욕심을 이루지 아니하리라"

    여기에 보면 성령님이 우리 안에 오신다고 해서 우리로 하여금 억지로 하나님의 말씀대로 살게 하시지 않는다는 것을 알 수 있습니다. 단지 우리 자신이 선택해야 하는 것입니다. 즉 우리는 예수님을 인격적으로 만나고 성령의 사람이 된 후에 얼마든지 성령을 따라 행할 수도 있고, 또 얼마든지 육체의 욕심을 따라 살 수도 있는 것입니다. 그런데 예수를 믿고 난 후에 우리의 육체의 욕심은 더욱 교묘해질 수 있습니다. 그래서 무엇이 성령을 따라가는 것이고 무엇이 육체를 따라 사는 것인지 분별이 되지 않을 때가 많이 있습니다.

본문 19절 이하에 보면 육체의 일은 분명하다고 하면서 그 예를 들고 있습니다.

> 5:19-21, "육체의 일은 분명하니 곧 음행과 더러운 것과 호색과 우상 숭배와 주술과 원수 맺는 것과 분쟁과 시기와 분냄과 당 짓는 것과 분열함과 이단과 투기와 술 취함과 방탕함과 또 그와 같은 것들이라 전에 너희에게 경계한 것 같이 경계하노니 이런 일을 하는 자들은 하나님의 나라를 유업으로 받지 못할 것이요"

우리가 예수 믿고 구원받은 후에도 우리의 정신과 육체는 온통 죄에 길들어 있는 상태입니다. 그래서 우리 마음속에는 여전히 음란한 생각과 충동들이 살아 있는데 오히려 이런 충동이 믿지 않는 자보다 더 강할 수도 있습니다. 왜냐하면 예수 믿지 않는 자들은 이런 것을 죄라고 생각하지 않기 때문에 자주 이런 죄에 노출되어서 큰 스트레스가 되지 않습니다. 그러나 하나님의 백성들은 이런 것들이 죄라는 것을 알고 있기 때문에 마음속에 죄짓고 싶은 욕망은 있는데 해서는 안 되는 줄 아니까 엄청 스트레스가 되는 것입니다. 그러다가 어떤 때는 '에라, 모르겠다!' 하면서 그러한 죄에 빠져 버릴 때가 있습니다. 그러고 나면 너무 마음이 괴롭고 고통스럽고 하나님 앞에 죄송해서 죽을 지경이 되는 것입니다.

"음행과 더러운 것과 호색"이라고 했습니다. 이런 성적인 죄들은 정신을 썩게 만드는 영적인 한센병입니다. 그런데 하나님의 백성이나 하나님의 종들도 자기 통제가 안 되면 이런 죄에 빠져버리게 됩니다.

물론 하나님의 백성들이 '우상 숭배'를 하거나 '주술'은 하지 않을 것입니다. 그러나 신앙 안에서도 말씀이 없으면 얼마든지 예배가 우상 숭배가 될 수 있고 건물도 우상이 되고 사람을 우상으로 만들 수도 있는 것입니다. 그래서 우리는 '아이돌'을 만들어서는 안 되는 것입니다. 모두 다 형제이고 자매이지, 아이돌은 무슨 아이돌입니까? 어떤 사람은 꿈을 좋아하고 어떤 사람은 환상을 좋아하고 어떤 사람은 인간적인 모임을 좋아하지만 이것은 다 우상이 되는 것입니다.

하나님의 백성들도 인간이기 때문에 '분냄'이 있을 수 있습니다. 오히려 서로에 대하여 너무 기대를 많이 하기 때문에 더 분노가 생길 수 있습니다. 그런데 우리는 상대방에 대하여 너무 기대를 해서는 안 됩니다. 그래서 원수 맺고 분쟁하고 당을 짓고 분열할 필요가 없는 것입니다. 왜냐하면 우리는 다른 사람이 생각하는 만큼 거룩하거나 완전하지 않기 때문입니다. 그런데 하나님의 백성들이 술 취하고 방탕하고 도박하는 것은 그 나쁜 습관이 없어지지 않고 몰래몰래 해온 것입니다. 결국 이런 죄들은 엄청 망신을 당하게 만듭니다. 어떤 사람은 목회자인데도 간음에 빠지고 술도 마시고 도박도 하다가 그것을 나중에 많은 사람이 알게 되면 그는 모든 신뢰를 다 잃어버리게 됩니다. 그러나 이 모든 것은 자기가 선택한 결과입니다.

우리는 성령이 내 안에 오시면 모든 죄가 다 저절로 정리되고 큰 능력이 임할 줄로 생각하지만 오산입니다. 우리는 로봇이 아니기 때문에 하나님은 우리 자신으로 하여금 선택하게 하시는 것입니다. 그러나 우리가 스스로를 하나님께 복종시키지 않는다면 우리 안에 계신 성령님이 근심하시고 시기하시기 때문에 우리 안에는 기쁨이 없습니다. 그리고 모든 신앙생활이 시간 낭비가 되고 맙니다. 왜냐하면 그 좋은 업적들이 전부 다 썩어버리고 아무도 좋아하지 않기 때문입니다.

2. 성령은 육체의 욕심을 방해한다

우리가 예수 믿고 난 후에도 그대로 남아 있는 육체의 욕심 중에는 사실 웬만해서는 분별할 수 없는 교묘한 것들이 많이 있습니다. 그중에서 대표적인 것이 세상적으로 성공하고 많은 사람의 인정을 받고 잘 살고 싶은 욕망입니다. 즉 우리는 하나님을 믿는다고 하면서도 여전히 세상 것은 하나도 손해 보지 않고 모든 것을 다 가지고 싶습니다. 예수님은 좁은 길을 가라고 하셨지만 사실 누가 좁은 길을 가려고 하겠습니까? 모든 하나님의 종이나 성도들이 이 넓은 길을 가지 못해서 난리입니다. 예수님은 누구든지 자기를 따라오려거든 자기를 부인하고 자기 십자가를 지고 나를 따르라고 하셨고 자기 자식이나 부인을 나보다 더 사랑하면 내게 합당하지 않다고 말씀하셨습니다(마 16:24).

그러나 자기를 부인하는 사람이 어디에 있습니까? 우리는 더 많은 명예를 가지려고 하고 다른 사람이 자기를 알아주지 않으면 소리 지르고 소송을 걸고 자기 돈은 하나도 손해 보지 않고 교회나 교단의 돈을 가지고 모든 것을 다 하려고 하는 모습을 보게 됩니다. 그러나 이것은 옳은 것이 아닙니다. 아무리 내가 열심이 넘친다 하더라도 내가 모든 것을 다 하려는 것은 자기 자신에게도 유익하지 않고 예수님의 정신도 아닙니다. 그리스도인들은 남을 나보다 낮게 생각하고 자꾸 다른 사람에게 기회를 양보하는 것이 좋습니다. 그래서 사실 우리가 믿는다고 말은 하지만 무늬만 기독교이지 실제로 하는 것은 세상과 다를 바가 없고 세상 사람들보다 더 심할 때가 많습니다.

그런데 성령님은 아예 가능성이 없는 사람은 자기 하고 싶은 대로 다 하게 하시지만 정말 사랑하는 사람에게는 그의 욕심대로 되지 않도록 슬슬 방해를 하십니다.

5:17, "육체의 소욕은 성령을 거스르고 성령은 육체를 거스르나니 이 둘이 서로 대적함으로 너희가 원하는 것을 하지 못하게 하려 함이니라"

우리의 신앙이 어릴 때는 너무 육체의 생각이 강해서 성령이 아무리 말씀하셔도 알아듣지 못합니다. 이것은 마치 어린아이들이 자기가 하고 싶은 것이 있으면 아무 소리도 귀에 들리지 않는 것과 같습니다. 아이들은 어디로 뛰어가고 싶으면 엄마가 가지 말라고 하든지 차가 오든지 상관없이 달려가고 봅니다. 사실 이때가 가장 위험합니다. 그러나 어느 정도 말씀으로 성숙해지면 그때부터는 하나님의 뜻을 생각하게 됩니다. 즉 어떤 일을 너무 하고 싶은데 그것이 하나님의 뜻인지 아닌지 알 수 없으면 하지도 못하고 안하지도 못하고 우물쭈물하다가 결국 아무것도 하지 못하게 됩니다. 또 어떤 일은 신앙적으로는 너무나도 좋은 일이지만 별로 하고 싶지 않아서 결국 안 하게 됩니다.

어떤 여자가 결혼하려고 하는데 남자가 잘생겼고 매너도 좋습니다. 그러나 신앙이 없습니다. 반대로 어떤 남자는 신앙은 좋지만 매력이 없고 나이가 너무 어립니다. 결국 이것도 안 되고 저것도 안 되다가 나중에는 아무것도 안 되게 됩니다. 그러나 이것도 안 되고 저것도 안 된 때에는 나는 결국 망했구나라고 생각하지 마시기 바랍니다. 이것은 성령님의 의지가 확고하기 때문에 안 되는 것입니다. 아브라함은 구십구 세까지 진정한 아이가 없었는데 그러면 완전히 망한 인생입니까? 그것은 망한 인생이 아니라 하나님의 뜻이 너무 확고해서 그런 것이었습니다.

성령님은 우리의 의지를 강제로 꺾지 아니하시고 아무것도 안 되게 하십니다. 결국 우리는 아무것도 안 되기 때문에 나중에는 내가 아무것도 아니라는 것을 고백하게 됩니다. "주여 나는 아무것도 아닙니다. 하나님의 뜻대로 살리든지 죽이든지 알아서 하십시오."라고 할 때 하나님은 일하기 시작하시는 것입니다. 이때 우리는 완전히 소망이 사라지게 됩니다. 우리는 결혼할 가능성도 없는 것 같고 세상에서 성공할 기회도 없을 것 같습니다. 그런데 완전히 내가 죽게 되었을 때 그때가 바로 하나님에게는 새롭게 시작하실 때인 것입니다.

모세에게는 그때가 나이 팔십 세였습니다. 모세도 얼마나 혈기가 왕성하고 자기주장이 강했던지 이스라엘 사람을 때리던 애굽 감독을 죽여서 모래에 파묻었습니다. 이때 모세는 그야말로 정의감에 사로잡혀 있었습니다. 그러나 모세의 그 혈기가 죽는 데 사십 년이 걸렸습니다.

다윗도 얼마나 혈기가 대단했던지 나발이라는 사람에게 먹을 것을 좀 달라고 했다가 거절당하니까 그 사람들을 다 죽이려고 출동했습니다. 그러나 하나님은 다윗의 혈기를 막으셨습니다. 그리고 다윗은 더 긴 방랑 생활을 해야만 했습니다. 하나님은 우리를 너무 사랑하셔서 아무것도 아닌 사람이 되게 하십니다. 그래서 대충 하나님의 뜻이라고 생각해서 밀어붙이는 것은 통하지 않습니다. 왜냐하면 그것은 자기 야망이고 자기 욕심이기 때문입니다.

그래서 아무리 하나님의 일을 많이 하고 열심히 하는 사람이라 하더라도 음란하거나 당을 짓거나 분을 내거나 술 취하고 방탕한 사람은 하나님의 나라에 들어갈 수 없습니다. 왜냐하면 그런 사람은 성령을 따라 사는 사람이 아니기 때문입니다.

3. 성령은 열매맺게 하신다

우리가 이 세상에서 크리스천으로서 가장 원하는 것은 역동적이고 활력 있는 신앙생활을 하는 것입니다. 그러나 성령님은 우리를 식물이 되게 하셔서 열매를 맺게 하십니다. 우리는 식물인간이라면 누워서 아무것도 하지 못하는 거의 의식이 없는 환자를 생각하게 됩니다. 그러나 성령님은 우리로 하여금 사자나 표범같이 쌩쌩 달리는 동물이 아니라 서서 아무것도 하지 못하는 식물로 만드십니다. 성령님은 우리 안에 하나님의 진액을 잔뜩 넣으셔서 성령의 열매를 맺게 하십니다. 그 이유는 일단 열매를 한번 맺어버리면 더 이상 변질되거나 실패하지 않기 때문입니다.

> 5:22-23, "오직 성령의 열매는 사랑과 희락과 화평과 오래 참음과 자비와 양선과 충성과 온유와 절제니 이같은 것을 금지할 법이 없느니라"

성령님은 우리가 많은 활동을 하는 것보다는 열매 맺는 것을 훨씬 중요하게 생각하십니다. 성령님이 우리에게 가장 첫 번째로 맺게 하시는 열매는 '사랑' 입니다. 즉 우리 안에서 사랑이 솟아오르는 것입니다. 사랑이라는 것은 귀하게 생각하는 것입니다. 즉 자기 자신이 소중하게 생각되고 다른 사람들도 소중하고 하나님이 너무 소중한 것입니다. 우리는 이 세상에 살아 있는 것이 너무나도 소중합니다. 우리는 무슨 일을 하려고 하기 이전에 모든 것이 소중하다는 것을 알아야 합니다. 결국 자신을 사랑하지 않는 사람은 다른 사람도 사랑할 수 없습니다. 우리 안에서 사랑이 마구 솟아오르는 것이 첫 번째 열매입니다.

그리고는 '기쁨' 입니다. 기쁨이라는 것은 하늘의 감정입니다. 즉 하나님께서 내 안에 하늘의 호르몬을 주셔서 내가 하고 있는 일이 가치 있고 행복하기 때문에 기쁜 것입니다. 하나님의 백성들은 기쁨이 양식입니다. 그리고 '화평' 한 것입니다. 이것은 더 이상 내 안에 갈등이 없는 것입니다. 왜냐하면 전에 육신의 소욕과 성령의 소욕이 싸울 때 아직 내 욕심이 살아 있었지만, 이제는 더 이상 싸울 필요가 없어졌습니다. 왜냐하면 하나님이 이제는 알아서 한다는 것을 믿기 때문입니다. 그리고 다른 사람에 대해서도 굳이 이길 필요가 없다는 것을 깨닫게 됩니다. 왜냐하면 각자마다 생각이 다 다른데 다른 사람을 굳이 바꿀 필요가 없기 때문입니다. 우리가 다른 사람을 어떻게 바꿀 수 있겠습니까? 그것은 하나님만이 하실 일입니다.

그래서 우리는 '오래 참고 기다리게' 됩니다. 왜냐하면 하나님이 늦으셔서 오래 기다리는 것이 아니라 인간이 너무 고집이 세고 까다롭기 때문입니다. 그래서 우리는 성급하게 할 필요가 없습니다. 또 '자비'는 다른 사람에게 젠틀하고 예의 있는 성품입니다. 다른 사람에게 예의 있게 대하는 것이 나의 품격입니다. 우리가 다른 사람을 존중하면 다른 사람도 나를 존중하게 됩니다. 만일 다른 사람이 나를 무시하고 업신여기면 그 사람이 나쁜 사람입니다. 그리고 '양선'은 금전적으로나 물질에 있어서 남에게 인색하지 않고 잘 도와주는 것입니다. 우리는 어차피 이 세상에서 너무 많은 것을 가지고 있는데 그것으로 남을 도울 수 있으면 참으로 행복한 것입니다.

그리고 성령의 열매는 충성과 온유와 절제로 나타나게 됩니다. 즉 하나님의 일을 '충성' 되게 해야 합니다. 우물을 팠으면 끝까지 파고 들어가야 하고 광산을 발견했으면 끝까지 파고 들어가야 원하는 것을 얻게 되는 것입니다. '온유'는 부드러운 것입니다. 즉 부드럽지 않은 것은 아직 모가 난 것이고 아직 길을 찾지 못해서 여기저기 부딪치고 모든 것을 다 가지려고 하는 것입니다. 우리가 진정으로 가치 있는 것을 찾았으면 다른 것은 남들에게 양보를 해도 됩니다. 그래서 부드러운 것입니다. 하나님의 백성들은 모든 것을 다 가지려고 할 필요가 없습니다. 왜냐하면 우리는 진짜 중요한 것을 가지고 있기 때문입니다. 그리고 '절제'입니다. 자기 자신의 욕망을 이기지 못하면 그 집은 결국 폭삭 무너지고 그 사람의 인생도 무너지게 될 것입니다. 그래서 우리에게 너무 지나친 것은 좋지 않습니다. 열심도 지나치면 안 되고 남에게 잘해주는 것도 너무 잘해주는 것이 좋지 않고 적당한 것이 좋은 것입니다.

그런데 이해되지 않는 것이 있습니다. 세상은 이렇게 격동하고 발전하고 있는데 만일 우리가 식물인간처럼 한 자리에 가만히 서서 이런 내면적인 열매를 맺는 것만으로 이 험한 세상을 살아갈 수 있을까요? 여기에 우리의 믿음이 필요합니다.

우리는 성령을 흔히 바람에 비유합니다. 바다에서 서핑하는 사람들에게 가장 중요한 것은 파도입니다. 파도가 일지 않으면 아무리 서핑을 타려고 해도 앞으로 나가지 않습니다. 그러나 바람이 불고 파도가 높이 일면 그때는 파도 위에 가만히 서서 얼마든지 서핑을 즐길 수 있는 것입니다. 마찬가지로 내가 이 세상에서 내 힘으로 아무리 큰일을 하려고 해도 바람이 불지 않으면 앞으로 나아갈 수 없습니다. 결국 그 자리에 서 있다가 물밑으로 가라앉고 마는 것입니다.

그러나 우리가 육체의 소욕을 따라가지 아니하고 성령의 열매를 맺을 때 생기는 유익은 성령의 바람이 불게 된다는 것입니다. 그때는 부흥이 저절로 일어나게 됩니다. 그리고 더 중요한 것은 하늘 문이 열리고 복이 쏟아지게 된다는 것입니다. 그래서 우리 자신의 힘으로 선교를 하고 전도도 하고 세상도 바로 잡으려고 애쓰는 것은 앉아서 용쓰는 것과 같습니다. 결국 우리는 예수님과 함께 십자가에 못 박힌 사람이고 우리 힘으로 할 수 있는 것은 아무것도 없습니다. 그런데 우리가 십자가에 못 박히면 박힐수록 성령의 바람이 강하게 불게 됩니다.

5:24, "그리스도 예수의 사람들은 육체와 함께 그 정욕과 탐심을 십자가에 못 박았느니라"

우리는 예수님과 함께 십자가에 못 박혔기 때문에 우리 힘으로는 아무것도 할 수 없습니다. 그런데 못을 빼고 내려와서 내가 하고 싶은 대로 다 하고 또 그 십자가에 달리려고 합니다. 그런 십자가는 가짜입니다. 그런데 어떻게 정욕을 포기하고 탐심을 포기할 수 있습니까? 결국 하나님의 말씀으로 죽어야 합니다. 우리 안에는 시기심이 있습니다. 우리는 남들보다 잘살고 싶고 잘 되고 싶은 욕심이 있습니다. 그러나 그럴 때마다 그 욕심을 때려서 집어넣어야 합니다.

5:25-26, "만일 우리가 성령으로 살면 또한 성령으로 행할지니 헛된 영광을 구하여 서로 노엽게 하거나 서로 투기하지 말지니라"

우리 하나님의 백성들은 성령으로 사는 사람들입니다. 우리는 원하든지 원하지 않든지 성령으로 숨 쉬며 성령이 주시는 생명으로 살아갑니다. 그렇다면 우리는 과감하게 행실과 자기 생각을 버리고 자기를 부인하고 성령으로 행동할 때 하나님의 역사가 나타나게 됩니다. 그러나 성령으로 산다고 하면서 헛된 영광을 구해서 최고가 되려고 하고 자기 생각과 뜻만 고집한다면 하나님의 일은 아무것도 안 됩니다. 우리에게 이 놀라운 성령의 바람이 불기를 원합니다. 서로에 대하여 시기하는 마음이나 투기하는 마음을 버리고 세상 사람들같이 살지 말고 십자가에 못 박혀서 내 안에서 하나님의 뜻이 이루어지기를 바랍니다.

15

성령으로 사는 인생

갈 6:1-10

한눈 외모나 브랜드도 중요하지만 가장 중요한 것이 안전입니다. 만약 자동차가 아무리 새 차이고 비싼 차라고 하더라도 달리는 중에 불이 난다면 굉장히 위험합니다. 마찬가지로 우리 예수 믿는 사람들에게는 성령으로 새로운 능력이 임하게 되는데, 만일 이 새로운 능력으로 우리가 더 교만해지거나 더 위험해지게 된다면 이 능력은 좋은 능력이 아닐 것입니다.

우리가 열심히 기도하는 중에 큰 힘을 가지게 되었다고 하면 우리는 기분이 아주 좋을 것입니다. 이제는 그 어떤 것도 무섭지 않고 자신이 원하는 것도 마음껏 할 수 있을 것입니다. 그런데 만일 그 힘을 가지고 운동을 해서 유명해지거나 돈을 많이 버는 쪽으로 나간다면 그는 그 능력을 잘 사용하는 것이 아닙니다. 왜냐하면 그런 일은 누구든지 할 수 있는 일이기 때문입니다. 만약 우리가 성령이 주신 능력을 가지고 격투기에 나가서 이겨서 돈을 많이 벌거나 유명하게 된다면 그것이 나에게는 좋을지 모르겠지만 나에게 그런 힘을 주신 하나님의 뜻은 아닐 것입니다.

우리는 그런 큰 힘을 가지게 되었을 때 더 고민하고 더 당황하게 됩니다. 오히려 그 힘을 감추고 겸손하게 다른 사람을 돕고 섬기는 쪽으로 사용해야 더 아름다운 열매를 얻을 수 있을 것입니다. 삼손은 하나님께서 큰 힘을 주셨을 때 그 힘을 제대로 사용하지 못했습니다. 그래서 한번은 결혼식 수수께끼에 지는 바람에 블레셋 사람 30명을 때려죽이고 그 옷을 빼앗아서 수수께끼를 맞힌 사람들에게 나누어 주었습니다. 그리고 또 한 번은 가사의 술집에 몰래 갔다가 포위가 되었을 때 밤에 일어나서 성 문짝을 뜯어오는 일을 했습니다. 이 모든 것은 바른 일이 아닙니다.

그래서 하나님께서 우리에게 성령을 주셨을 때, 성령님은 당장 우리가 천재가 되거나 힘이 강해지는 것보다는 생각하는 것이 달라지게 하십니다. 우리는 사는 목적이 달라지고 힘이 달라지고 생각하는 차원이 달라지게 됩니다. 그래서 하나님이 주신 성령의 능력을 가지고 돈을 벌려고 하거나 남의 잘못이나 책망하면서 스스로 우월감에 빠진다면 그것 자체가 정신이 이상한 사람이 되는 것입니다. 우리는 성령님이 주시는 힘과 지혜를 어떻게 사용해야 하는지 고민해야 합니다. 그리고 어떻게 해서든지 자기 유익이 아니라 다른 사람의 유익을 위해서 사용되도록 엄청나게 훈련을 해야 합니다.

1. 생각하는 차원이 다르다

먼저 우리에게 성령이 오시면 우리는 생각하는 것이 달라지게 됩니다. 야곱과 에서는 쌍둥이 형제였습니다. 그러나 그들은 생각하는 가치관이 완전히 달랐습니다. 왜냐하면 그들의 신앙이 달랐기 때문입니다. 에서는 당장 먹고 쉬는 것을 좋아하는 반면에 야곱은 하나님의 축복을 중요하게 생각했습니다. 에서는 사냥꾼이었는데 화살이나 창을 가지고 동물을 죽이고 그 고기를 먹는 것을 좋아했습니다. 거기에 비해 야곱은 자기 집에 있는 하나님의 비밀을 아는 데 관심이 많았습니다. 어느 날 야곱이 팥죽을 끓이고 있는데 에서가 사냥하고 돌아와서 너무 배가 고파 그 팥죽을 달라고 하니까 야곱이 이 팥죽을 주는 대신 형의 장자권을 내놓으라고 합니다. 그러니까 에서는 지금 배가 고파 죽게 되었는데 그런 장자권이 무슨 소용이 있느냐고 하면서 장자권을 동생에서 줘버렸습니다. 그래서 에서는 팥죽 한 그릇에 장자권을 판 사람이 되고 말았습니다.

하나님은 야곱에게 양이나 염소를 잘 키울 수 있는 지혜를 주셨습니다. 그런데 야곱은 그 하나님의 지혜를 자기 재산 불리는 데 사용합니다. 야곱은 외삼촌 라반에게 가서 얹혀살면서 점이 있고 얼룩지고 검은 양이나 염소를 자기 품삯으로 해 달라 하고는 암양이나 염소가 교배할 때 껍질을 벗긴 나뭇가지를 세워놓아서 그 양이나 염소가 새끼를 낳을 때 점이 생기거나 얼룩이 생기게 해서 엄청난 부자가 되었습니다(창 30:37-43). 그러나 우리가 하나님이 주신 지혜나 힘을 가지고 돈을 벌려고 하거나 육체의 쾌락을 즐기는 것은 너무나도 악하고 이기적인 행동이 된다는 것입니다.

솔로몬은 하나님이 주신 지혜를 가지고 엄청난 비즈니스를 하고 강의를 해서 어마어마한 부자가 되었습니다. 그러나 이 모든 것은 약한 자들을 상대로 해서 돈벌이를 하거나 자기 배를 채우는 것밖에 되지 않는 것입니다. 왜 이 사람들은 성령이 주신 그 지혜나 힘을 가지고 기도하고 말씀을 연구해서 부흥이 일어나게 하지 않았을까요? 그렇게 했더라면 모든 사람에게 성령이 임하고 하나님의 축복이 임했을 텐데 말입니다. 그러므로 우리는 하나님이 주신 지혜나 힘을 가지고 자기 자랑거리로 삼지 말고 남을 이해하도록 노력해야 합니다.

6:1. "형제들아 사람이 만일 무슨 범죄한 일이 드러나거든 신령한 너희는 온유한 심령으로 그러한 자를 바로잡고 너 자신을 살펴보아 너도 시험을 받을까 두려워하라"

아무리 성령을 받아도 죄를 안 짓는 것은 마음대로 되지 않습니다. 왜냐하면 죄짓는다는 것은 힘이나 지혜와 상관이 없는 인간의 본성이기 때문입니다. 아무리 성령이 주신 지혜가 있다고 해서 죄지을 마음이 없는 것은 아니고, 아무리 성령의 능력이 있다고 해서 이성에 대한 감정이 없는 것은 아니기 때문입니다. 그래서 성경에서는 가장 존경받는 두 사람이 이성의 문제로 몰락하고 망하는 것을 보여줍니다. 다윗과 삼손입니다. 그러므로 하나님을 믿는 사람도 화를 낼 수 있고 거짓말할 수 있고 음욕에 빠질 수도 있습니다.

그런데 성령의 사람은 이런 사람들을 모두 반면교사로 삼아서 철저하게 자신을 돌아보아야 합니다. 예를 들어서 어떤 유명한 사람이 이성의 문제에 넘어가서 엄청난 망신을 당하고 그 모든 명예와 신뢰를 다 잃어버리고 망하는 것을 보았을 때 다른 사람들은 욕만 하고 넘어가겠지만, 우리는 그 사람이 넘어가게 된 이유를 철저하게 연구를 해야 합니다. 그러면 그 사람이 자만했다거나 혹은 너무 욕심을 내었다거나 혹은 인간적인 방법으로 하나님의 일을 했다거나 하는 원인을 알게 될 것입니다. 그리고 우리 자신을 살펴보면 우리 안에도 터지지만 않았지 얼마든지 그런 요소가 있다는 것을 알고 조심하게 됩니다.

또 어떤 분은 하나님의 종으로 너무 설교도 잘하고 목회도 성공했는데 나중에는 도덕적인 문제가 생기고 사람들에게 불신을 당하게 되어서 실패하게 되었다면 그것도 연구를 해보아야 합니다. 하나님의 사람들은 다른 사람들과 생각하는 차원이 다르지만 그렇다고 해서 죄에 빠지지 않는 것은 아닙니다. 그래서 하나님의 종들은 다른 사람들의 실패나 잘못에 대해서는 너무 공격적이지 않은 것이 좋습니다. 왜냐하면 사람은 누구나 다 죄에 빠질 수 있기 때문입니다.

그러나 성령의 사람이 미련하게 죄에 빠지면 모든 것이 돌이킬 수 없게 됩니다. 즉 한순간에 모든 아름다운 것을 다 빼앗기게 됩니다. 그래서 성령의 사람은 무슨 일이 있어도 죄에 빠져서는 안 됩니다. 사람이 아무리 좋은 일을 많이 하고 아무리 유능해도 죄에 빠져버리면 그 잘한 것은 아무 소용이 없어지게 됩니다. 그런데 성령님은 우리로 하여금 지금 하려고 하는 일에 대하여 그 결과를 미리 보게 하십니다. 즉 죄라는 것이 지금 당장은 너무나도 달콤하고 행복하게 해줄 수 있을 것 같지만 결국 죄의 말로는 비참한 결과라는 것입니다. 이것을 안다면 사탄이 아무리 달콤한 말로 유혹한다 할지라도 절대로 넘어가면 안 되는 것입니다.

2. 다른 사람의 짐을 지는 훈련

어떤 사람이 다른 사람보다 월등한 힘을 가지고 있는데, 그 힘을 가지고 약한 자들을 때리거나 지배하려고 한다면 그는 결국 조직 폭력배가 되든지 악당 두목이 되고 말 것입니다. 그러나 이 세상은 이런 구조로 되어 있습니다. 그래서 기업도 돈이 있는 기업은 약한 기업을 하나씩 둘씩 잡아먹어서 거대한 대기업이 되고, 머리가 좋은 사람들은 모든 좋은 자리를 하나씩 다 차지해서 높은 자리까지 올라가게 됩니다. 그래서 세상은 남의 짐을 지는 것보다는 '갑질'을 하고 깔아뭉개는 구조로 되어 있습니다. 이런 세상에서 어떤 사람이 아주 힘이 있는데 남을 겁주지 않고 오히려 남의 무거운 짐을 지고 가주고 또 뛰어난 머리를 가지고 고시를 하거나 높은 자리에 올라가지 않고 하나님의 말씀이나 연구해서 가르친다면 사람들은 그를 어리석은 사람이고 시간을 낭비하는 사람이라고 생각할 것입니다.

예를 들어서 어떤 학생이 서울대를 졸업했는데 대기업체에 취직하거나 대학원을 가서 더 공부할 생각을 하지 않고 빈민촌에 가서 무료로 봉사하거나 아프리카에 가서 자원봉사를 한다면 많은 사람은 그 아까운 머리를 썩힌다고 생각할 것입니다. 그러나 실제로 하나님이 우리에게 힘을 주시고 좋은 머리를 주신 것은 출세하고 성공하라고 주신 것이 아니라 남의 짐을 지워주고 도우라고 주신 것입니다. 우리는 나라가 좁아서 그런지 사람들이 성공하고 높은 자리에 올라가는 것을 대단하게 생각하는 것 같습니다. 그러나 진정한 성공은 그런 세상의 틀에 들어가서 자기 인생을 낭비하는 것이 아니라 그런데 예속되지 않고 멋진 인생을 살아가는 것입니다.

6:2, "너희가 짐을 서로 지라 그리하여 그리스도의 법을 성취하라"

우리가 이 세상에서 성공해서 잘 먹고 큰소리치는 것이 대단한 것 같지만 사실은 그렇게 해도 짧은 인생밖에 살지 못합니다. 아무리 높은 자리에서 큰소리를 쳐도 한 인간이고 세끼 밥을 먹고 팔십이나 구십 년밖에 살지 못합니다. 그러나 우리가 다른 사람의 짐을 지워주면 두 사람의 인생을 살게 됩니다. 즉 다른 사람의 인생 속에 내 인생이 들어가서 내가 두 사람의 인생을 살게 되는 것입니다. 우리가 이 세상에 살면서 많은 사람의 어려움을 함께 나눈다면 그 사람은 더 많은 사람의 인생을 살게 됩니다.

그러면 여기서 짐을 진다는 것은 무슨 뜻입니까? 물론 우리는 다른 사람의 인생을 대신 살 수는 없습니다. 즉 부모가 자식을 대신해서 군대에 갈 수 없고 엄마가 딸을 대신해서 아이를 낳아줄 수 없듯이, 우리는 다른 사람의 인생을 대신 살아줄 수는 없습니다. 그러나 우리 자신이 좁은 길로 걸어가는 것이 다른 많은 사람에게 엄청난 도움이 될 수 있습니다. 왜냐하면 그 많은 사람이 자신의 인생을 새로운 눈으로 볼 수 있기 때문입니다. 아브라함은 많은 자식을 낳은 것도 아니고 많은 일을 하지도 못했습니다. 그러나 그 자신이 믿음의 길을 걸어갔을 때 많은 사람에게 믿음의 아버지가 될 수 있었습니다.

그리고 우리가 가지고 있는 힘이나 머리를 가지고 자기 출세를 위해서 쓰지 않고 다른 사람을 위해서 쓸 때 그것은 하나님 앞에서 영원히 남게 됩니다. 그래서 사람들로부터 오랫동안 존경받는 사람들을 보면 자신의 젊음이나 머리를 가지고 자기 출세를 위해서 산 것이 아니라 다른 사람을 위해서 땀을 흘리고 고생한 사람들입니다. 이 사람들은 여러 사람의 인생을 산 사람이기 때문입니다. 그의 도움을 받은 모든 사람의 마음속에 그 사람은 살아 있게 됩니다.

그러나 아직 아무것도 되지 않은 상태에서 자기를 대단한 사람으로 생각하면 정신병자 취급을 받게 될 것입니다.

6:3. "만일 누가 아무 것도 되지 못하고 된 줄로 생각하면 스스로 속임이라"

어떤 사람이 말씀으로 은혜를 받았습니다. 그러나 그는 아직까지 전혀 다듬어지지 않은 성격이나 인품을 가지고 있습니다. 이런 사람이 자기는 칼빈이고 사도 바울이며 엘리야라고 떠들면서 다닌다면 다른 사람들은 그 사람을 보고 아무래도 과대망상에 빠진 환자라고 생각할 것입니다. 그래서 성령의 사람들은 자칫 잘못하면 자기 세계에 빠져서 과대망상증에 걸리기 쉽습니다. 그러므로 우리는 하나님의 은혜를 받더라도 늘 자신을 객관적으로 생각해보아야 하고, 세상적으로 남들이 나를 이해할 수 있는 성품을 하나씩 갖추어 가야 합니다.

물론 사도 바울은 예수 그리스도를 아는 지식이 가장 고상하기 때문에 모든 세상 자랑을 쓰레기통에 버렸지만(빌 3:18), 세상은 여전히 쓰레기통에 있는 것을 가지고 알아줍니다. 그래서 우리는 세상 현실을 완전히 부정해버릴 수가 없습니다. 우리는 세상 기준을 조금씩 맞추어야 가야 합니다. 이것은 우리가 세상과 타협하는 것이 아니라 세상을 이해시키기 위한 것입니다. 예를 들어서 신학교를 나오지 않고 평신도로 설교를 잘하는 것도 중요하지만 어느 정도 준비가 되면 신학을 해서 목사가 되어 그 틀 안에서 설교하는 것이 여러 가지 오해를 없애는 방법이 될 것입니다. 그러나 하나님의 백성들이 열등감을 가지는 것은 굉장히 좋지 못합니다.

> 6:4-5, "각각 자기의 일을 살피라 그리하면 자랑할 것이 자기에게는 있어도 남에게는 있지 아니하리니 각각 자기의 짐을 질 것이라"

성령의 사람은 자신을 살피는 것이 매우 중요합니다. 그런데 중요한 것은 어떤 눈을 가지고 자기를 살피느냐 하는 것입니다. 우리가 세상 사람들의 눈을 보면 기질이 세고 야망이 강한 사람들이 공격적으로 말하는 것을 보게 됩니다. 그래서 우리는 마음에 상처도 입고 세상적으로 아무것도 아니라는 열등감을 가지게도 되는데 절대로 그럴 필요가 없습니다. 왜냐하면 이 세상에서 성령의 사람을 우습게 알 수 있는 사람은 아무도 없기 때문입니다. 아무도 우리를 우습게 알지 못합니다. 단지 사람들은 이 세상의 악한 본성 때문에 그렇게 말할 뿐입니다. 그러나 우리가 이것을 나를 무시하고 업신여기는 것으로 오해하게 되면 마음이 많이 상하게 되고 닫히게 되고 화가 나게 됩니다. 우리가 화를 내게 되면 하나님의 뜻을 하나도 이루어드리지 못하게 됩니다.

그런데 우리 자신을 곰곰이 살펴보면 우리 안에 아름다운 부분들이 있는 것을 알게 될 것입니다. 그것은 우리 자신 안에서 변화된 부분입니다. 물론 다른 사람들은 이것을 알아주지 않겠지만 우리 안에 변화된 부분은 아주 중요한 보석같이 가치 있는 것입니다. 우리는 자신의 아름다운 부분들을 자꾸 키워나가야 합니다.

그리고 "각각 자기의 짐을 질 것이라"고 했습니다. 우리는 스스로 일어서는 훈련을 해야 합니다. 세상도 의지하지 말고 다른 사람도 바라보지 말고 자꾸 하나님을 의지하는 훈련을 해야 결국 일어서게 됩니다. 우리가 다른 사람을 의지하면 자기를 도와주지 않는다고 원망만 하게 됩니다. 우리 하나님에게 무한한 것이 있기 때문에 우리는 사람을 의지할 필요가 없습니다.

3. 하나님의 말씀으로 연단하라

우리 안에 성령이 계신다는 것은 우리가 엄청난 지각을 가지게 된다는 것입니다. 즉 다른 사람들은 아무것도 보지 못하지만 우리는 무엇인가를 보고 있는 것입니다. 그것은 바로 어마어마한 하나님의 세계입니다. 그러나 아직 우리는 모든 것을 정확하게 보지 못합니다. 하나님의 세계는 너무나도 복잡하고 어렵기 때문입니다. 예수님이 어떤 사람의 눈을 뜨게 했을 때 그는 나무같은 것이 걸어가는 것처럼 보인다고 했습니다. 그래서 우리는 자꾸 하나님의 말씀으로 자신의 생각이나 생활을 연단해야 합니다. 왜냐하면 우리가 다른 사람을 직접 돕는 것도 좋지만 결국 부흥이 일어나게 하는 것이 가장 좋은 일이기 때문입니다.

그래서 처음에는 우리의 열정과 힘을 하나님의 말씀을 배우고 기도하는 일에 사용해야 합니다.

> 6:6-7, "가르침을 받는 자는 말씀을 가르치는 자와 모든 좋은 것을 함께 하라 스스로 속이지 말라 하나님은 업신여김을 받지 아니하시나니 사람이 무엇으로 심든지 그대로 거두리라"

다윗은 원래 양을 치면서 악기를 연주하는 사람이었습니다. 다윗의 음악 실력은 사울 왕 앞에 가서 연주할 정도로 뛰어났습니다. 그러다가 다윗은 골리앗을 물맷돌로 쳐 죽이고 장군이 되었습니다. 그러나 다윗이 음악이나 전쟁으로 이스라엘을 돕는 데는 한계가 있었습니다. 결국 다윗은 다시 하나님의 말씀으로 돌아와서 하나님의 말씀을 연구하게 됩니다.

다윗은 자신이 연구한 그 하나님의 말씀을 가지고 수많은 시편을 남기게 되는데, 사람들은 다윗을 통해서 율법을 다시 보게 되었습니다. 즉 사람들은 율법이라고 하면 무조건 딱딱하고 하지 말라는 잔소리인 줄 알았는데 다윗은 율법을 완전히 새로운 차원에서 살려놓았던 것입니다. 다윗은 율법이 송이꿀보다 더 달고 금이나 보석보다 더 가치가 있으며 하나님은 반석이시고 피난처이시고 구원이시며 하나님은 우리의 목자라고 고백하고 있습니다. 결국 성령의 사람이 삼손같이 그 힘을 허비하지 않고, 모세같이 정확하게 하나님의 능력으로 끝까지 사용되려면 하나님의 말씀으로 자신을 훈련해야 합니다.

"말씀을 가르치는 자와 모든 좋은 것을 함께 하라"고 했습니다. 이것은 공식적인 먼 관계보다는 개인적으로 가까이해서 그의 인격을 배우고 경건을 배우고 그의 인생관을 배우는 것이 훨씬 가치가 있다는 뜻입니다.

하나님의 말씀에 놀라운 소망은 우리가 무엇을 심든지 그대로 거둔다는 것입니다. 우리는 이 세상에서 사람들이 무엇을 심기보다는 무엇이든지 움켜쥐고 있고 육신의 쾌락을 위하여 다 써버리는 것을 보게 됩니다. 시간도 써버리고 열정도 써버리고 돈도 써버리는 것을 보게 됩니다. 왜냐하면 미래의 소망이 없기 때문입니다. 미래의 희망이 없으면 그냥 먹고 마시고 즐기고 다 써버리려고 합니다.

그러나 하나님은 사람들이 무엇을 심든지 그대로 거두게 하십니다. 그래서 세상 지식을 위해서 심는 사람은 세상 지식을 거두고, 육체의 행복을 위해서 심는 사람은 잠시 즐거움을 거두고, 영원한 하나님의 세계를 위해서 심는 사람은 영원히 썩지 아니할 것을 거두게 되는 것입니다.

6:8, "자기의 육체를 위하여 심는 자는 육체로부터 썩어질 것을 거두고 성령을 위하여 심는 자는 성령으로부터 영생을 거두리라"

먹고 마시고 육체의 즐거움을 위해서 돈이나 시간이나 열정을 투자하는 사람은 한순간의 즐거움으로 모든 것이 끝나게 됩니다. 그러나 우리가 하나님의 말씀에 투자하고 기도에 투자한다면 부흥을 거두게 됩니다. 하늘 문이 열리게 되고 성령이 임하며 하늘의 무한한 축복이 쏟아지게 됩니다. 이것은 아무리 오랜 시간이 걸려도 틀림없는 사실입니다.

어떤 사람은 신문 읽는데 오전 시간을 다 투자하고, 어떤 사람은 운동하는데 시간을 다 투자하고, 어떤 사람은 먹는데 모든 시간을 투자하기도 합니다. 그래서 그런 사람들은 세상일은 잘 알고 신체도 건강하고 잘 먹어서 얼굴도 번들거릴 것이지만 그 이상은 없습니다. 그러나 우리가 하늘에 심으면 부흥을 거두게 됩니다.

6:9, "우리가 선을 행하되 낙심하지 말지니 포기하지 아니하면 때가 이르매 거두리라"

여기서 '선'이라는 것은 다른 모든 사람에게 잘 해주는 것이 아니라 하나님의 뜻에 맞는 것을 의미합니다. 우리가 하나님의 뜻에 따라 산다고 해도 알아주는 사람은 아무도 없습니다. 그렇다고 해서 당장 유명해지는 것도 아니고 돈이 생기는 것도 아니고 직위가 올라가는 것도 아닙니다. 그래서 사람들은 다 중도에 포기하고 사람들에게 인정받고 사람들에게 칭찬받는 길을 찾아갑니다. 그러나 우리가 중간에 포기하지 않고 끝까지 하나님의 뜻을 따라 좁은 길을 간다면 어느 순간 하나님의 축복이 터지게 됩니다. 즉 폭발적인 하나님의 능력이 나타나게 되는 것입니다.

6:10, "그러므로 우리는 기회 있는 대로 모든 이에게 착한 일을 하되 더욱 믿음의 가정들에게 할지니라"

우리는 할 수 있는 대로 세상의 믿지 않는 자들에게도 사랑을 베풀고 도움을 주어야 합니다. 그러나 할 수 있는 대로 믿음의 가정들에게 하라고 했습니다. 그 이유는 세상 사람들은 아무리 도와주어도 그 가치를 모르거나 당연한 것으로 생각하기 때문입니다. 그들에게는 감사하는 마음이 없습니다. 그러나 믿음의 사람들은 도움을 받으면 감사하게 되고 반드시 하나님의 뜻에 맞는 위대한 사람으로 만들어지게 됩니다. 그러니까 같은 선을 행하더라도 믿음의 사람들에게 한 것은 반드시 감사가 넘치게 되고 효력이 나타나게 됩니다. 그래서 금방 큰 축복이 나타나지 않는다고 낙심하거나 포기하지 마시고 끝까지 하늘의 문을 두드리고 하늘에 투자해서 큰 복을 받는 성도들이 되시기 바랍니다.

16

모양을 내는 자들

갈 6:8-18

사람은 누구나 다 다른 사람에게 멋있게 보이기를 원합니다. 남에게 멋있게 보이려고 하면 일단 옷이 아름다워야 하고 자기에게 잘 어울려야 합니다. 옷이 너무 크거나 너무 작아도 안 되고 몸에 딱 맞아야 합니다. 옛날에 어떤 여성들은 가슴에 브로치를 달아서 멋을 내기도 했고 스카프를 멋있는 것을 매어서 멋을 부리는 여성들도 있었습니다. 모델들은 무슨 옷을 입든지 잘 어울려야 하고, 보는 이들로 하여금 그 옷을 사고 싶도록 해야 하는데 그렇게 보이려고 하면 얼마나 굶어야 하는지 모릅니다. 사람들이 남에게 멋있어 보이려고 하는 것을 나쁘다고 말할 수는 없습니다. 그러나 보이는 겉모습보다 더 중요한 것은 그 사람의 능력이고 사람의 됨됨이입니다. 사람이 아무 실속도 없이 멋만 부린다면 얼마 가지 않아서 가난하게 되거나 빚이 많아지게 될 것입니다.

그러면 예수 믿는 사람들은 무엇으로 멋을 낼 수 있을까요? 가장 중요한 것이 그의 겸손입니다. 처음에는 잘 느끼지 못하지만 함께 지날수록 빛을 보는 것이 그 사람의 겸손입니다. 그리고 사랑입니다. 사람들은 누구나 사랑이 많은 사람을 좋아합니다. 그리고 능력입니다. 하나님의 백성들에게서 기도의 능력까지 나타난다면 더 멋있게 보일 것입니다.

1. 새로운 능력이 임했을 때

어떤 사람에게 전에 없던 새로운 지혜나 능력이 갑자기 생기게 되었다면 그는 다른 사람에게 이 힘을 보여서 인정받고 싶을 것입니다. 어떤 학생에게 새로운 힘이 생겼다면 옛날에 자기를 괴롭히던 깡패들을 찾아가서 두들겨 팸으로 자기에게 새 힘이 생긴 것을 보여주려고 할 것입니다. 또 어떤 사람에게 예전에 없던 새로운 지혜가 생겼다면 그는 남들이 풀지 못하는 문제를 술술 풀어서 자기가 얼마나 실력이 있는 사람인지 보여주려고 할 것입니다. 그런데 그 후에 이 사람의 인생이 갈라질 것입니다. 즉 이 사람은 새로운 능력으로 사람들에게 인정받아서 돈을 벌고 유명해질 것인가, 아니면 자기 힘을 감추고 남들을 위해서 봉사하는 데 이 힘을 쏟을 것인가 하는 길로 갈라질 것입니다.

삼손은 자기에게 새로운 힘이 생겼다는 것을 자기에게 덤벼드는 사자 새끼를 찢어 죽였을 때 알게 되었습니다. 그러나 삼손은 자기에게 생긴 새 힘을 남을 위해 사용하지 못했습니다. 그는 이 힘을 자기 수수께끼 빚을 갚는 데 쓰고 기생에게 술 마시러 갔다가 포위되었을 때 도망치면서 쓰게 됩니다. 그러다가 예쁘게 생긴 들릴라라는 여자와 사랑에 빠졌다가 속는 바람에 머리털이 밀리고 눈알이 뽑히고 쇠사슬에 묶이는 신세가 되고 맙니다. 성령님은 능력의 영이지만 우리 안에 당장 힘을 주시거나 공부를 잘할 수 있는 지혜를 주시지 않습니다. 그러면 우리도 당장 삼손처럼 실패하고 말 것이기 때문입니다.

그래서 성령님은 우리 안에서 두 세계를 볼 수 있는 능력을 주십니다. 그 하나는 눈에 보이는 이 세상 세계요, 다른 하나는 눈에 보이지 않는 하나님의 세계입니다. 우리는 두 세계를 볼 수 있기 때문에 오히려 헷갈리고 혼동될 때가 많습니다. 세상 사람들의 눈에는 세상만 보이기 때문에 한 가지만을 위하여 전력 질주하면 되지만 두 세계가 보이면 이것도 아니고 저것도 아니기 때문에 우물쭈물하다가 둘 다 놓치는 경우가 많습니다. 그러므로 이때 우리는 두 개로 보이는 이미지가 하나로 또렷하게 보일 수 있도록 더 많은 노력을 해야 합니다. 그것은 결국 하나님의 눈으로 자신과 세상을 보는 것입니다.

그리고 무엇인가 가지고 있으면 당장의 쾌락을 위해서 다 써버리는 사람들이 많습니다. 예를 들어서 농부가 땅이 많이 있는데도 농사는 짓지 않고 노름이나 하고 술만 마신다면 결국 그 땅 다 팔게 되고 가난한 거지가 되고 말 것입니다. 그래서 미래를 생각하는 사람은 절대로 당장의 즐거움을 위해서 자신의 시간이나 젊음을 낭비하지 않고 미래를 위해서 투자할 것입니다. 농부는 농사를 지어야 하고 기술자들은 기술을 개발해야 합니다.

그러면 크리스천들은 무엇을 해야 할까요? 그것은 바로 하늘에 씨를 뿌려서 농사를 짓는 것입니다. 그런데 우리가 땅에 씨를 뿌려서 농사를 짓는 것은 알지만 하늘에 어떻게 씨를 뿌려서 농사를 지을 수 있을까요?

예수님은 제자들에게 너희에게 만일 겨자씨 한알만한 믿음이 있었더라면 뽕나무더러 뿌리가 뽑혀 바다에 심기어라 해도 그대로 될 것이라고 했습니다(눅 17:6). 뽕나무는 뿌리가 아주 깊기 때문에 웬만해서는 뽑히지 않습니다. 그래서 사람이 뽕나무를 뽑는다는 것은 거의 불가능한 일입니다. 그런데 뽕나무를 뽑는 것보다 더 어려운 것이 이것을 바다에 심는 것입니다. 바다에 어떻게 나무를 심을 수 있겠습니까? 그러나 예수님은 할 수 있다고 말씀하셨습니다.

우리는 하늘에 씨를 뿌리는 사람들입니다. 그것은 바로 사람들의 가슴에 부흥을 심는 것입니다. 우리는 하나님의 말씀을 가지고 뿌릴 때 싹이 나지 않으면 어떻게 될까 염려될 때가 많습니다. 사실 우리는 죽으라고 말씀을 전해봐야 달라지는 것은 없는 것 같고, 사람들은 아무도 알아주지 않고 변화되지 않을 때 낙심이 됩니다. 그러나 예수님은 씨 뿌리는 비유를 통해서 길가 같은 마음도 있고 돌짝 밭이나 가시덤불 같은 마음도 있지만 반드시 좋은 밭도 있다고 말씀하셨습니다(마 13:3-23). 그래서 좋은 밭에 뿌려진 씨는 자기도 모르는 사이에 백 배, 육십 배, 삼십 배의 열매를 맺게 되는 것입니다.

그래서 이 세상에서 가장 위대한 것은 성령이 오시는 것이고 우리는 이 성령으로 자기 인기나 돈을 위해서 이 능력을 써서는 안 되고 하늘에 농사를 지어야 하는 것입니다. 그러나 우리나라는 그동안 성령의 능력을 가지고 땅에 농사를 지었습니다. 그래서 엄청난 명성을 얻고 많은 헌금으로 더 큰 예배당을 짓고 세상에서 인기를 얻었습니다. 그 결과는 썩는 양식만 잔뜩 쌓아 놓게 되었습니다. 부흥은 없어지고 교회 자체가 탐욕으로 썩는 냄새를 진동시키게 되었습니다. 이것은 하나님께서 주신 능력으로 돈벌이를 하고 자기 인기를 끈 것입니다. 이것은 그 놀라운 능력으로 가장 수준 떨어지는 짓을 한 것입니다.

6:8. "자기의 육체를 위하여 심는 자는 육체로부터 썩어질 것을 거두고 성령을 위하여 심는 자는 성령으로부터 영생을 거두리라"

우리가 이 세상에서 보는 모든 것은 다 썩어 없어질 것들입니다. 돈도, 명예도, 권력도 썩고 인생도 썩습니다. 그렇게 젊었던 사람들도 나이가 들면 다 늙어서 노인이 되고 나중에는 죽어서 썩게 됩니다. 그런데 예수님은 썩지 않았습니다. 하나님의 말씀도 썩지 않습니다. 우리가 하늘에 씨를 뿌린 것들은 썩지 않습니다.

6:9, "우리가 선을 행하되 낙심하지 말지니 포기하지 아니하면 때가 이르매 거두리라"

이것은 무슨 뜻입니까? 이 세상에서 가장 어려운 농사가 하늘에 씨를 뿌리는 것이라는 뜻입니다. 공부하는 것은 책을 보고 달달 외우면 되는 것이고, 죽으라고 공부하면 결과가 나오게 되어 있습니다. 돈 버는 것도 죽으라고 일을 하면 돈이 모이게 되어 있습니다. 이 세상일들은 빨리 결과가 나타나게 되어 있습니다. 그래서 빨리 성공할 수 있습니다. 그러나 우리가 하늘에 농사를 짓는 것은 돈이 생기는 것도 아니고 빨리 부흥하는 것도 아니고 사람들이 알아주는 것도 아니기 때문에 낙심하기 쉽습니다. 그러나 끝까지 포기하지 않고 바른 말씀을 뿌리면 어느 순간 부흥의 불이 일어나게 됩니다. 그리고 사람들이 행복해지고 변하기 시작하고 무엇인가 알 수 없는 능력이 자꾸 임하게 됩니다.

2. 모양을 내려고 하는 자들

사람들이 더 멋있고 아름다워지고 싶어 하는 것은 나쁘다고 말할 수는 없을 것입니다. 청년들이 배에 복근을 만들고 여성들이 날씬해지고 심지어는 자기에게 못생긴 부분이 있어서 눈 수술이나 성형수술을 한다고 해서 다 나쁘다고 말할 수는 없을 것입니다. 그러나 이렇게 멋을 내려고 하는 자들이 하나님의 뜻을 전혀 생각하지 않고 육체의 모양만 전부라고 생각한다면 그것은 망하는 길입니다. 예를 들어서 성령 충만한 사람이 눈 수술도 하고 배에 복근도 만들고 공부도 열심히 해서 좋은 학교에 다니면 참 좋은 것입니다. 그리고 그들이 여름에 성경학교 하느라고 땀을 흘리고 수련회 가서 기도하고 찬양한다고 목이 다 쉬는 것은 참으로 귀한 일입니다. 이것은 미래를 위하여 투자하는 것입니다. 그런데 육체의 모양을 내고 지금 당장 즐겁게 지내는 것을 전부라고 생각한다면 이것은 바로 소돔과 고모라 때 사람들이 생각한 것과 같은 것입니다.

예수님께서는 소돔과 고모라 때 사람들이 얼마나 미련하고 어리석었던지 하늘에서 유황불이 내려서 모든 것을 다 태워서 멸망할 때까지 먹고 마시고 시집가고 장가가고 집을 짓고 장사를 했다고 경고하셨습니다(눅 17:28). 그래서 우리는 먹고 마실 때 생각해야 합니다. 즉 이것이 우리 인생의 목적이고 전부라면 소돔과 고모라같이 망하는 것입니다. 사람 중에는 심판의 유황불이 내릴 때까지 커피를 마시고 뷔페에서 맛있는 음식을 즐기고 있을 사람들도 있을 것입니다. 우리는 얼마든지 멋있어질 수 있고 공부도 할 수 있고 좋은 차도 탈 수 있지만 그것은 어디까지나 수단에 불과한 것이지 궁극적인 목적이 아닙니다.

지금의 우리는 잘 이해되지 않겠지만 초대 교회 당시에는 가장 멋있게 보이는 것이 할례를 받는 것이었습니다.

6:12. "무릇 육체의 모양을 내려 하는 자들이 억지로 너희에게 할례를 받게 함은 그들이 그리스도의 십자가로 말미암아 박해를 면하려 함뿐이라"

이 당시 교인들은 할례받았다고 하면 교회에 오면서도 허리를 쭉 펴고 굉장히 대단한 것처럼 행세를 했을 것입니다. 사실 사람이 할례를 받았다고 해서 문신처럼 보여줄 수 있는 것도 아니고 무엇인가 엄청나게 달라지는 것도 아니었습니다. 그럼에도 이들은 할례받은 것을 자기 입으로 자랑했고 할례받은 후에는 아주 특별한 교인처럼 행동을 했던 것입니다.

요즘은 교인 중에 세상에서 크게 성공했거나 유명 정치인인 경우에는 교회를 와도 허리를 펴고 자신을 과시하는 듯한 행동을 할지도 모릅니다. 그런데 그 당시 갈라디아 교회에서는 할례만 받아도 다른 교인들은 모두 시시한 사람인 것처럼 우습게 알았던 것입니다. 왜냐하면 그들은 할례받음으로 유대교의 엄청난 전통을 물려받았다고 생각했기 때문입니다. 그런데 사도 바울은 갈라디아 교회 안에서 더욱 웃기는 현상을 보게 되었습니다. 그것은 자기만 할례받은 것이 아니라 다른 사람을 억지로 할례받게 하고 자기는 몇 명을 할례 시켰다고 자랑하는 사람이 있다는 것이었습니다. 마치 요즘 교회에서 총력전도 할 때 나는 몇 명을 전도했다고 자랑하듯이 이때에는 자기가 몇 명을 할례시켰다고 자랑하는 것이었습니다. 그 이유는 갈라디아 지방에서 유대인들의 경제력이 상당했는데 몇 명 이상 할례를 시키면 유대인들이 박해하지 않고 특혜를 주었기 때문입니다. 이것은 그야말로 영혼을 가지고 장사하는 것이었습니다. 이 사람들은 율법도 지키지 않았습니다. 왜냐하면 그들에게는 할례받는 숫자만 중요했기 때문입니다.

우리가 멋을 부리는 것도 중요합니다. 그러나 내용이 있고 멋을 부려야지, 멋만 부리는 것이 목적이라면 그는 곧 망하고 말 것입니다. 즉 돈도 없는 사람이 비싼 뚜껑 없는 외제차를 렌트해서 몰고 다닌다면 곧 망하고 말 것입니다. 그리고 아무 생각 없는 사람이 자꾸 성형수술만 해서 미인이 되려고 한다면 나중에 얼굴이나 정신이 엉망이 되고 말 것입니다. 우리의 멋은 속에서 자연스럽게 흘러나오는 것이 되어야지, 먹고 마시고 멋 내는 것만 목적하게 된다면 소돔과 고모라 사람들처럼 멸망하고야 말 것입니다.

3. 예수님의 십자가

우리 크리스천도 육체를 가진 사람이기 때문에 예수님이나 말씀을 버리고 세상으로 뛰쳐나가서 세상 사람들처럼 자유롭게 지내고 마음대로 성공하고 실컷 육체를 위해 살고 싶은 유혹이 마음속에서 수도 없이 일어납니다. 그러나 우리가 도저히 그렇게 살 수 없는 이유는 우리 마음 중심에 십자가가 있기 때문입니다. 우리 가슴 한가운데 있는 이 십자가의 믿음 때문에 세상이 우리 마음속에 들어오려고 하다가 십자가에 걸려서 더 이상 들어올 수 없습니다. 그리고 우리가 세상을 향해서 뛰쳐나가고 싶어도 우리 마음 한가운데 예수님의 십자가가 있어서 십자가를 넘어서 세상으로 달려갈 수가 없는 것입니다.

> 6:14, "그러나 내게는 우리 주 예수 그리스도의 십자가 외에 결코 자랑할 것이 없으니 그리스도로 말미암아 세상이 나를 대하여 십자가에 못 박히고 내가 또한 세상을 대하여 그러하니라"

우리가 예수 믿지 않을 때는 내가 공부를 잘하거나 잘생겼거나 집이 좀 잘살거나 하면 다른 사람들에게 자랑할 것이 많이 있었습니다. 또한 우리가 다른 사람에 비하여 못하면 불만이나 열등감을 가지고 시기를 했습니다. 그래서 우월감이나 열등감은 결국 나타나는 모양만 다르지 쌍둥이인 셈입니다. 그런데 우리에게 하나님의 아들이 찾아오셨습니다. 이 세상에 하나님의 아들이 찾아오셔서 진리의 빛을 비추어주신 것은 너무나도 엄청난 것이어서 다른 것들은 전부 빛을 잃어버렸습니다. 하나님의 아들이 십자가 위에서 나를 위하여 못 박히신 모습은 다른 모든 욕심이나 자랑들을 무색하게 했습니다. 그리고 우리가 예수를 믿고 예수님의 십자가가 우리 가슴 한가운데 들어오게 되었습니다. 어떤 할머니는 이렇게 말을 했습니다. "내 가슴 속에 십자가가 있습니다." 이것은 정확한 말입니다. 교회에 십자가를 강대상 앞에 세워놓지 않는 이유는 우리 모두의 가슴 속에 예수님의 십자가가 있기 때문입니다.

그런데 세상은 우리를 그냥 두지 않습니다. 우리 안에 파고 들어와서 우리 가슴에 돈이 들어오게 하고 정욕이 들어오게 하고 세상의 인기나 즐거움이 들어오게 합니다. 그때마다 예수님의 십자가는 살아나서 세상의 인기나 세상의 유혹이나 세상의 죄에 못을 박아서 우리 안에 들어오지 못하게 합니다. 그리고 우리가 미쳐서 세상의 돈이나 유행이나 인기를 향해서 달려나가려고 할 때 십자가는 우리 욕심에 못을 박아서 세상으로 달려나가지 못하게 합니다. 그래서 예수님의 십자가는 예수 믿는 사람들을 세상과 분리하는 영원한 경계선인 것입니다.

6:15, "할례나 무할례가 아무것도 아니로되 오직 새로 지으심을 받는 것만이 중요하니라"

이 당시 교인들은 할례받은 것이나 할례를 받지 못한 것을 가지고 엄청나게 다른 사람을 판단하고 정죄했습니다. 그러나 사도 바울은 그것은 우리에게 아무런 차이를 가져다주지 못한다고 강조했습니다. 즉 할례받는다고 해서 신앙이 더 좋은 것도 아니고 할례를 받지 않았다고 해서 신앙이 좋지 못한 것도 아니라는 것입니다. 중요한 것은 성령으로 새 사람으로 지음을 받는 것입니다. 우리 예수 믿는 사람들은 모두 새 사람으로 지음을 받은 사람들입니다. 우리에게는 모두 새 인생이 주어졌습니다. 우리는 새로운 생각을 하게 되었고, 새로운 감정을 가지게 되었고, 새로운 삶의 동기를 가지게 되었습니다. 그럼에도 불구하고 옛날식으로 살아간다면 그 사람은 옛사람인 것입니다.

예를 들어서 어떤 사람에게 새집이 주어졌습니다. 어떤 사람은 새

집에 새 가구를 들여다 놓고 새로 커튼을 하고 새 인생을 사는 사람이 있습니다. 그런데 어떤 사람은 집은 새집이지만 모든 구닥다리를 그대로 다 갖다 놓고 집을 헌 집으로 만들어서 사는 사람도 있을 것입니다. 그 사람에게는 새집이 아무 의미가 없을 것입니다. 우리는 새 인생을 가지고 새 생각을 해야 하고 새로운 감정을 가져야 하고 새로운 것을 찾아서 내 속을 채워야 합니다.

사도 바울은 이 서신 마지막에 위대한 언급을 하고 있습니다.

6:17, "이후로는 누구든지 나를 괴롭게 하지 말라 내가 내 몸에 예수의 흔적을 지니고 있노라"

사도 바울은 사람들에게 자기를 더 이상 괴롭게 하지 말라고 합니다. 이것은 이제 모든 것이 다 귀찮다는 뜻이 아닙니다. 이제는 더 이상 할례 같은 것으로 쓸데없는 소리를 해서 자기를 괴롭게 하지 말라는 뜻입니다. 왜냐하면 그것은 너무나도 수준이 떨어지는 이야기이기 때문입니다. 사도 바울에게는 십자가보다 더 중요한 것은 없었고 그에게는 그 십자가의 흔적이 있었기 때문입니다. 사도 바울에게 '예수의 흔적'이라는 것은 그가 예수님의 십자가를 전하면서 유대인들이나 사람들에게 받은 상처의 흉터를 말하는 것입니다.

우리 예수 믿는 사람들에게 가장 귀한 것은 사람들에게서 받은 인정과 칭찬이 아닙니다. 그런 것은 예수님 앞에서 모두 굴욕과 수치로 변하고 말 것입니다. 왜냐하면 그 모든 칭찬이나 인정은 거짓된 것이기 때문입니다. 그것은 자기가 만들어낸 것이고 위선의 작품입니다. 그런데 우리가 오직 복음을 위해서 받은 상처와 고통은 주님 앞에서 면류관이 될 것입니다. 그래서 예수님 앞에서 어떤 사람은 목발을 짚고 달려나가고 어떤 사람은 외눈으로 달려나가고 어떤 사람은 상처 입은 몸으로 달려나갈 것입니다. 그렇게 그들이 예수님의 품에 안길

것이고 너희는 내 종이라는 칭찬을 받을 것입니다. 그러나 예수 믿는다고 하면서 모양이나 내고 아무 실속이 없는 사람은 주님 앞에서 아무 소리도 하지 못할 것이고 뒤로 슬금슬금 물러나서 지옥에 들어가고 말 것입니다. 왜냐하면 이 세상에서 자신이 한 행동은 모두 부끄럽고 가증한 짓이기 때문입니다.

우리 모두는 이 세상에서 사람의 눈에 보이는 것을 붙잡지 않고 믿음의 십자가를 꽉 잡고 천국의 소망을 향해 가는 성도들이 다 되시기 바랍니다.